Arduino: A Quick Start Guide

ARDUINO : A QUICK START GUIDE

by Maik Schmidt

Copyright © 2011 The Pragmatic Programmers, LLC.
All rights reserved.
Korean Translation Copyright © 2013 by Insight Press.
The Korean language edition published by arrangement with The Pragmatic Programmers, LLC,
Lewisville, through Agency-One, Seoul.

이 책의 한국어판 저작권은 에이전시 원을 통해 저작권자와의 독점 계약으로 인사이트에 있습니다.
신저작권법에 의해 한국 내에서 보호를 받는 저작물이므로 무단전재와 무단복제를 금합니다.

나의 첫 아두이노 프로젝트

초판 1쇄 발행 2013년 3월 13일 **2쇄 발행** 2014년 9월 12일 **지은이** 마이크 슈미트 **옮긴이** 임수현 **펴낸이** 한 기성 **펴낸곳** 인사이트 **편집** 김민희 이은순 **본문디자인** 윤영준 **제작·관리** 이지연, 박미경 **표지출력** 소다미디어 **본문출력** 현문인쇄 **용지** 월드페이퍼 **인쇄** 현문인쇄 **제본** 자현제책 **등록번호** 제10-2313호 **등록일자** 2002년 2월 19일 **주소** 서울시 마포구 서교동 469-9번지 석우빌딩 3층 **전화** 02-322-5143 **팩스** 02-3143-5579 **블로그** http://blog.insightbook.co.kr **이메일** insight@insightbook.co.kr **ISBN** 978-89-6626-067-6 책값은 뒤표지에 있습니다. 잘못 만들어진 책은 바꾸어 드립니다. 이 도서의 정오표는 http://www.insightbook.co.kr/241888에서 확인하실 수 있습니다. 이 책의 국립중앙도서관 출판예정도서목록(CIP)은 서지정보유통지원시스템 홈페이지(http://seoji.nl.go.kr)에서 이용하실 수 있습니다. (CIP제어번호: CIP2013000991)

나의 첫
아두이노
프로젝트

마이크 슈미트 지음 | 임수현 옮김

안사이트
insight

추천사

지금까지 읽었던 아두이노 책 중에서 가장 실용적인 책입니다. 훌륭한 예제들을 익히기만 하면, 초보자라도 짧은 시간에 실력을 향상시킬 수 있고, 숙련된 개발자라면 프로젝트를 위한 풍부한 영감을 얻을 수 있습니다.
— 하룬 베이그Haroon Baig, 트위터 시계 제작자

이전에는 경험해 보지 못했던 전자기술 또는 마이크로컨트롤러 기술에 성큼 다가갈 수 있었습니다. 숙련된 아두이노 개발자들에게도 가치 있는 예제들이 한가득 담겨 있습니다.
— 게오르그 카인들Georg Kaindl, 아두이노 DHCP, DNS, Bonjour 라이브러리 개발자

아두이노 플랫폼은 누구나 임베디드 시스템에 입문할 수 있는 훌륭한 지름길입니다. 그리고 이 책은 그 방법을 제시하고 있습니다. 복잡한 센서를 다루는 첫걸음부터 게임 컨트롤러까지 다루기 때문에 아두이노를 배우는 데 이만한 책이 없어 보입니다.
— 토니 윌리아미티스Tony Williamitis, 센서 임베디드 시스템 엔지니어

전자 기술에 대한 기초를 배우고 싶은 소프트웨어 개발자에게 딱 맞게 구성된 이 책을 추천합니다. 뿐만 아니라 컴퓨터와 실제 세계를 연결해 줄 인터페이스를 찾는 사람들에게도 유용할 것입니다.
— 르네 본Rene Bohne, 소프트웨어 개발자, LumiNet 개발자

차례

추천사 v
옮긴이의 글 xi
감사의 글 xiii
들어가는 글 xv

1부 아두이노 시작하기

1장 아두이노의 세계에 온 것을 환영합니다   3
  1.1 준비물 4
  1.2 아두이노란 무엇인가? 4
  1.3 아두이노 살펴보기 6
  1.4 아두이노 IDE 인스톨하기 11
    윈도에 아두이노 IDE 설치하기 11
    맥 OS X에 아두이노 IDE 설치하기 12
    리눅스에 아두이노 IDE 설치하기 13
  1.5 아두이노 IDE 살펴보기 13
    아두이노 데이터 형식 17
  1.6 프로그램 컴파일, 업로드 20
  1.7 다수의 LED 작동하기 23
  1.8 아두이노가 작동하지 않을 때 25
  1.9 예제 27

2장 아두이노 둘러보기   29
  2.1 준비물 29
  2.2 프로젝트와 스케치 관리하기 30

2.3 설정 변경하기 ·· 32
2.4 시리얼 포트 사용하기 ·· 34
  진법 ·· 40
  외부 시리얼 터미널 사용하기 ··· 41
2.5 작동하지 않을 때 ··· 45
2.6 예제 ··· 46

2부 8가지 아두이노 프로젝트

3장 이진 주사위 만들기   49

3.1 준비물 ··· 49
3.2 브레드보드 사용하기 ··· 51
3.3 브레드보드에서 LED 사용하기 ··· 52
3.4 첫 번째 이진 주사위 ·· 55
3.5 여러 개의 버튼 사용하기 ··· 60
3.6 버튼 추가하기 ··· 67
3.7 주사위 게임 만들기 ··· 69
3.8 작동하지 않을 때 ··· 74
3.9 예제 ··· 75

4장 모스 부호 라이브러리 만들기   77

4.1 준비물 ··· 77
4.2 모스 부호란? ··· 77
4.3 모스 부호 발생기 만들기 ··· 78
4.4 모스 부호 발생기 인터페이스 기능 구현 ··· 80
4.5 모스 부호 기호 출력하기 ··· 83
4.6 Telegraph 클래스 인스톨하고 사용하기 ·· 85
4.7 마무리 짓기 ··· 89
4.8 작동하지 않을 때 ··· 91
4.9 예제 ··· 92

5장 자연현상 감지하기   95

- 5.1 준비물 ······ 96
- 5.2 초음파 센서로 거리 측정하기 ······ 96
- 5.3 소수점을 사용하여 정밀도 높이기 ······ 104
- 5.4 온도 센서를 이용해 정확한 온도 측정하기 ······ 107
- 5.5 프로세싱을 이용해 컴퓨터로 데이터 전송하기 ······ 116
- 5.6 센서 데이터 표현하기 ······ 119
- 5.7 응용프로그램의 기초 다지기 ······ 121
- 5.8 프로세싱에서 시리얼 통신 구현 ······ 123
- 5.9 센서 데이터 시각화하기 ······ 126
- 5.10 작동하지 않을 때 ······ 128
- 5.11 예제 ······ 129

6장 움직임 감지 게임 컨트롤러 만들기   131

- 6.1 준비물 ······ 132
- 6.2 가속도 센서 연결하기 ······ 132
- 6.3 가속도 센서에 생명 불어넣기 ······ 134
- 6.4 노이즈를 찾아 다듬기 ······ 136
- 6.5 자신만의 게임 컨트롤러 만들기 ······ 139
- 6.6 자신만의 게임 만들기 ······ 144
- 6.7 더 해볼 만한 것들 ······ 154
- 6.8 작동하지 않을 때 ······ 154
- 6.9 예제 ······ 155

7장 Wii 눈차크 컨트롤러 가지고 놀기   157

- 7.1 준비물 ······ 158
- 7.2 Wii 눈차크 연결하기 ······ 158
- 7.3 눈차크에 말 걸기 ······ 159
- 7.4 눈차크 클래스 만들기 ······ 162
- 7.5 눈차크 클래스 사용하기 ······ 167

7.6 오색 정육면체 회전시키기 ··········168
7.7 작동하지 않을 때 ··········175
7.8 예제 ··········175

8장 아두이노와 네트워크 구성하기　　177

8.1 준비물 ··········178
8.2 인터넷으로 센서 데이터를 전송하는 데 PC 이용하기 ··········179
8.3 트위터에 애플리케이션 등록하기 ··········181
8.4 프로세싱으로 메시지 트윗하기 ··········183
8.5 이더넷 실드를 이용해 네트워크 통신하기 ··········187
8.6 DHCP와 DNS 사용하기 ··········194
8.7 명령어로 이메일 보내기 ··········198
8.8 아두이노를 이용해 바로 메일 발송하기 ··········201
8.9 패시브 타입 적외선 센서로 움직임 감지하기 ··········205
8.10 프로젝트 마무리 짓기 ··········209
8.11 작동하지 않을 때 ··········213
8.12 예제 ··········214

9장 자신만의 범용 리모컨 만들기　　215

9.1 준비물 ··········216
9.2 리모컨의 내부 구조 이해하기 ··········217
9.3 리모컨 제어 코드 읽기 ··········218
9.4 자신만의 애플 리모컨 만들기 ··········223
9.5 웹 브라우저에서 원격으로 장치 제어하기 ··········227
9.6 적외선 프록시 만들기 ··········229
9.7 작동하지 않을 때 ··········238
9.8 예제 ··········239

10장 아두이노로 모터 제어하기   241

10.1 준비물 241
10.2 모터의 종류 242
10.3 서보모터와 첫걸음 244
10.4 비난기계 만들기 248
10.5 작동하지 않을 때 253
10.6 예제 254

3부 부록

A1 전자 기초   257

A1.1 전류, 전압, 저항 257
    저항 260
A1.2 납땜 요령 262

A2 고급 아두이노 프로그래밍   269

A2.1 아두이노 프로그래밍 언어 269
A2.2 비트 연산자 271

A3 고급 시리얼 프로그래밍   273

A3.1 시리얼 통신에 대해 좀 더 알아보기 273
A3.2 다양한 프로그래밍 언어를 이용한 시리얼 통신 ...275
    C/C++ 278
    자바 283
    루비 286
    파이썬 287
    펄 288

옮긴이의 글

유행에 민감한 한국에서 융합, 컨버전스와 같은 용어는 그저 한때의 유행처럼 흘러가 버릴 줄 알았습니다. 하지만 융합은 단순히 구호에 그치지 않고, 이 시대가 요구하는 인재가 갖추어야 할 덕목의 하나가 되었습니다. 한 세대 전에는 교육의 방향이 한 가지만 잘하면 되는 특성화된 인간을 키우는 데 목적을 두었다면, 이제는 다시 전인교육으로 돌아가고 있습니다. 하지만 과거처럼 모든 것을 고루 잘하기를 바라는 전인교육이 아니라, 한 분야에서 특별한 능력을 갖추고 다른 분야에 종사하는 사람들과도 자유롭게 커뮤니케이션할 수 있는 능력을 지닌 사람을 요구합니다. 결국 이 시대가 요구하는 융합에 걸맞은 인재란 '전문가'이되 '외골수'는 아닌, 어디에 누구와 함께 있어도 자신의 전문성을 빛내며 다른 이들과 어울릴 수 있는 사람을 의미합니다.

그런 면에서 디자인을 전공한 저에게 아두이노는 융합을 배울 수 있는 좋은 도구입니다. 전기, 전자, 프로그래밍에 대한 깊은 이해와 지식이 없어도 객체지향 언어에 대한 개념을 충분히 익힐 수 있는 프로그래밍 언어를 가지고 멋진 결과물을 만들어낼 수 있는 아두이노, 프로세싱 같은 도구는 개념에 머물러 있는 디자인을 현실로 끌어내고 싶던 저 같은 사람에게는 축복과도 같습니다. 그리고 아두이노와 프로세싱을 배우며 익숙해진 용어와 지식은 다른 전문가와 소통할 수 있는 계기를 마련해 줄 것입니다.

사실 전기, 전자에 대한 지식이 전무한 사람이 단시일 내에 아두이노를 가지고 멋진 결과물을 만들어 내기란 여간 어려운 일이 아닙니다. 하지만 아두이노를 접하면서 자연스럽게 익히게 되는 OOP(객체지향 프로그래밍)

와 전기, 전자에 대한 지식이 다른 전문가와 협력을 통해 쉽게 융합에 이를 수 있는 지름길을 마련해 준다는 데 더 큰 의의가 있습니다.

이 책은 다양한 실전 프로젝트를 통해 아두이노 활용법을 익힐 수 있는 예제 중심의 참고서입니다. 이 책에 나온 예제 하나하나가 이미 훌륭한 형태의 결과물을 제공하고 있으며, 이를 익혀 예제와 예제를 자유롭게 엮어 새로운 결과물을 만들 수 있게 된다면 그 사람은 이미 아두이노 전문가입니다. 특히, 이더넷 실드를 이용해 네트워크와 연동하여 작동하는 아두이노 예제를 통해 나 홀로 빛나는 항성이 아닌 함께 빛을 내어 큰 그림을 그리는 별자리와 같은 작품을 만들 수 있습니다. 독자 여러분에게 이 책이 이더넷 실드를 얻은 아두이노처럼, 함께 빛을 내며 그 안에 무수한 이야기를 담고 있는 별자리를 이루는 데에 조금이나마 보탬이 되었으면 합니다.

마지막으로, 늘 부족한 제게 지혜와 힘을 더해 주시는 그분께 감사 드립니다. 이 책을 번역할 기회를 주신 인사이트 한기성 대표와 긴 시간 인내심을 가지고 격려해 준 편집자 김민희 씨께 고마움을 표합니다. 또 지치고 힘든 고비마다 격려와 위로를 전해 준 든든한 아군, 아내에게 감사하다는 말 전합니다.

2013년 1월

감사의 글

책을 집필하는 것은 제가 이전에 해오던 작업보다 쉽지 않았습니다. 항상 다른 사람들에게 도움을 구해야 했고, 실제로 많은 사람이 이 책에 도움을 주었습니다.

먼저 재능이 넘치는 편집자, 수산나 데이비드슨 팔처에게 감사의 말을 전합니다. 그녀의 통찰력 있는 조언과 인내심, 그리고 격려 덕분에 이 책을 마무리 지을 수 있었습니다. 그녀에게 너무 많은 빚을 졌습니다.

또, 놀라우리만큼 프로페셔널한 프라그매틱 출판사에 감사드립니다. 제가 힘든 시기를 보낼 때 큰 감동과 격려를 선사해 주었습니다. 이에 정말 감사 드립니다.

이 책은 놀라운 일들을 수행한 아두이노 팀 없이는 절대 불가능하였습니다. 아두이노를 만들어 준 점 정말 감사합니다!

이 책에 사용된 자료들을 수집해 준 모든 사람들에게도 큰 감사를 표합니다. 책에 필요한 모든 사진을 촬영한 크리스티앙 랏탯, 비난기계의 디스플레이를 만들어 준 칸 카라카, 시리얼 포트를 이용해 아두이노에 접속하는 C 코드를 사용하도록 허락해 준 토드 E. 커트에게 감사 드립니다.

책에 들어간 모든 회로도는 프릿징(Fritzing)을 이용해 만들었습니다. 이러한 훌륭한 툴을 무료로 배포한 프릿징 팀에게도 감사를 표합니다.

작가로서, 독자에게 받는 조언만큼 좋은 동기부여가 없습니다. 이 책을 리뷰해준 렌 보(René Bohne), 스테판 크리스토프(Stefan Christoph), 게오르그 카인들(Georg Kaindl), 칸 카라카(Kaan Karaca), 크리스티앙 랏탯(Christian Rattat), 스테판 뢰더(Stefan Rödder), 크리스토프 슈베페(Christoph Schwaeppe), 페데리코 토마세티(Federico Tomassetti),

그리고 토니 윌리아미티스$^{Tony\ Williamitis}$에게 감사합니다. 이 책은 여러분의 통찰력 있는 코멘트와 제안을 통해 발전할 수 있었습니다. 그리고 이 책의 교열에 동참해주신 베타테스터 분들에게도 감사를 표합니다.

이 책의 초판 절반가량을 썼을 때, 어머니를 떠나 보내게 되었습니다. 제 인생에서 가장 힘든 시기였습니다. 아마 가족과 친구들의 도움 없이는 이 책을 결코 마무리 지을 수 없었을 것입니다. 우리는 어머니가 정말 그립습니다.

마지막으로, 내게 자신감과 내가 가장 필요할 때 즐거움을 선사해 준 타냐에게 감사의 인사를 올립니다.

들어가는 글

아두이노와 피지컬 컴퓨팅 세상에 온 것을 환영합니다. 아두이노는 오픈 소스 프로젝트의 일환으로, 피지컬 컴퓨팅을 하기 위한 하드웨어와 소프트웨어로 구성되어 있습니다. 처음에는 인터랙션 디자인을 공부하는 디자이너와 예술가들이 다루기 쉽게 만들어진 프로토타이핑 플랫폼의 용도로 만들어졌습니다. 그러다가 지금은 전 세계에 걸쳐 피지컬 컴퓨팅 프로젝트를 계획하는 전문가와 취미로 자작(自作)을 즐기는 많은 동호인에게 널리 활용되고 있습니다. 물론, 여러분도 사용할 수 있습니다.

많은 사람들이 매일 컴퓨터 앞에서 많은 시간을 보냅니다. 아두이노는 1980년대 이후에는 사라져 버린 방식으로 컴퓨터를 다룰 수 있는 환경을 제공합니다. 그것은 바로 자신만의 컴퓨터를 만드는 일입니다. 그뿐 아니라 아두이노는 단순한 프로토타입부터 정교한 장치에 이르기까지 다양한 수공 형태의 전자공학이 가미된 프로젝트를 쉽게 수행할 수 있도록 만들어졌습니다. LED를 깜빡이게 하기 위해 전자공학 지식이나 복잡한 프로그래밍 언어에 관한 이론을 배우는 시대는 이제 저물어가고 있습니다. 단 몇 분이면 전자공학 지식 없이도 자신만의 첫 번째 아두이노 프로젝트를 만들어낼 수 있습니다.

이 책을 읽는 데 전자공학 지식은 필요 없습니다. 도입부부터 바로 실습을 진행합니다. 책의 첫 장부터 실습에 필요한 주요 전자부품 사용법뿐만 아니라 여러분의 프로젝트에 생명을 불어넣어줄 소프트웨어를 작성하는 방법을 전수하겠습니다.

이 책은 이론과 실무를 두루 다루고 있습니다. 책에서 제공하는 프로젝트를 만들기 위한 모든 기초적인 지식을 함께 풀어내려고 합니다. 그리고 모든 장에서 문제 해결 절을 통해 프로젝트 수행 중 발생하는 장애를 다룹니다. 이 책을 통해 여러분이 자신만의 프로젝트를 빠르게 만들 수 있도록 도와드리겠습니다.

이 책에 적합한 독자

이 책은 전자공학에 관심이 있고, 직접 디자인한 장난감이나 게임, 도구 만들기에 흥미를 느끼는 사람들을 위해 집필했습니다. 아두이노는 디자이너와 예술가가 작품에 이용할 수 있도록 만들어진 도구이긴 하지만, 오직 소프트웨어 개발자만이 잠재된 아두이노의 가능성을 최대한으로 이끌어낼 수 있습니다. 만약 C/C++나 Java를 이용해 개발해본 경험이 있는 사람이라면 이 책에서 다양한 경험을 얻을 수 있을 겁니다.

하지만 이것이 전부는 아닙니다. 여러분은 반드시 이 책에서 소개하는 프로젝트를 만들고, 도전하고, 수정하는 작업을 거쳐야 합니다. 즐기세요. 그리고 실수를 두려워하지 마세요. 문제 해결 절에서는 실수를 그럴만한 가치가 있는 경험으로 변화시킬 것입니다. 프로젝트를 하면 할수록 자신감도 커집니다. 실습 없이 단순히 읽기만 해서 전자공학을 배우는 방법은 반쪽짜리 학습법에 불과합니다. 인간은 귀로 들은 것은 5%, 손으로 옮겨 적은 것은 10%만 기억하지만, 몸소 체험한 것은 95%를 기억할 수 있다고 합니다. 전자공학에 대한 사전 지식이나 경험이 없다고 해서 두려워하지 마세요.

만약 소프트웨어 프로그래밍을 해본 경험이 전혀 없다면, 프로그래밍 수업을 수강하거나 프로그래밍 입문 서적을 읽어보기를 권합니다(『Learn to Program』(크리스 파인 지음)도 좋은 시작점이 될 수 있습니다). 그 다음엔 『C 언어 프로그래밍』(브라이언 커니건, 데니스 리치 지음, 대영사 펴냄)이나 『C++ 프로그래밍 언어』(비야네 스트롭스트룹 저, PTG 출판)를 보면서 C 언어 또는 C++ 언어를 이용한 프로그래밍을 시작해 보세요.

책 둘러보기

이 책은 크게 '아두이노 시작하기'와 '8가지 아두이노 프로젝트' 그리고 부록으로 구성됩니다. 1부 '아두이노 시작하기'에서는 2부의 '아두이노 실전 프로젝트'를 수행하기 위한 기초 지식을 배울 수 있습니다. 이를 위해 반드시 각 장을 순서대로 읽고 모든 예제를 실습하기 바랍니다. '8가지 아두이노 프로젝트'는 앞서 다룬 기술과 프로그래밍 코드를 재활용한 예제를 토대로 작성했습니다.

이 책의 주요 내용은 다음과 같습니다.

- 이 책은 아두이노 개발 기초부터 설명합니다. 먼저 IDE를 사용하는 법과 컴파일하는 법, 프로그램을 업로드하는 방법을 배웁니다. 첫 번째 프로젝트인 '전자 주사위 만들기'를 통해 LED, 스위치, 저항과 같은 기초적인 전자 부품들이 어떻게 작동하는지 배웁니다.
- 아날로그 센서와 디지털 센서가 어떻게 작동하는지 살펴보고, 온도 센서와 초음파 거리 센서를 이용해 정밀한 측정 도구를 만들어 봅니다. 3축 가속 센서로 움직임을 감지하는 게임 컨트롤러를 만들어 보고, 벽돌 깨기 형식 게임과 접목합니다.
- 피지컬 컴퓨팅 세계에서는 꼭 손수 만든 도구만 사용하라는 법은 없습니다. 이미 만들어져 있는 하드웨어를 목적에 맞게 변형하여 사용할 수도 있습니다. 이 책에서는 닌텐도 위^{Wii} 눈차크^{nunchuck} 컨트롤러를 여러분이 만든 응용프로그램에 접목하여 이용하는 방법을 소개합니다.
- 눈차크를 이용해 응용프로그램이나 장치를 조작하면 매우 유용합니다. 하지만 무선 리모컨이 더욱 유용할 때도 있습니다. 독자적인 범용 무선 리모컨을 만들어 보고 이 리모컨을 이용해 웹브라우저를 조작합니다.
- 아두이노를 인터넷에 연결하기는 쉽습니다. 이를 이용해 집에 아무도 없을 때, 거실에서 누군가의 움직임이 감지되면 트위터로 상황을 알려 줄 수 있는 도난 경보 시스템을 제작합니다.

- 마지막으로, 모터를 이용한 재미있는 작업을 소개합니다. 개발자의 지속적인 통합 시스템에 접속하여 소프트웨어 빌드에 실패할 때마다 화살표가 이 실패에 책임이 있는 개발자를 가리키는 재미있는 프로젝트입니다.
- 부록에는 전기에 대한 기초 배경 지식과 납땜 요령에 대해 기술하였습니다. 더불어 시리얼 포트를 이용한 고급 프로그래밍 기법과 아두이노 언어 전반에 대해서도 다루었습니다.

모든 장마다 프로젝트 수행에 필요한 부품과 도구를 자세한 목록, 사진과 함께 소개합니다. 또 이 부품들이 어떻게 결합되는지에 대한 자세한 설명도 사진과 다이어그램을 통해 제공합니다. 여기저기에 배치된 실제로 제작된 아두이노 프로젝트에 관한 몇가지 내용들을 통해 많은 영감을 얻을 수 있습니다. 다시 설명하면, 각 장마다 배치된 실제 아두이노를 가지고 진행한 프로젝트를 소개하는 글을 통해 영감을 얻을 수 있습니다.

모든 과정이 원하는 대로 잘 풀리진 않습니다. 전자회로의 오류를 잡아내고 수정하는 디버깅 과정은 어렵기도 하고 도전의식이 필요한 과제입니다. 그러므로 모든 장마다 '제대로 작동하지 않을 때'라는 절을 넣어 가장 보편적인 문제와 이 문제에 대한 해결 방법을 다룹니다.

책에 있는 해결 방법을 읽기 전에 먼저 스스로 문제를 해결하기 위해 노력해 보기 바랍니다. 가장 효과적인 배움의 길은 스스로 문제를 해결해 나가는 것이기 때문입니다. 경험하지 못한 예상 밖의 문제를 풀기 위해, 여러분의 실력을 향상시켜줄 예제를 모든 장의 마지막에 넣었습니다.

책에 수록된 모든 프로젝트는 아두이노 두에밀라노베와 아두이노 IDE 버전 18에서 테스트를 진행했습니다.

아두이노 우노와 아두이노 플랫폼

여러 가지 종류의 아두이노 보드와 아두이노 IDE 버전을 출시한 후, 아두이노 팀은 플랫폼의 버전에 1.0을 부여하기로 결정하였습니다. 아두이노의 버전은 조금 어긋나 있습니다. 처음 이 프로젝트의 개발자들은 버전을 1씩 증가시켰습니다. 최근까지 버전을 23까지 부여했지만, 이번 출시에서 1.0을 사용하기로 결정하였습니다. 이런 이유로 아두이노 23보다 1.0이 최신 버전입니다.

2011년 말에 출시된 아두이노 1.0은 앞으로 개발하게 될 아두이노 보드의 표준을 제시하고 있습니다. 아두이노 개발자들은 아두이노 우노 보드를 발표함과 동시에 IDE와 라이브러리를 개선하였습니다.

아두이노 팀은 아두이노 1.0이 가급적 이전 버전과 호환성이 있도록 만들었습니다. 하지만 과거 코드에서 수정되어야 할 부분도 존재합니다.

이 책은 아두이노 최신 플랫폼인 1.0과 아두이노 우노 보드를 다루고 있습니다. 하지만 모든 프로젝트는 두에밀라노베나 디에시밀라 같은 아두이노 구 버전에서도 작동합니다. 이 책에 실린 모든 코드는 아두이노 1.0에서 테스트되었으며 대부분의 코드는 아두이노 IDE 19 버전부터 23 버전 사이에서 작동됩니다. 이더넷과 Wire 라이브러리를 사용한 프로젝트만 아두이노 구 버전에서는 코드 수정이 필요합니다. 이 책의 웹사이트에서 아두이노 1.0뿐만 아니라 구 버전에 대한 코드도 다운로드할 수 있습니다. 또한 최신 버전과 구 버전 사이의 차이를 책에 설명해 두었습니다.

코드 예제와 규칙

오픈소스 하드웨어에 관련된 책이지만, 많은 코드 예제가 기재되어 있습니다. 그리고 이 코드는 하드웨어에 생명을 불어넣고, 우리가 원하는 것을 만들기 위해 필요합니다.

때때로 아두이노 동작을 위해 C/C++ 코드를 사용하기도 합니다. PC에서 동작하는 프로그램을 만들기 위해 프로세싱을 사용하기도 하지만, 부록 A2에서 다른 여러 프로그래밍 언어를 사용해 아두이노와 통신하는 방법을 배울 것입니다.

온라인 지원

웹사이트 http://pragprog.com/titles/msard에서 이 책과 관련된 코드 예제를 다운로드할 수 있습니다. 또한, 포럼을 통해 이 책의 다른 독자들과 교류할 수 있습니다. 만약 코드상의 문제를 발견했을 때는 에러 보고 페이지를 통해 알려 주시기 바랍니다(번역서에 관한 오탈자 및 관련 정보는 www.insightbook.co.kr/24188에서 확인하실 수 있습니다.).

그 밖에 웹사이트에서는 플리커(http://www.flickr.com/photos/50804036@N06/sets/72157624195730498/)를 통해 책에 첨부된 사진들의 고해상도 이미지를 얻을 수 있습니다. 그뿐만 아니라 독자들이 진행하고 있는 프로젝트의 사진도 공유할 수 있습니다. 여러분이 진행하고 있는 프로젝트의 사진도 기대하고 있습니다.

그럼 시작해 봅시다!

실습에 필요한 부품

이 책에 수록된 모든 프로젝트를 수행하는 데 필요한 부품들의 리스트를 정리하였습니다. 각 장마다 추가적으로 필요한 부품들은 각 장에 기재되어 있습니다. 각 장에 수록된 프로젝트를 순차적으로 진행하면 되기 때문에 모든 부품을 한꺼번에 구매할 필요가 없습니다. 부품 종류가 많아 놀랄지 모르겠지만, 그리 비싸지 않은 부품이므로 걱정하지 않아도 됩니다. 이 책에 수록된 모든 프로젝트를 위한 부품을 구매하는 데 대략 20만원 내외의 비용이 필요합니다.

기본 부품

- 초음파 거리 센서(Parallax PING))) sensor)
- 기울기 센서
- ADXL335 가속도 센서 보드
- 6핀 헤더 핀
- 닌텐도 눈차크 컨트롤러
- 적외선 물체 감지 센서
- 적외선 LED
- 적외선 수신기
- 이더넷 실드
- 프로토타이핑 실드

책에 나오는 모든 부품

기본 부품 패키지보다 장별로 부품을 하나씩 구매하는 것을 선호하는 독자를 위해, 이 책에서 사용하고 있는 모든 부품을 모아봤습니다. 각 장에는 부품 목록과 사진이 삽입되어 있습니다.

- 우노, 두에밀라노베, 디에시밀라와 같은 아두이노 보드
- A-B형 USB 선(USB 1.0 또는 USB 2.0 지원)
- 브레드보드
- 3색 또는 4색 LED
- 100Ω 저항 1개, 10kΩ 저항 2개, 1kΩ 저항 3개
- 푸시버튼 2개
- 전선(되도록이면 브레드보드용 점퍼선으로 구매)
- 초음파 거리 센서
- 적외선 물체 감지 센서
- 온도 센서(TMP36)
- 가속도 센서 보드(ADXL335)
- 6핀 헤더핀(헤더핀은 줄 단위로 판매하므로 필요한 만큼 잘라서 쓰세요.)
- 닌텐도 눈차크
- 아두이노 이더넷 실드
- 적외선 센서(PNA4602)
- 5V 서보모터(Hitec HS-322HD 또는 Vigor Hextronic, 4.8V~6V 사이에서 작동하는 서보모터)

다음은 선택적으로 구매해도 되는 부품 목록입니다.

- 아두이노 프로토 실드
- 피에조 스피커 또는 부저
- 기울기 센서

다음은 납땜 연습을 위한 준비물입니다.
- 25~30W 1/16인치 굵기의 팁을 지닌 납땜기
- 로진 심이 들어 있는 직경 0.031인치 납
- 스펀지

1부

아두이노 시작하기

1장

아두이노의 세계에 온 것을 환영합니다

아두이노는 원래 기술 숙련도가 낮은 디자이너와 예술가를 위해 만들어졌습니다. 프로그래밍 경험이 전혀 없는 디자이너나 예술가도 아두이노를 이용해 정교한 디자인 프로토타입이나 놀라운 인터랙티브 작품을 만들 수 있습니다. 아두이노를 배우는 첫걸음이 너무 쉽다고 해도 전혀 놀랍지 않습니다. 물론 기술적인 배경 지식이 어느 정도 있다면 훨씬 더 쉽습니다.

아무리 쉽다 해도 기초를 바로세우는 과정은 항상 중요합니다. 아두이노 보드와 개발 환경, 시리얼 통신과 같은 기술에 익숙해지면 아두이노를 이용하는 작업을 대부분 시도할 수 있습니다.

시작하기 전에 이해해야 할 개념이 하나 있습니다. 바로 피지컬 컴퓨팅physical computing입니다. 컴퓨터를 사용해온 사람이라면 피지컬 컴퓨팅, 즉 '물리적 컴퓨팅'이라는 게 무엇을 뜻하는지 의문이 들 수 있습니다. 물론 컴퓨터는 물리적인 객체이고 키보드와 마우스 같은 물리적인 장치로부터 입력을 받습니다. 소리와 영상 역시 스피커와 디스플레이 장치와 같은 물리적인 장치를 통해 출력합니다. 그렇다면 결국 모든 컴퓨팅은 물리적인 컴퓨팅이 아닐까요?

엄밀히 말해 일반적인 컴퓨팅은 물리적 컴퓨팅의 부분집합입니다. 키보드와 마우스는 컴퓨터 밖에 존재하는 실재 세계에서 들어오는 입력을 처리하기 위한 센서라고 할 수 있습니다. 그리고 디스플레이 또는 프린터는 액추에이터라고 할 수 있습니다. 그러나 일반적인 컴퓨터를 사용하여 특별한 센서나 출력장치를 제어하기란 매우 어렵습니다. 하지만 아두이노를 이용하면 정교하거나 심지어는 기이하기까지 한 장치들을 쉽게 다룰 수 있습니다. 이 책의 나머지 부분에서는 이러한 방법을 소개합니다. 이 장에서는 아두이노를 제어하는 방법과 필요한 도구들, 작업 환경을 구성하는 방법을 익히면서 피지컬 컴퓨팅 세계로 향하는 첫걸음을 내디뎌 보겠습니다. 이제 아두이노를 작동시키기 위한 첫 번째 프로그램을 개발해 봅시다.

1.1 준비물

- 아두이노 우노, 두에밀라노베 혹은 디에시밀라 중 하나
- 아두이노를 PC에 연결하기 위한 USB 선
- LED
- 아두이노 IDE(11페이지 1.4 아두이노 IDE 인스톨하기 참조)
- 아두이노 IDE는 매 장마다 필요하므로 더 이상 준비물에서 언급하지 않겠습니다.

1.2 아두이노란 무엇인가?

초심자들은 아두이노 프로젝트를 접할 때 종종 혼란스러움을 겪습니다. 아두이노를 검색해 보면 우노, 두에밀라노베, 디에시밀라, 릴리패드, 시두이노 같은 낯선 이름을 접하게 됩니다. 더 큰 문제는 '아두이노'라는 단어를 이 이름들에서 찾아볼 수 없다는 점입니다.

몇 년 전 아두이노 팀은 특별한 마이크로컨트롤러 보드를 설계한 다음, 라이선스를 완전히 공개하여 일반인들에게 공급했습니다. 많은 전자 부품 가게에서 완벽하게 조립된 아두이노 보드를 구매할 수 있습니다. 만약 전자공학에 관심이 있는 이라면 아두이노의 회로도를 다운로드 받아 직접 보드를 만들어 볼 수도 있습니다.

아두이노 팀은 아두이노 보드의 디자인을 여러 해 동안 발전시켜 왔습니다. 그리고 아두이노 버전도 여러 번 개정해 왔습니다. 보통 아두이노에

는 우노, 두에밀라노베, 디에시밀라와 같은 이탈리아식 이름이 붙어 있습니다. 아두이노 공식 사이트에서 모든 아두이노 보드의 목록을 확인할 수 있습니다.

그림 1에서 몇 가지 아두이노를 볼 수 있습니다. 외형은 다르지만 공통점이 많고, 모두 같은 개발 도구와 라이브러리를 이용해 프로그래밍할 수 있습니다.

아두이노 팀은 꾸준히 하드웨어의 디자인을 개선했을 뿐 아니라 특별한 목적에 부합하는 새로운 디자인의 아두이노를 개발했습니다. 예를 들어, 아두이노 릴리패드는 옷이나 가방과 같은 직물, 섬유에 부착하기 위해 개발한 것으로, 릴리패드를 이용해 인터랙티브한 티셔츠 등을 만들 수 있습니다.

공식 아두이노 보드 말고도 아두이노의 파생 제품을 웹에서 셀 수 없이 많이 찾아볼 수 있습니다. 누구나 공식 아두이노 디자인을 변경할 수 있도록 공개되어 있기 때문에 많은 사람들이 독자적인 자신만의 아두이노 호

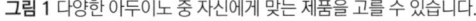

그림 1 다양한 아두이노 중 자신에게 맞는 제품을 고를 수 있습니다.

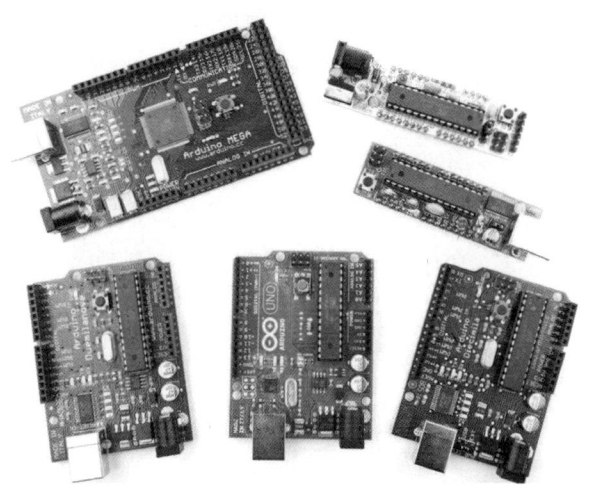

환 보드를 디자인하고 있습니다. 호환 보드 중에는 프리두이노, 시두이노, 보두이노, 페이퍼두이노 등이 있습니다. 놀랍게도 페이퍼두이노는 회로 기판이 필요 없습니다. 모든 부품이 평범한 종이에 부착된 아두이노 파생 프로젝트입니다.

아두이노는 등록상표이므로 공식 보드만 '아두이노'라는 이름을 사용할 수 있습니다. 이런 연유로 파생 제품들은 보통 '두이노'로 끝나는 이름을 만들어 사용합니다. 공식 아두이노와 완벽하게 호환되는 파생 아두이노 제품이라면 모두 이 책에 나오는 프로젝트에 사용해도 무방합니다.

1.3 아두이노 살펴보기

그림 2에서 아두이노 우노 보드와 우노의 중요한 부품을 확인할 수 있습니다. 먼저 USB 커넥터를 살펴볼까요? 아두이노를 PC에 연결할 때, USB 선을 사용합니다. USB 연결은 여러 가지 용도로 사용됩니다.

그림 2 아두이노의 주요 부분

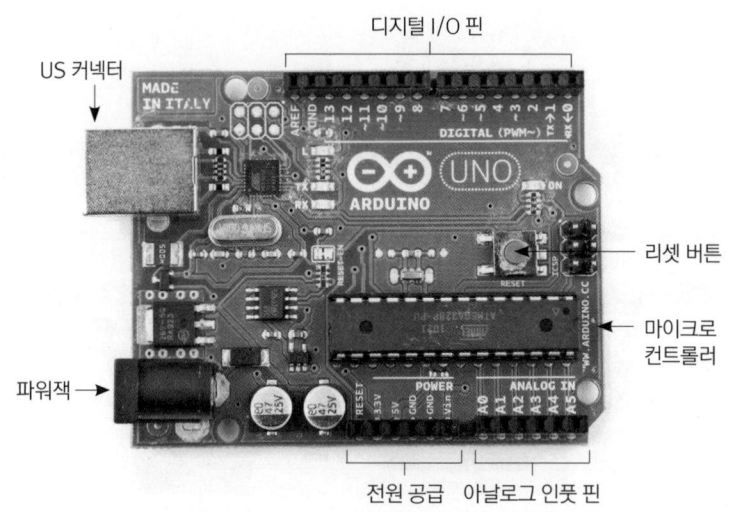

- 새로운 소프트웨어를 아두이노 보드로 업로드(1.6 참고)
- 아두이노 보드와 PC 사이의 통신(2.4 참고)
- 아두이노 보드에 전원 공급

아두이노 역시 전자장치이기 때문에 전기 공급이 필요합니다. 전기를 공급하는 가장 보편적인 방법은 컴퓨터의 USB 포트에 연결하는 것입니다. 하지만 USB 연결이 아닌 다른 방법이 필요할 때도 있습니다. 컴퓨터가 필요 없는 프로젝트의 경우, 단지 아두이노에 전원을 공급하기 위해 컴퓨터를 켜는 것은 낭비가 아닐 수 없습니다. 이런 경우 가장 좋은 방법은 9V 어댑터를 사용하는 것입니다.(그림 3 참조) 2.1mm 내경 팁과 양극성 심지를 지닌 어댑터가 필요합니다.(7V에서 12V 사이의 어댑터를 사용하는 것이 좋습니다.) 이 어댑터를 파워잭에 꽂는 순간 컴퓨터에 연결되지 않아도 아두이노가 바로 작동합니다. 혹은 이와 별개로 아두이노를 USB 포트에 연결한 상태에서 외부의 전원 공급을 활용할 수도 있습니다.

아두이노 NG나 디에시밀라 같은 이전 버전의 아두이노는 외부 전원과 USB 전원을 자동으로 변경하지 못하므로 주의하기 바랍니다. 구 버전의 아두이노 보드에는 파워를 선택할 수 있는 PWR_SEL이라고 기재되어 있는

그림 3 AC 어댑터로 아두이노의 파워를 켤 수 있습니다.

점퍼가 있습니다. 외부로부터 전원을 받을지 USB를 연결하여 전원을 받을지에 따라 각각 다른 점퍼를 선택하여 사용해야 합니다.(그림 4 참조)

지금까지 아두이노에 전원을 공급하는 두 가지 방법을 알아보았습니다. 다행히도 아두이노가 전원을 그리 많이 소모하지 않는 덕분에 아두이노에 연결된 다른 장치에 전원을 충분히 공급할 수 있습니다. 그림 2에서 전원 공급과 관련된 여러 개의 소켓을 확인할 수 있습니다.

아날로그 신호와 디지털 신호

거의 모든 물리적인 작용은 아날로그 형태로 이루어져 있습니다. 전기나 소리와 같은 자연 현상을 관찰해 보면 아날로그 신호를 실제로 느낄 수 있습니다. 이러한 아날로그 신호의 가장 중요한 속성은 바로 연속성입니다. 매시간 신호의 강도를 측정할 수 있으며, 아무리 미세한 진동이라도 기록할 수 있습니다.

우리는 비록 실제로는 아날로그적인 세상에 살고 있지만, 디지털 시대를 살고 있기도 합니다. 최초로 컴퓨터가 등장했을 때 사람들은 실제 세계에 존재하는 정보를 볼트나 볼륨 같은 아날로그 신호가 아닌, 숫자로 표시할 때 일을 훨씬 쉽게 처리할 수 있다는 사실을 깨달았습니다. 예를 들면, 컴퓨터를 이용해 일련의 음량의 흐름을 숫자로 표기하여 기록한다면 이를 다시 측정하기란 그리 어려운 일이 아닙니다. 다시 말해 저장된 이 일련의 모든 숫자는 해당 시점의 신호 세기를 나타냅니다.

그러므로 아날로그 신호 전체를 저장하는 대신 시간 축에 따라 각 지점의 신호를 측정하기만 하면 됩니다. 이러한 과정을 샘플링이라고 하고, 저장된 값을 샘플이라고 합니다. 새로운 샘플을 결정하는 데 사용되는 주기를 샘플링 레이트$^{Sampling\ Rate}$라고 합니다. 예를 들면 오디오 CD의 샘플링 속도는 44.1kHz입니다. 1초에 44,100개의 샘플을 얻을 수 있다는 뜻입니다.

샘플은 특정 범위마다 제한적으로 기록되어야 합니다. 오디오 CD에 담긴 모든 샘플은 16비트로 이루어져 있습니다. 그림 5를 보면 두 점선에 의해 범위가 정해져 있는 것을 볼 수 있습니다. 이 범위에 따라 신호의 시작점에 있는 특정 신호의 정점을 잘라내야 합니다.

만약 아날로그 장치와 디지털 장치를 모두 아두이노에 연결하더라도 심각하게 고민할 필요는 없습니다. 아두이노는 자동으로 아날로그 신호를 디지털 신호로, 디지털 신호는 아날로그 신호로 바꾸어주는 변환 기능을 지니고 있기 때문입니다.

그림 4 구형 아두이노에는 전원 소스 선택 점퍼가 있습니다.

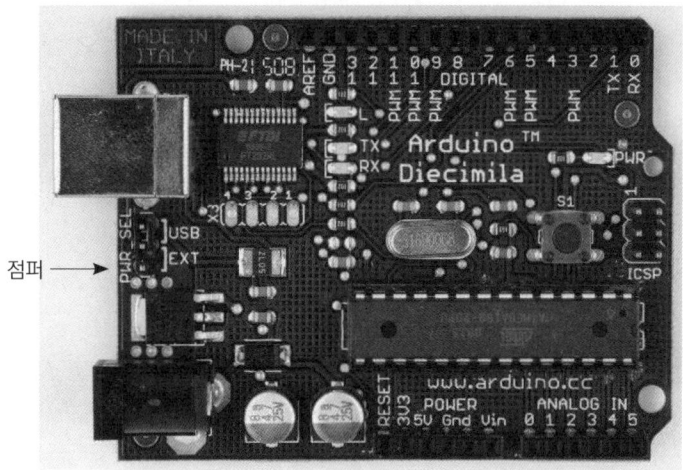

점퍼 →

- 3.3V와 5.5V를 이용하는 외부 장치는 아두이노의 3V3과 5V라고 표시된 핀에 연결하여 전원을 공급할 수 있습니다.
- 아두이노와 연결된 다른 장치들과 접지를 공유하려면 Gnd라고 표시된 핀 2개를 사용하면 됩니다.
- 들고 다니거나 장소가 고정적이지 않은 프로젝트일 경우, 건전지와 같이 유동적인 전원 공급이 필요합니다. 이러한 배터리는 Vin과 Gnd라고 표시된 핀에 극성을 주의하여 연결하면 됩니다.

아두이노 보드의 오른쪽 하단에 위치한 A0부터 A5까지 아날로그 입력 핀 6개는 아날로그 센서를 연결하는 데 사용됩니다. 아날로그 입력은 센서로부터 입력된 데이터를 0에서 1023 사이의 숫자로 변환합니다. 5장 '자연현상 감지하기'에서 온도 센서를 아두이노에 연결할 때 이 핀을 사용합니다.

보드에 있는 디지털 핀 14개는 D0부터 D13까지로 표시되어 있습니다. 이 핀들은 목적에 따라 디지털 입력이나 디지털 출력으로 사용할 수 있습

그림 5 아날로그 신호의 디지털화

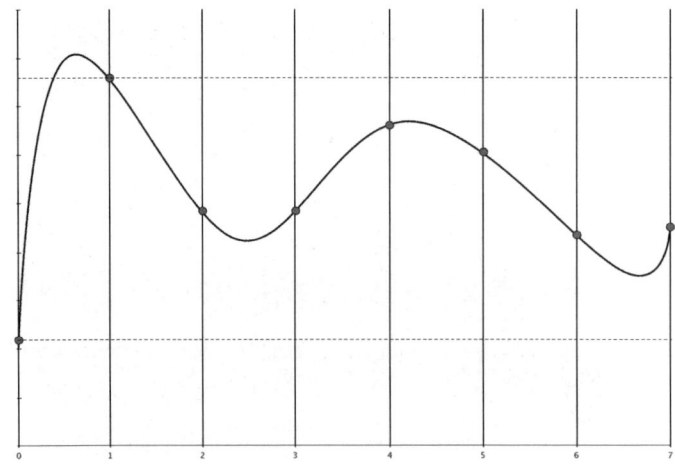

니다. 이 핀을 이용해 푸시버튼이나 스위치의 상태를 파악하거나 LED를 켜고 끌 수 있습니다. 이 디지털 핀 중 6개(D3, D5, D6, D9, D10, D11)는 아날로그 출력으로도 활용할 수 있습니다. 아날로그 출력 모드에서는 0에서 255 사이의 값을 아날로그 형태의 전압으로 변환할 수 있습니다.

이 모든 핀이 마이크로컨트롤러Microcontroller에 연결되어 있습니다. 마이크로컨트롤러는 CPU와 입출력 채널과 같은 몇 가지 부차적인 기능이 결합된 형태입니다. 마이크로컨트롤러의 종류는 굉장히 많지만, 아두이노는 그중에서 Atmega168 또는 Atmega328을 사용합니다. Atmega168과 Atmega328은 ATMEL에서 제조한 8비트 마이크로컨트롤러입니다.

요즘 컴퓨터들은 하드디스크 드라이브에서 프로그램을 불러오는 반면에, 마이크로컨트롤러는 보통 이러한 프로그램을 내장하고 있습니다. 다시 말해 케이블을 이용해 소프트웨어를 마이크로컨트롤러로 전송해야 하며, 일단 전송된 프로그램은 새로운 프로그램으로 덮어쓰기 전까지 마이크로컨트롤러에 저장되어 있습니다. 아두이노에 전원을 공급하면, 마이크로컨트롤러에 저장되어 있던 프로그램이 자동으로 실행됩니다. 아두이노를 처음부터 재시동해야 한다면, 보드 오른쪽에 있는 리셋 버튼을 누르면 됩니다. 리셋 버튼을 누르면 모든 동작이 초기화되고, 마이크로컨트롤러에 저장된 프로그램을 다시 시작합니다.

이번 절에서는 최근에 출시된 아두이노 우노를 자세히 살펴보았습니다. 우노를 포함한 다양한 아두이노 보드들은 기본적인 성능은 같지만 몇 가지 세부적인 기능에 차이가 있습니다. 아두이노 메가2560$^{Arduino\ Mega2560}$은 성능이 막강한 ATmega2560 마이크로컨트롤러를 사용하기 때문에 다른 보드보다 많은 입출력 핀을 보유하고 있습니다. 반면 아두이노 나노$^{Arduino\ Nano}$는 소켓이 많지 않지만, 브레드보드를 이용해 회로를 구성하는 데 적합한 형태로 디자인되어 있습니다. 이 책에서는, 초심자라면 표준 보드인 우노나 두에밀라노베를 사용하기 바랍니다.

1.4 아두이노 IDE 인스톨하기

아두이노를 배우는 진입 장벽을 낮추기 위해, 아두이노 개발자들은 단순하지만 유용한 IDE$^{Integrated\ Development\ Environment,\ 통합\ 개발\ 환경}$를 개발했습니다. 아두이노 IDE는 다양한 운영체제$^{Operating\ System}$ 환경에서 사용이 가능합니다. 프로젝트를 시작하기에 앞서, 반드시 IDE를 설치해야 합니다.

윈도에 아두이노 IDE 설치하기

아두이노 IDE는 윈도 XP를 비롯해 윈도 비스타, 윈도 7까지 최근 사용되는 모든 윈도 환경에서 사용할 수 있습니다. 소프트웨어는 설치형 압축 파일^{ZIP} 형태로 제공되기 때문에 설치하기가 간단합니다. 별다른 인스톨 과정 없이, 압축 파일을 다운로드받아 알맞은 위치에 압축을 해제하면 됩니다.

IDE를 실행하기 전에 반드시 아두이노의 USB 포트 드라이버를 설치해야 합니다. 드라이버 설치 과정은 여러분이 사용하는 아두이노 보드와 윈도의 종류에 따라 달라집니다. 드라이버 설치를 시작하기 전에 먼저 아두이노를 USB 포트에 연결해야 합니다.

윈도 비스타에서는 보통 드라이버 설치 과정이 자동으로 이루어집니다. 그저 새로운 USB 장치를 설치하고 사용할 수 있다는 메시지가 나타날 때까지 기다리기만 하면 됩니다.

윈도 XP와 윈도 7은 마이크로소프트 업데이트 사이트에서 자동으로 드라이버를 찾지 못할 수 있습니다. 인터넷을 통해 자동으로 드라이버를 설치하는 과정을 건너뛰면 장치 마법사가 드라이버의 올바른 경로를 묻습니다. 아두이노 보드 종류에 따라 아두이노 설치 디렉터리에 위치한 드라이버의 경로를 정확하게 지정해야 합니다. 예를 들어, 아두이노 우노와 아두이노 메가 2560은 각각 Arduino UNO.inf와 Arduino MEGA 2560.inf를 drivers 디렉터리에서 선택합니다. 두에밀라노베, 디에시밀라, 나노와 같은 구형 보드들은 drivers/FTDI USB Drivers 디렉터리에서 드라이버 파일을 선택합니다.

드라이버 설치 후, 아두이노를 설치한 디렉터리에서 arduino.exe를 더블클릭하여 프로그램을 실행시킵니다. 첫 실행 후 화면에 나타난 지시에 따라 IDE 환경을 설정합니다.

아두이노 IDE 업데이트 주기만큼 USB 드라이버가 자주 업데이트되지는 않습니다. 새로운 버전의 IDE를 설치할 때마다 새로운 드라이버를 설치해야 하는지 확인하기 바랍니다. 하지만 새로운 드라이버가 반드시 필요한 것은 아닙니다.

맥 OS X에 아두이노 IDE 설치하기

아두이노 IDE는 대부분의 맥 OS X 환경을 위해 디스크 이미지 형태로 제공됩니다. 파일을 다운로드해서 더블클릭한 다음, 아두이노 아이콘을 응용 프로그램 폴더로 드래그하면 설치가 완료됩니다.

아두이노 우노나 아두이노 메가 2560을 사용하고 있다면, 바로 IDE

를 실행할 수 있습니다. 두에밀라노베, 디에시밀라, 또는 나노와 같은 구형 아두이노를 IDE와 사용하려면 아두이노의 시리얼 포트를 사용하기 위한 드라이버를 설치해야 합니다. 유니버설 바이너리(윈도의 드라이버와 같은 뜻)는 디스크 이미지에 저장되어 있으며, FTDIUSBSerialDriver_10_4_10_5_10_6.mpkg 파일을 더블클릭하여 화면에 나타난 지시 사항을 따라 설치합니다.

새로운 버전의 아두이노 IDE를 설치할 때는 FTDI 드라이버를 다시 설치하지 않아도 됩니다(최신 버전의 드라이버가 제공됐을 때만 설치하세요).

리눅스에 아두이노 IDE 설치하기

리눅스는 종류가 다양합니다. 최신 리눅스 버전이라면 아두이노 IDE는 문제없이 작동하지만 설치 과정은 리눅스의 종류에 따라 차이가 있습니다. 더군다나 자바 가상 머신 같은 다른 OS에서는 기본적으로 설치되어 있는 소프트웨어를 설치해야 할 때도 종종 있습니다.

그러므로 자신이 사용하는 시스템에 관한 공식 매뉴얼을 확인해 보는 것이 가장 좋은 방법입니다. 드라이버와 IDE 설치를 모두 마쳤다면 이제 아두이노 IDE를 살펴봅시다.

1.5 아두이노 IDE 살펴보기

만약 이클립스 Eclipse, 엑스코드 Xcode, 마이크로소프트 비주얼 스튜디오 Microsoft Visual Studio 와 같은 IDE를 사용해 봤다면, 아두이노 IDE에 대한 기대치를 낮추는 것이 좋습니다. 아두이노 IDE는 에디터 창, 컴파일러, 로더, 시리얼 모니터로만 이루어져 있어, 너무 단순하기 때문입니다.(그림 6을 보거나 아두이노 IDE를 실행하여 참조하세요.)

아두이노 IDE는 디버그 기능이나 코드 완성 기능 같은 고급 기능은 전혀 없습니다. 단순히 몇 가지 설정만 변경할 수 있고, 다른 자바 응용 프로그램

그림 6 아두이노 IDE는 깔끔한 사용자 인터페이스를 제공합니다.

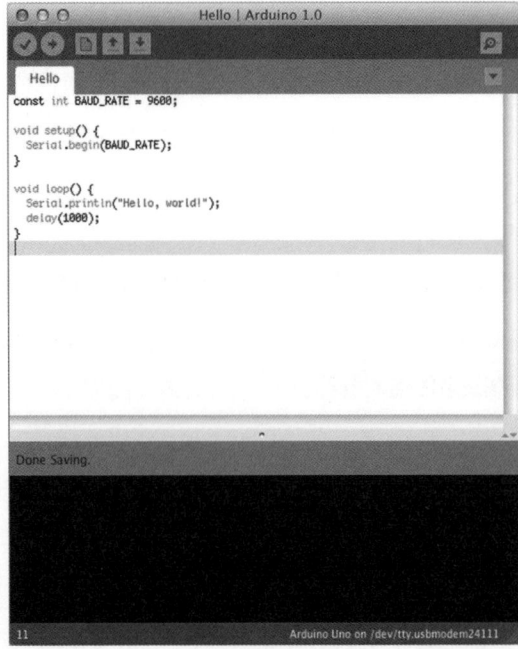

처럼 완벽하게 매킨토시 환경에 통합되어 있지도 않습니다. 그렇지만 아두이노 IDE는 꽤 쓸모 있고, 프로젝트 관리에 적합한 기능도 제공합니다.

그림 7은 필요한 기능에 쉽게 접근할 수 있게 해주는 IDE의 툴바입니다.

그림 7 IDE의 툴바는 아두이노의 중요한 기능을 담고 있습니다.

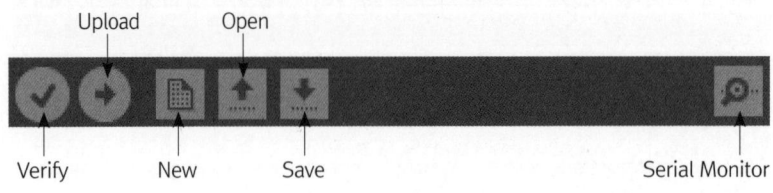

- 확인^{verify} 버튼은 현재 에디터 창에 띄워져 있는 프로그램을 컴파일합니다. 어떤 면에서 '확인'이라는 명칭은 그 기능을 설명하기에 조금 부족합니다. 이 과정에서 프로그램이 올바른 문법으로 작성되었는지 확인할 뿐만 아니라 프로그램을 아두이노 보드에 적합한 형태로 변환하기 때문입니다.
- 새 프로그램^{New} 버튼은 편집 창이 비어 있는 새로운 프로그램을 생성합니다. 새 프로그램이 생성되기 전에 IDE는 저장되지 않은 이전 프로그램을 저장할지 여부를 묻습니다.
- 열기^{Open} 버튼은 하드디스크나 다른 저장 장치에 저장된 프로그램을 열 때 사용합니다.
- 저장^{Save} 버튼은 현재 프로그램을 저장할 때 사용합니다.
- 업로드^{Upload} 버튼을 누르면 IDE는 현재 프로그램을 컴파일한 후 컴퓨터에 연결된 아두이노 보드로 컴파일된 프로그램을 업로드합니다.
- 아두이노는 시리얼 연결을 통해 컴퓨터와 통신할 수 있습니다. 시리얼 모니터$^{Serial\ Monitor}$ 버튼을 클릭하면 시리얼 모니터 창을 통해 아두이노에서 보내는 데이터를 확인하거나 아두이노로 데이터를 보낼 수 있습니다.

IDE는 쉬운 편이지만, 사용하다가 문제에 봉착하거나 궁금한 점이 있을 때는 Help 메뉴를 찾아보기 바랍니다. Help 메뉴에서는 아두이노 웹사이트의 다양하고 유용한 교재로 연결되는 링크를 제공합니다. 웹사이트에서는 사용하다가 발생하는 일반적인 문제들에 대한 해결책뿐만 아니라 참고 자료와 예제를 제공합니다.

중요한 기능에 익숙해지기 위해, LED$^{light-emitting\ diode}$를 깜박이는 간단한 프로그램을 작성해 보겠습니다. LED는 싸고 효율적인 광원이며, 아두이노는 이미 다수의 LED를 내장하고 있습니다. 각 LED는 아두이노의 전원 공급 상태, 시리얼로 통신할 때 데이터의 송/수신 상태를 보여줍니다.(그림 8)

먼저 간단한 실습으로 아두이노의 상태 LED를 깜박이게 만들어 보겠습

그림 8 아두이노의 다양한 상태 표시 LED

니다. 상태 LED는 13번 디지털 입출력 핀에 연결되어 있습니다. 디지털 핀은 스위치와 같은 역할을 하며, HIGH(전원이 공급된 상태) 또는 LOW(전원 공급이 끊긴 상태) 중 한 가지 상태로 변환할 수 있습니다.

먼저 IDE를 실행시킨 후 편집 창에 다음과 같이 코드를 작성합니다.

Download Arduino_1_0/welcome/HelloWorld/HelloWorld.ino

```
Line 1   const unsigned int LED_PIN = 13;
    -    const unsigned int PAUSE = 500;
    -
    -    void setup() {
    5      pinMode(LED_PIN, OUTPUT);
    -    }
    -
    -    void loop() {
    -      digitalWrite(LED_PIN, HIGH);
   10      delay(PAUSE);
    -      digitalWrite(LED_PIN, LOW);
    -      delay(PAUSE);
    -    }
```

프로그램의 소스 코드를 하나하나 분석하고, 어떻게 작동하는지 살펴보도록 하겠습니다. 첫 번째와 두 번째 줄은 const(상수) 구문을 이용하여 2개의 상수 정수^{int}를 정의하고 있습니다. 상수 LED_PIN은 프로그램에서 사용할 디지털 입출력 핀을 정하고, 상수 PAUSE는 LED가 깜박이는 간격을 밀리초 단위로 정합니다.

모든 아두이노 프로그램은 프로그램의 네 번째 줄에 작성한 것처럼 setup( )이라는 함수가 있어야 합니다. 함수는 항상 다음과 같은 형식으로 작성되어야 합니다.

<반환 변수 타입> <함수 명> '(' <매개 변수 목록> ')'

setup 함수의 반환 변수 형식은 void입니다. 다시 말해, 아무것도 반환하지 않습니다. setup( )은 어떤 인수도 사용하지 않기 때문에 매개변수 리스트도 비워 두었습니다. 그럼 잠시 프로그램 분석을 멈추고 아두이노의 데이터 형식에 대해 조금 더 알아보겠습니다.

아두이노 데이터 형식

아두이노에 저장되는 모든 데이터는 형식을 먼저 정의해야 합니다. 쓰임새에 따라 다음 형식 중 한 가지를 선택합니다.

- **boolean** 형식은 메모리를 1바이트 차지하며 true 또는 false를 값으로 저장할 수 있습니다.
- **char** 형식은 메모리를 1바이트 차지하며, -128부터 127까지의 숫자를 저장합니다. 이 숫자들은 보통 ASCII 형식으로 인코딩된 문자로 표시합니다. 예를 들어, 아래 예제를 보면 c1과 c2는 같은 ASCII 값을 가집니다.
- **char** c1='A';
- **char** c2=65;
- **char** 형식을 사용하기 위해서는 항상 작은 따옴표(' ')를 사용해야 한다는 점을 주의하세요.
- **byte** 형식은 메모리를 1바이트 사용하며, 0부터 255까지의 숫자를 저장합니다.
- **int** 형식은 메모리를 2바이트 차지하며, -32,768부터 32,767까지의 숫자를 저장하는 데 사용합니다. 부호가 제거된 int 형식$^{unsigned\ int}$ 역시 메모리

1장 아두이노의 세계에 온 것을 환영합니다 17

를 2바이트 차지하지만 일반 int 형에서 음수를 제외한 0부터 65,535까지의 양수만을 저장합니다.
- 단위가 큰 숫자를 저장할 때는 **long** 형식을 사용합니다. long 형식은 메모리를 4바이트 사용하고 -2,147,483,648부터 2,217,483,647까지의 값을 저장합니다. long 형식 역시 부호가 제거된 long 형식unsigned long은 메모리를 4바이트 사용하고, 0부터 4,294,467.295까지의 숫자를 저장하는 데 사용합니다.
- **float**과 **double** 형식은 거의 같으며, 부동소수점을 저장하는 데 사용합니다. 두 형식 모두 4바이트의 메모리를 사용하며 -3.4028235E+38부터 3.4028235E+38까지의 값을 저장하는 데 사용합니다.
- 함수를 선언할 때는 **void**를 사용합니다. void는 함수가 반환할 값이 없다는 것을 의미합니다.
- 같은 형식을 가진 일련의 값은 배열array에 저장할 수 있습니다.

```
int values[2]; // A two-element array
int values[0] = 42; // Set the first element
int values[1] = -42; // Set the second element
int more_values[] = { 42, -42 };
int first = more_values[0]; // first == 42
```

앞의 예를 살펴보면, values로 선언된 배열과 more_values로 선언된 배열은 같은 원소를 가지고 있습니다. 배열을 선언하는 방법은 예제에서 제시한 것처럼 두 가지입니다. 배열의 인덱스는 0에서 시작하며 초기화되지 않은 배열의 원소는 임의의 값을 가집니다. 배열을 사용할 때 이 점을 염두에 두세요.
- **String** 형식은 **char** 형식 데이터로 이루어진 배열입니다. 아두이노는 문자열을 저정하기 위해 여러 가지 문법으로 string 형식을 선언할 수 있도록 지원합니다.

```
char string1[8] = { 'A', 'r', 'd', 'u', 'i', 'n', 'o', '\0' };
char string2[] = "Arduino";
char string3[8] = "Arduino";
char string4[] = { 65, 114, 100, 117, 105, 110, 111, 0 };
```

위에서 예로 든 모든 데이터 선언은 동일한 string 값을 지닙니다. string 형식은 항상 0바이트로 끝납니다. string 형식을 큰따옴표(" ")로 선언할 때는 마지막에 0바이트가 자동으로 추가됩니다. 그렇기 때문에 큰따옴표로 선언할 때는 문자의 수인 7에 마지막 바이트를 하나 추가하여 8바이트를 선언합니다.

아두이노는 부팅 초기에 setup( ) 함수를 한 번 호출합니다. setup( ) 함수는 아두이노와 아두이노에 연결된 모든 하드웨어를 초기화하는 데 사용합니다. 예제에서는 pinMode( ) 함수를 사용하여 13번 핀을 출력 모드로 전환했습니다. 이 함수는 지정된 핀이 LED를 켜기 위한 전류를 공급할 수 있도록 합니다. 핀의 기본 상태는 입력이며, 핀의 입출력 상태는 setup( ) 함수에서 한 번 정의되면 변하지 않습니다.

예제의 8행에 기재된 loop( ) 함수 역시 반드시 선언해야 하는 함수입니다. 아두이노 프로그램에서 loop( ) 함수는 무한 루프라 불리며, 프로그램의 주요 로직을 담고 있습니다. 예제에 작성된 프로그램의 주요 로직은 13번 핀에 연결된 LED를 켭니다. digitalWrite( ) 함수에 LED가 연결된 핀 번호와 상수 HIGH를 입력해 보겠습니다. 이렇게 하면 지정된 핀으로 5볼트 출력이 다른 명령이 있을 때까지 지속되어 핀에 연결된 LED를 밝게 됩니다.

프로그램이 delay( ) 함수를 호출하면 500밀리초 동안 아무 동작 없이 대기합니다. 이 대기시간 동안 13번 핀은 전원을 공급하는 HIGH 상태를 유지하기 때문에 LED의 불은 밝은 상태를 유지합니다. digitalWrite( ) 함수를 다시 사용하여 13번 핀의 상태를 LOW로 바꾸었을 때 LED는 꺼지고, 다시 호출된 delay( ) 메서드를 통해 500밀리초 대기한 후 loop( ) 함수가 끝납니다. 이렇게 loop( ) 함수가 한 주기를 마치면 아두이노는 다시 loop( ) 함수를 호출하고 LED는 계속 깜박이게 됩니다.

다음 절에서는 앞서 작성한 프로그램을 아두이노로 어떻게 전송하는지 배워 보겠습니다.

1.6 프로그램 컴파일, 업로드

아두이노로 프로그램을 컴파일하고 업로드하기 전에 IDE에서 여러분이 사용하고 있는 아두이노의 종류와 아두이노가 연결된 시리얼 포트를 설정해야 합니다. 사용하고 있는 아두이노의 종류는 아두이노 위에 인쇄되어 있기 때문에 쉽게 확인할 수 있습니다.

인기 있는 아두이노 보드로는 우노, 두에밀라노베, 디에시밀라, 나노, 메가, 미니, NG, BT, 릴리패드, 프로, 프로 미니가 있습니다. 자신이 보유한 아두이노가 사용하고 있는 마이크로콘트롤러의 종류를 확인해야 할 때도 종종 있습니다. 대부분의 아두이노는 ATmega168이나 ATmega328을 사용합니다. 마이크로콘트롤러의 종류는 제품 위에 인쇄되어 있습니다. 아두이노의 정확한 종류를 확인했다면, Tools → Board 메뉴로 이동해 해당 아두이노를 선택하면 됩니다.

이제 Tools → Serial Port 메뉴로 이동하여 아두이노가 연결된 시리얼 포트를 선택해야 합니다. 맥 OS X를 사용하고 있다면, 시리얼 포트의 이름이 /dev/cu.usbserial로 시작합니다.(제 맥북 프로의 경우 시리얼 포트의 이름이 /dev/cu.usbserial-A60061a3입니다.) 리눅스 시스템에서 시리얼 포트의 이름은 /dev/ttyUSB0, /dev/ttyUSB1입니다. 또는 컴퓨터가 가지고 있는 USB 포트 수에 따라 뒤에 있는 숫자가 달라질 수 있습니다.

윈도 시스템에서는 다른 시스템에 비해 정확한 시리얼 포트를 찾기가 조금 복잡하지만, 그리 어렵진 않습니다. 장치관리자로 이동하여 Ports(COM&LPT) 항목에서 USB Serial Port를 찾으면 됩니다.(그림 9 참조) 포트 명은 보통 COM1, COM2와 비슷한 이름을 지니고 있습니다.

적합한 포트를 선택한 후, 확인^{Verify} 버튼을 클릭합니다. IDE의 메시지 영역에서 다음과 같은 메시지가 출력되는 것을 볼 수 있습니다.(아두이노 IDE에서는 프로그램을 'sketch'라고 부릅니다.)

그림 9 윈도에서 아두이노가 연결된 시리얼 포트 확인하기

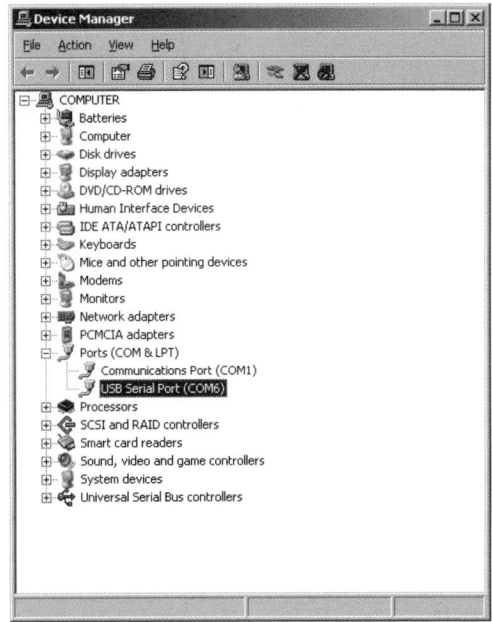

```
Binary sketch size: 1026 bytes (of a 32256 byte maximum)
```

이 메시지는 IDE가 소스 코드를 아두이노에 업로드할 수 있는 1,026바이트의 기계어 코드로 무사히 컴파일했다는 것을 의미합니다. 만약 에러 메시지가 나타났다면, 프로그램이 정확하게 작성되었는지 확인하기 바랍니다.(코드에 의심이 든다면, 이 책의 웹사이트 http://www.pragprog.com/titles/msard에서 코드를 다운로드하세요.)

이제 업로드Upload 버튼을 누르세요. 몇 초 후 메시지 영역에 다음과 같은 메시지가 출력되는 모습을 볼 수 있습니다.

```
Binary sketch size: 1026 bytes (of a 32256 byte maximum)
```

프로그램을 컴파일했을 때 출력된 메시지와 동일한 메시지가 출력됐음

그림 10 LED가 깜빡이는 동안 13번 핀에서 나타나는 현상

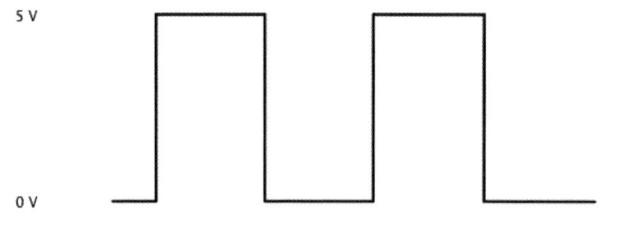

을 확인할 수 있습니다. 이 메시지는 1,026바이트의 기계어 코드가 성공적으로 아두이노로 전송되었다는 뜻입니다. 에러가 발생한다면, 정확한 종류의 아두이노를 선택했는지, 정확한 시리얼 포트를 선택했는지 Tool 메뉴를 확인하기 바랍니다.

업로드 과정이 진행되는 동안 TX, RX LED가 몇 초 간 깜박입니다. 이는 시리얼 포트를 통해 아두이노와 컴퓨터가 통신할 때 나타나는 일반적인 현상입니다. 아두이노가 정보를 보낼 때는 TX LED가 켜지고, 반대로 정보를 받을 때는 RX LED가 켜집니다. 하지만 이 통신 과정이 매우 빠르기 때문에 LED 역시 빠르게 깜박거려 육안으로는 바이트가 전송되는지 확인할 수 없습니다.(만약 육안으로 이 전송 과정을 확인할 수 있다면, 당신은 외계인일지 모릅니다.)

코드가 모두 전송되자마자 아두이노는 프로그램을 실행시킵니다. 여러분의 경우에는 LED가 깜빡이기 시작합니다. 0.5초 동안 켜진 후 0.5초 동안 꺼지는 동작을 반복합니다.

그림 10은 프로그램이 구동되는 동안 핀에서 실제로 일어나는 현상을 보여주고 있습니다. 13번 핀은 먼저 전류가 전혀 흐르지 않는 LOW 상태에서 시작합니다. 소프트웨어가 시작되면 digitalWrite( ) 함수를 이용해 핀의 상태를 HIGH로 설정하고, 5볼트 출력을 500밀리초 동안 유지합니다. 다음에는 다시 핀의 상태를 LOW로 되돌린 후 500밀리초 동안 유지하며 이 전체

과정을 계속 반복하게 됩니다. 분명 이 예제를 통해 시연된 LED 구동은 썩 멋지진 않습니다. 다음 절에서는 LED 작동을 '제대로' 구현해 보겠습니다.

1.7 다수의 LED 작동하기

여러 개의 LED를 가지고 작업하기는 테스트 목적으로는 매우 좋습니다. 하지만 실제 프로젝트에서 활용하기에는 유용하지 않습니다. 각 LED는 색상에 따라 의미하는 바가 다르고, LED를 다른 의미로 사용하는 것은 미리 정의된 의미 때문에 다른 사람에게 혼란을 줄 수 있습니다. 더구나 LED는 크기가 매우 작고, 밝기도 세지 않습니다. 그러므로 추가적인 LED를 이용해 아두이노에 연결하는 방법을 배워보도록 하겠습니다. 그리 어렵지 않으니 걱정 마세요.

   이제부터 사용할 LED는 아두이노 보드에 장착된 LED와는 다릅니다. 아두이노에 장착된 LED는 표면 실장 소자^{SMD}로, 다루기가 어렵습니다. SMD 부품은 대부분의 경우 특별한 장비와 숙련된 기술을 요구하므로 다룰 일이 거의 없습니다. 보통 SMD 부품은 전자 제품을 대량생산할 때 생산 단가를 낮추기 위해 사용됩니다. 그러므로 취미로 작업을 하는 사람에게는 적합하지 않습니다.

   여러분에게 필요한 LED는 삽입 실장형$^{through-hole\ part}$인데 그림 11을 보면 확인할 수 있습니다. 전자 기판의 구멍을 통해 실장(實裝)되기 때문에 삽입 실장형이라고 합니다. 삽입 실장형에 하나 또는 여러 개의 긴 다리가 있는 이유는 다음과 같습니다. 첫째, 인쇄 회로기판^{PCB}에 장착할 때 다리를 사용합니다. 기판의 구멍에 다리를 넣어 구부린 후 납땜을 해야 합니다. 그리고 남은 다리를 잘라 정리합니다. 둘째, 아두이노나 브레드보드의 소켓에 꽂아 넣을 때 다리를 사용할 수 있습니다.(브레드보드에 대해서는 3.2 '브레드보드로 작업하기'에서 배웁니다.)

   그림 12에서 LED를 아두이노에 연결하는 모습을 볼 수 있습니다. LED의

그림 11 삽입 실장형 LED

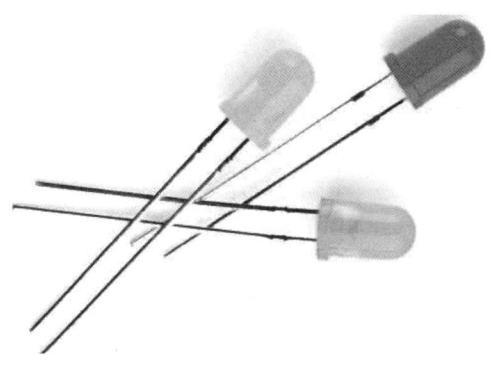

그림 12 LED를 아두이노에 바로 연결하기

짧은 다리를 접지 핀^{GND}에 꽂고 긴 다리를 13번 핀에 꽂습니다. 프로그램이 계속 구동되는 동안 이 작업을 해도 됩니다. 이렇게 하면 상태 LED와 외부에 꽂은 LED 모두 깜빡이는 것을 볼 수 있습니다.*

- (편집자) 이 부분은 초창기 아두이노 NG 버전으로 실습한 내용이므로 요즘 나오는 아두이노를 사용할 때는 반드시 저항을 연결해야 합니다. LED를 직접 핀에 꽂으면 당장 고장나진 않지만 LED 수명이 짧아지거나 타버릴 수 있으므로 저항 없이 연결하지 말아야 합니다. 3장을 보면 저항을 연결하여 LED를 연결하는 방법을 배울 수 있습니다.

좋습니다! 여러분은 드디어 첫 번째 외부 전자 부품을 아두이노에 장착하였습니다. 그리고 이것이 여러분의 첫 번째 피지컬 컴퓨팅 프로젝트입니다. 여러분은 이제 막 프로그램 코딩을 하나 마쳤고, 이 프로그램이 세상을 아주 조금 밝히게 된 겁니다. 이것이 바로 디지털 버전 '빛이 있으라^{fiat} $^{lux'}$인 것입니다.

이번 장에서 배운 이론과 기술은 거의 모든 아두이노 프로젝트에서 기본이 됩니다. 다음 장에서는 더 많은 LED를 다루는 방법과 아두이노 IDE의 다양한 편의 기능을 알아보겠습니다.

1.8 아두이노가 작동하지 않을 때

아두이노가 작동하지 않을 때, 절대 놀라지 마십시오. 제대로 작동하지 않는다면 LED를 잘못 꽂았을지 모릅니다. 전자 부품을 조립하는 방법은 크게 두 가지로 나뉩니다. 하나는 방향에 상관 없이 장착할 수 있는 부품이고, 다른 하나는 반드시 정해진 방향에 따라 장착해야 하는 부품입니다. LED는 양극(애노드^{Anode})과 음극(캐소드^{Cathod}), 두 개의 커넥터를 가지고 있습니다. LED의 극성은 혼동하기 쉬운데, 예전 과학 선생님이 혼동을 줄이기 위한 연상법을 알려주셨습니다. LED의 음극은 짧습니다. 그러므로 빼기(마이너스)를 떠올리면 음극을 연결하기 쉽습니다. 반대로 양극은 길기 때문에 더하기(플러스)를 떠올리면 양극을 연결하기 용이합니다. 또 다른 LED의 극성을 파악하는 방법은 LED의 겉을 잘 살펴보는 것입니다. 음극 방향은 평평하고, 반대로 양극 방향은 둥근 것을 볼 수 있습니다.

아두이노에 연결된 시리얼 포트를 잘못 선택하거나, 아두이노의 종류를 잘못 선택하는 것 역시 일반적인 실수입니다. 만약 프로그램을 업로드하다가 "Serial port already in use.(시리얼 포트가 이미 사용 중입니다.)"라는 메시지가 발생한다면, Tools → Serial Port 메뉴로 가서 올바른 시리얼 포트를 선택하세요. "Problem uploading to board.(업로드할 수 없습니

그림 13 아두이노 IDE는 구문 오류를 잘 정리해서 보여줍니다.

다.)" 또는 "Programmer is not responding.(응답이 없습니다.)"라는 메시지가 나타난다면 Tools → Board 메뉴로 가서 연결된 아두이노 보드를 제대로 선택하세요.

아두이노 프로그램 역시 여타 프로그램과 마찬가지로 버그가 있을 수 있습니다. 문법적인 문제나 오타는 컴파일러가 오류로 걸러냅니다. 그림 13은 에러 메시지가 발생한 일반적인 상황을 보여줍니다. pinMode( ) 대신 pinMod( )로 기재되었기 때문에 컴파일러에서 동일한 이름을 가진 함수를 찾지 못해 작업이 멈추고 에러 메시지를 발생시켰습니다. 아두이노 IDE는 에러가 발생한 부분을 노란색 음영으로 표시하고, 에러가 발생한 원인을 출력합니다.

다른 버그들은 훨씬 감지하기 어렵고, 때로는 작성된 코드를 매우 유심히 살펴봐야 합니다. 그리고 전통적인 디버깅 기술을 사용해야 합니다.(디버그란 프로그램에서 버그를 찾고, 고치고 미리 방지하는 일입니다. 이 주제에서 관해서는 『Debug It! 실용주의 디버깅』(폴 부처 지음/에이콘 펴냄)을 읽으면 여러 가지 유용한 조언을 얻을 수 있습니다.)

드물긴 하지만 LED가 손상되었을 수도 있습니다. 이 경우에는 새로운 LED로 시도해 보는 것 외에는 다른 방법이 없습니다.

1.9 예제

- LED가 깜빡이는 패턴을 다양하게 만들어 보세요. 반드시 반복적인 패턴일 필요는 없습니다. 또, 매우 짧은 주기로 LED를 깜빡여 보세요. 이 효과가 어떻게 표현되는 것인지 설명할 수 있나요?
- LED를 이용해 자기 이름을 모스 부호로 표현해 보세요.

2장

아두이노 둘러보기

앞 장에서 간단한 예제를 통해 아두이노 IDE의 기능을 전반적으로 알아보았습니다. 하지만 여러분의 프로젝트는 곧 규모가 커져 전체 프로젝트를 관리하기 위해 여러 개의 파일로 나누는 것이 편리할 것입니다. 그러므로 이번 장에서는 큰 규모의 프로젝트를 아두이노 IDE로 어떻게 제작하는지 배워보겠습니다.

  일반적으로 큰 규모의 프로젝트에서는 더 큰 규모의 소프트웨어뿐 아니라 많은 분량의 하드웨어도 필요합니다. 그리고 아두이노를 단독으로 사용하는 일은 드뭅니다. 예를 들면, 여러분은 생각하는 것 이상으로 많은 센서를 다루게 될 것입니다. 그뿐만 아니라 컴퓨터로 아두이노를 통해 측정된 데이터를 전송하기도 할 것입니다. 아두이노로 데이터를 교환하기 위해서는 시리얼 포트를 사용해야 합니다. 이번 장에서는 프로젝트에 필요한 시리얼 통신을 다룹니다. 손으로 만져지는 유형의 것을 창조하기 위해 컴퓨터를 키보드로 LED를 제어할 수 있는 매우 값비싼 광 스위치로 사용해 보겠습니다.

2.1 준비물

이번 장의 실습을 위해 다음 준비물들이 필요합니다.

- 아두이노 우노, 두에밀라노베 혹은 디에시밀라 중 하나
- 아두이노를 PC에 연결하기 위한 USB 선

- Led 1개(선택 사항)
- 퍼티^{Putty}(윈도용), 스크린^{Screen}(리눅스, 맥 OS X용)과 같은 시리얼 통신 소프트웨어

2.2 프로젝트와 스케치 관리하기

요즘 소프트웨어 개발자들은 반복적이고 지루한 업무를 자동으로 처리해 주는 다양한 개발 도구를 선택할 수 있습니다. 아두이노와 같은 임베디드 시스템도 해당합니다. 통합 개발 환경은 프로그램을 관리하는 데 사용하기도 합니다. 가장 널리 활용되고 있는 IDE는 아두이노 팀이 만든 것입니다.

아두이노 IDE는 프로젝트와 관련된 모든 파일을 관리할 뿐만 아니라, 아두이노 보드를 구동하기 위해 필요한 바이너리를 생성하는 데 필요한 도구들에 편리하게 접근할 수 있는 기능을 제공합니다. 아두이노 IDE는 겉으로 드러나지 않게 이러한 기능을 제공합니다. 예를 들면, 아두이노 IDE는 여러분이 입력한 모든 코드를 자동으로 저장합니다. 이 기능은 데이터나 코드가 우발적으로 유실되는 것을 막아 초심자에게 매우 유용합니다.(심지어 전문가도 수시로 이런 데이터 유실을 경험합니다.)

프로젝트에 속한 모든 파일을 자동으로 관리하는 것은 아두이노 IDE의 가장 중요한 기능입니다. 아두이노 IDE의 관리하에 모든 새로운 프로젝트의 디렉터리가 생성됩니다. 그리고 이 디렉터리에 프로젝트와 관련된 모든 파일을 저장합니다. 새로운 파일을 생성하기 위해서, 탭의 오른편에 있는 버튼을 클릭하여 팝업 메뉴를 엽니다. 그리고 '새로운 탭$^{New tab}$'을 선택합니다. 새로운 파일을 추가하고자 할 때에는, 메뉴에서 'Sketch →Add File'을 선택합니다.

메뉴의 이름에서 알 수 있듯, 아두이노 IDE는 프로젝트를 스케치라고 명명하고 있습니다. 새 프로젝트 생성 시 이름을 새로 입력하지 않으면 아두이노 IDE가 자동으로 이름을 부여하고 스케치를 시작합니다. 이 이름

그림 14 활성화된 탭 메뉴

을 변경하고 싶을 때에는 '새 이름으로 저장$^{Save As}$' 명령을 사용합니다. 만약 명확하게 스케치를 저장하지 않으면 아두이노는 설정^{preferences} 메뉴에서 지정한 폴더에 스케치를 저장합니다. 이 기능을 활성화하면, IDE는 새로운 스케치를 생성할 때마다 프로젝트 이름 입력을 요구할 것입니다. 만약 현재 스케치가 저장된 폴더를 확인하고 싶다면 'Sketch → Show Sketch Folder'를 사용합니다.

IDE는 디렉터리를 프로젝트 관리에 사용할 뿐만 아니라 몇 가지 흥미로운 것들을 폴더에 저장합니다.

• 예제 폴더는 여러분이 수행하고자 하는 프로젝트의 초석이 될 만한 많은 예제 스케치를 포함하고 있습니다. 'File → Open' 메뉴를 이용해 이 예제를 열 수 있지만, 이렇게 하면 검색하는 데 어려움이 있을 뿐만 아니

라, 예제가 어떤 동작을 하는지 전혀 알 수 없습니다. (그러므로 'File →
Example' 로 이동해 예제의 제목을 보고 선택하는 것이 편리합니다.)
- 라이브러리 디렉터리는 다양한 기능과 디바이스를 위한 라이브러리를
저장합니다. 예를 들어, 새로운 센서를 사용할 때마다 이 센서를 지원하는
라이브러리가 있다면 이 라이브러리를 라이브러리 폴더에 복사합니다.

아두이노 IDE는 수많은 설정 중 합리적인 기본 기능에 대한 선택권을 줌
으로써 편리함을 제공하고 있습니다. 하지만 아두이노 IDE가 제공하는 설
정 이외에 다른 설정 값들도 변경할 수 있습니다. 여기에 대해서는 다음 장
에서 살펴보도록 하겠습니다.

2.3 설정 변경하기

초기 프로젝트에서는 아두이노 IDE의 기본 환경이 적합합니다. 하지만 곧
몇 가지 설정을 변경해야 하는 상황에 직면할 것입니다. 그림 14에서 볼 수
있듯이, 아두이노 IDE는 몇 안 되는 설정만 변경할 수 있는 환경을 제공합
니다. 하지만 환경설정 메뉴에서 안내하고 있듯이 preference.txt는 변경할
수 있는 더 많은 설정 값을 포함하고 있습니다. 이 파일은 키/밸류 값을 지
니고 있는 자바[Java] 속성 파일입니다. 그럼 몇 가지 예제를 살펴봅시다.

```
...
editor.literal2.style=#cc0000,plain
console.output.color=#ccccbb
editor.external.bgcolor=#168299
preproc.web_colors=true
editor.font.macosx=Monaco,plain,10
sketchbook.auto_clean=true
update.check=true
build.verbose=true
upload.verbose=true
...
```

이 속성값들은 대부분 사용자 인터페이스와 관련되어 있습니다. 이를테

그림 15 아두이노 IDE는 몇 가지 설정을 변경할 수 있는 환경을 제공합니다.

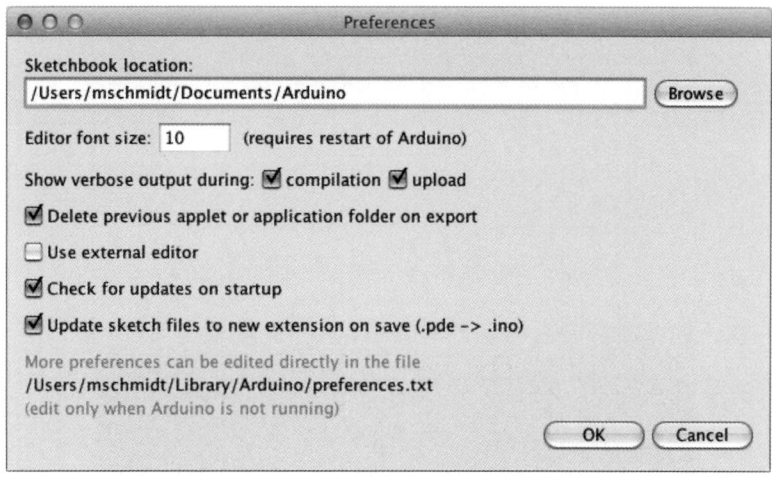

면 폰트, 색상 등을 변경할 수 있습니다. 하지만 프로그램의 behavior와 관련된 사항들도 변경할 수 있습니다. 예를 들면 스케치 컴파일이나 업로드 중에 더 자세한 정보를 볼 수 있게 설정할 수 있습니다. preference.txt를 메모장과 같은 편집 프로그램에서 열어 build.verbose와 upload.verbose 키를 true로 설정합니다. 그런 다음 1장에서 제공한 LED 깜박이기 예제를 열어, 컴파일을 해봅니다. 그러면 그림 15와 같이 메시지 창에 출력되는 것을 확인할 수 있습니다.(최근에 출시된 아두이노 IDE에서는 같은 설정을 확인/컴파일$^{Verify/Compile}$ 버튼이나 업로드 버튼을 클릭하였을 때 시프트 키를 누르고 있는 것만으로도 동일하게 동작합니다.)

　설정 값 중 몇 개는 아두이노 IDE를 껐을 때 적용됩니다. 그러므로 몇몇 설정을 preference.txt에서 바로 수정하기 전에 반드시 아두이노 IDE를 끄기 바랍니다.

　이제 아두이노 IDE와 친숙해졌을 테니 아두이노를 프로그래밍해 봅시다. 앞으로 아두이노를 세상을 향해 이야기할 수 있도록 만들어볼 것입니다.

그림 16 IDE의 Verbose 모드에서 커맨드 라인 출력

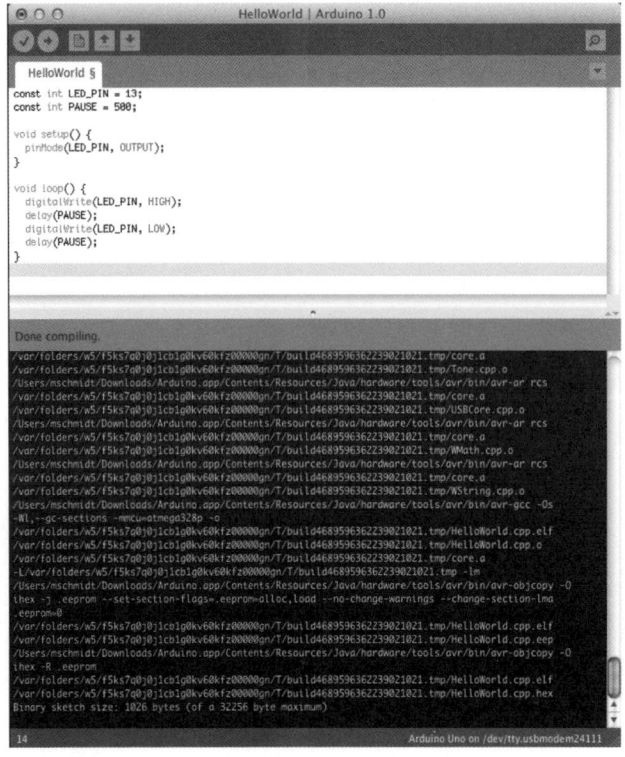

2.4 시리얼 포트 사용하기

아두이노를 이용해 독립적으로 운용되는 수많은 응용 프로그램을 만들 수 있습니다. 다시 말해 다른 컴퓨터와 연결되지 않은 상태로 구동되는 프로젝트를 만들 수 있습니다. 이러한 경우 소프트웨어를 아두이노로 업로드하는 순간을 제외하고 컴퓨터와 연결할 필요가 없습니다. 필요한 것은 전원 공급뿐입니다. 하지만 이보다 자주 아두이노를 센서나 별도 장치와 연결하여 컴퓨터의 기능을 확장하곤 합니다. 그러므로 아두이노와 시리얼

아두이노 프로그래밍 언어

때때로 아두이노 이용자들은 아두이노 프로그램을 저작하는 데 곤혹스러움을 겪습니다. 이 불편의 주된 원인은 전형적인 스케치 예제가 오로지 아두이노 프로그램 저작을 위해서만 디자인되어 있는 것처럼 보이기 때문입니다. 하지만 그건 사실이 아닙니다. 아두이노의 언어는 평범한 C++ 언어이며, C 언어를 지원하기도 합니다.

모든 아두이노는 Atmel이라는 회사에서 제작한 AVR 마이크로컨트롤러를 사용합니다.(Atmel에서는 AVR이란 이름이 아무런 의미가 없다고 밝히고 있습니다.) 이 마이크로컨트롤러는 매우 널리 활용되고 있고, 많은 하드웨어 프로젝트에서 사용하고 있습니다. Atmel의 마이크로컨트롤러가 인기 있는 이유 중 하나는 이 컨트롤러에 부가적으로 제공되는 훌륭한 저작 도구 때문입니다. GNU C++ 컴파일러 도구에 기반한 이 도구는 AVR 컨트롤러를 위한 코드를 생성하는 데 최적화되어 있습니다.

이것은 C++ 코드를 컴파일러에 넣어도 컴퓨터에 사용되는 기계어로 변환될 뿐만 아니라 AVR 마이크로컨트롤러를 위한 코드로 변환되는 것을 의미합니다. 이것은 크로스컴파일cross-compile 기술로, 임베디드 장치용 프로그램의 한 방법입니다.

포트를 이용해 컴퓨터 혹은 다른 장치와 통신하는 방법을 배울 필요가 있습니다.

시리얼 통신 표준이 지난 몇 년 동안 변경되었지만(예를 들면, 오늘날에는 RS232보다 USB가 더욱 널리 사용되고 있습니다.), 기본 작동 원리는 동일합니다. 가장 단순한 예로 접지선, 데이터 수신선(TX), 데이터 송신선(RX), 단 세 가닥만으로 두 장치를 연결할 수 있습니다.

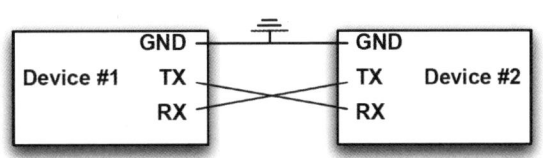

시리얼 통신은 구식처럼 들리지만, 여전히 각광받는 하드웨어와 통신하

는 방법입니다. 예를 들면 USB의 'S'는 'Serial'을 의미합니다. 패러럴 포트는 요즘에는 찾아보기 어렵습니다.

소프트웨어를 업로드하기 위해 아두이노는 시리얼 포트를 사용합니다. 그리고 이 시리얼 포트는 아두이노를 다른 장치에 연결하는 데 사용할 수도 있습니다.(13페이지 1.5에서 시리얼 포트가 어떻게 아두이노에 연결되는지 살펴보았습니다.) 이번 절에서는 아두이노에 연결된 LED를 키보드를 이용해 제어하는 데 시리얼 포트를 사용해 보겠습니다. '1'을 눌렀을 때 LED를 켜고, '2'를 눌렀을 때 LED가 꺼지도록 하겠습니다. 이제 코드를 작성해 봅시다.

```
Download Arduino_1_0/welcome/LedSwitch/LedSwitch.ino
```

```
Line 1   const unsigned int LED_PIN = 13;
     -   const unsigned int BAUD_RATE = 9600;
     -
     -   void setup() {
     5       pinMode(LED_PIN, OUTPUT);
     -       Serial.begin(BAUD_RATE);
     -   }
     -
     -   void loop() {
    10       if (Serial.available() > 0) {
     -           int command = Serial.read();
     -           if (command == '1') {
     -               digitalWrite(LED_PIN, HIGH);
     -               Serial.println("LED on");
    15           } else if (command == '2') {
     -               digitalWrite(LED_PIN, LOW);
     -               Serial.println("LED off");
     -           } else {
     -               Serial.print("Unknown command: ");
    20               Serial.println(command);
     -           }
     -       }
     -   }
```

앞서 해본 예제와 마찬가지로, LED 연결을 위한 핀을 상수로 설정합니다. 그리고 setup( ) 함수에서 이 핀을 OUTPUT 모드로 설정합니다. 5번째 라인을 보면 시리얼 클래스의 함수 중 하나인 begin( ) 함수를 이용해 시리얼 포트를 초기화하고 있습니다.(전송 속도$^{baud\,rate}$에 대해서는 271페이지 부록 A3.1 참조) 여기까지가 시리얼 포트를 통해 아두이노에서 데이터를 송신하거나 수신할 때 필요한 설정입니다.

이제 데이터를 읽고 해석하는 방법을 살펴봅시다. 9번째 라인을 보면 Loop( ) 함수는 시리얼 클래스의 available( ) 메서드를 호출하면서 시작하고 있습니다. Available( ) 메서드는 시리얼 포트로부터 데이터 송·수신을 기다리면서 바이트의 개수를 반환합니다. 만약 데이터가 수신된다면, Serial.read( ) 메서드를 통해 이 데이터를 읽을 수 있습니다. read( ) 메서드는 수신 중인 데이터가 있다면 들어오는 데이터의 첫 번째 바이트를 반환하고, 데이터가 없는 경우 -1을 반환합니다.

패셔너블한 LED

최근 몇 년간 몸에 착용하거나 의류에 숨겨진 LED가 큰 인기를 끌고 있습니다. 이러한 유행에 따라 지금은 찾아보기 힘들지만 이퀄라이저가 장착된 티셔츠가 인기를 끌기도 했습니다.[a] 아주 소량의 LED만 사용해서 깜짝 놀랄만한 액세서리를 만들 수 있습니다. 한국인 디자이너가 최근 디자인한 LED 속눈썹 장식이 좋은 예라 할 수 있습니다.[b]

이 특별한 작품은 아두이노를 사용하지 않았지만 릴리패드^{Lilypad}[c]를 사용하면 이와 유사한 작품을 직접 만들 수 있습니다. 대부분의 LED는 매우 밝아 오래 쳐다볼 경우 눈에 치명적인 상해를 입을 수 있으므로 매우 조심하여 사용해야 합니다.

---

a. http://www.thinkgeek.com/tshirts-apparel/interactive/8a5b/
b. http://blog.makezine.com/archive/2009/10/led_eyelashes.html
c. http://www.arduino.cc/en/Main/ArduinoBoardLilyPad

만약 앞서 읽은 문자가 '1'이라면 LED를 켜고, 시리얼 포트를 통해 "LED on"이라는 메시지를 송신합니다. 메시지를 송신할 때에는 새로운 라인을 생성하는 줄내림 문자(아스키^{ASCII} 문자 코드 10)를 생성하고 커서의 위치를 동일한 줄의 맨 앞으로 복귀시키는 캐리지 리턴(Carriage return) 문자(아

스키 문자 코드 13)를 추가하는 Serial.println( ) 메서드를 사용합니다. 쉽게 말해 Serial.println( ) 메서드를 사용하면 새로운 라인에 입력된 문자를 출력합니다.

수신된 문자가 '2'라면 LED를 끕니다. 만약 미리 정의되지 않은 명령이 수신되었을 때에는 수신된 문자를 다시 출력하고 정의되지 않은 명령이라는 메시지를 송신합니다. Serial.print( ) 메서드는 Serial.println( ) 메서드와 동일하게 작동하지만 줄내림 문자(newline character)와 캐리지 리턴 문자를 포함하지 않습니다. 그러므로 새로운 줄에 메시지를 출력하지 않고 앞에 출력된 메시지와 동일한 행에 출력합니다.

그럼 이제 예제가 어떻게 작동하는지 살펴봅시다. 먼저 컴파일을 한 후, 아두이노로 업로드 해보세요. 그리고 아두이노 IDE의 시리얼 모니터를 열면, 처음에는 아무런 반응도 일어나지 않습니다. 아직 아두이노에 아무런 명령을 전달하지 않았기 때문입니다. 시리얼 모니터의 텍스트 박스에 '1'을 입력하고 'Send' 버튼을 클릭하세요. 그러면 LED가 켜지고 "LED on"이라는 메시지가 시리얼 모니터에 나타날 것입니다.(그림 17 참조) 이제 키보

그림 17 아두이노 IDE의 시리얼 모니터

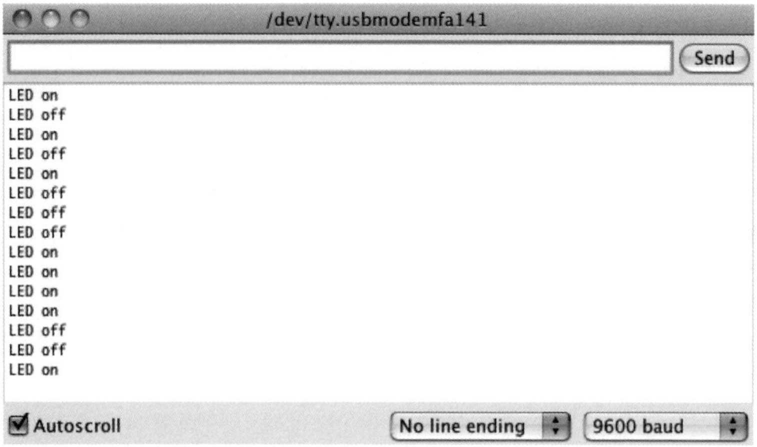

드를 이용해 LED를 제어해 봅시다!

키보드 '1'과 '2'를 번갈아 누르면서 작동해 보고, '1', '2'가 아닌 다른 문자도 입력하여 지정된 명령이 아닐 때 어떤 일이 일어나는지 살펴봅시다. 예를 들어, 대문자 'A'를 입력하면 아두이노는 "Unknown command: 65"라고 반환할 것입니다. 숫자 65는 아스키 코드로 문자 'A'를 의미합니다. 이 아스키 코드가 아두이노가 데이터를 출력하는 데 사용하는 가장 기본적인 형식입니다. 그리고 시리얼 클래스의 print( ) 메서드 출력의 기본 형식이기도 합니다. 이 형식은 함수를 호출할 때 형식 지정자(format specifier)를 입력하여 변경할 수 있습니다. 20번째 라인을 아래와 같이 변경하여 형식 지정자를 실험해 봅시다.

```
Serial.println(command, DEC);
Serial.println(command, HEX);
Serial.println(command, OCT);
Serial.println(command, BIN);
Serial.write(command);
Serial.println();
```

다시 대문자 'A'를 입력하면 다음과 같이 출력될 것입니다.

```
Unknown command: 65
41
101
1000001
A
```

형식 지정자에 따라 Serial.println( ) 메서드는 자동으로 바이트를 다른 형식으로 변환합니다. DEC는 바이트를 10진법으로, HEX는 16진법으로 출력합니다. 하지만 이러한 연산은 전송할 데이터의 길이를 변환하므로 주의해야 합니다. 예를 들면, 65는 실제로는 1바이트를 사용하지만 이진(binary)으로 변환 시 7개의 문자(1000001)를 사용하므로 7바이트를 필요로 합니다. 현재 명령어를 외부로 전송하기 위해서는 Serial.println( ) 대신에 Serial.write( )를 사용해야만 합니다. 이전 버전의 아두이노 IDE의 경우 Serial.write( ) 대신에 BYTE라는 변경자를 사용했습니다. 하지만 이 기능은 아두이노 1.0에서 삭제되었습니다.

진법

10진법이 우리가 사용하는 진법의 기초가 된 것은 매우 혁명적인 사건입니다. 만약 인간의 손가락이 10개가 아니라 8개였다면 8진법이 사용되고, 컴퓨터를 몇 세기 앞서서 개발했을지도 모릅니다. 인류는 수 세대에 걸쳐 다양한 진법을 사용해왔습니다. 예를 들어 4711은 다음과 같이 표현합니다.

$4 \times 10^3 + 7 \times 10^2 + 1 \times 10^1 + 1 \times 10^0$

이 방법은 산술 연산을 매우 편리하게 해줍니다. 하지만 컴퓨터로 이 연산을 하려면 이진으로 해석해야만 합니다. 이런 연유로 2(binary), 8(octal), 16(hexadecimal)을 기본 진법으로 사용하는 것이 컴퓨터에서 연산하기에 유리합니다. 예를 들어, 10진수 4711은 다음과 같이 8진수와 16진수로 표현할 수 있습니다.

$1 \times 8^4 + 1 \times 8^3 + 1 \times 8^2 + 4 \times 8^1 + 7 \times 8^0 = 011147$

$1 \times 16^3 + 2 \times 16^2 + 6 \times 16^1 + 7 \times 16^0 = 1267$

아두이노 프로그램에서는 이러한 진수 체계를 다음과 같은 문법으로 정의하고 있습니다.

```
int decimal = 4711;
int binary = B1001001100111;
int octal = 011147;
int hexadecimal = 0x1267;
```

이진수는 문자 'B', 8진수는 숫자 '0', 16진수는 '0x'로 시작합니다. 이진 문자는 0에서 255 사이의 숫자만 표기할 수 있습니다.

외부 시리얼 터미널 사용하기

단순한 프로그램이지만 아두이노 IDE의 시리얼 모니터는 사용하기에 큰 지장이 없습니다. 하지만 몇 가지 중요한 기능이 결여되어 있습니다.(예를 들어, 아두이노 IDE 구 버전에서는 줄내림 문자를 보낼 수 없습니다.) 이런 연유로 아두이노 IDE의 시리얼 모니터를 대체하여 데이터를 전송할 터미널이 필요합니다. 그리고 이러한 외부 시리얼 터미널을 모든 운영체계에서 찾을 수 있습니다.

윈도용 시리얼 터미널

퍼티는 윈도 사용자에게 적합한 도구입니다. 무료인 데다가 인스톨 없이 실행할 수 있습니다. 그림 18은 시리얼 통신을 사용하기 위해 퍼티를 설정하는 방법을 보여주고 있습니다.

퍼티 설정을 마치면, 이제 아두이노와 시리얼 통신을 할 차례입니다. 그림 19는 이에 해당하는 대화 창을 보여주고 있습니다. 'Open' 버튼을 클릭

그림 18 퍼티 설정 방법

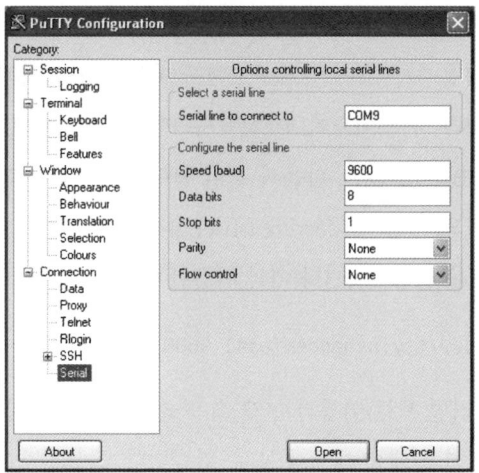

그림 19 퍼티로 아두이노와 시리얼 세션 열기

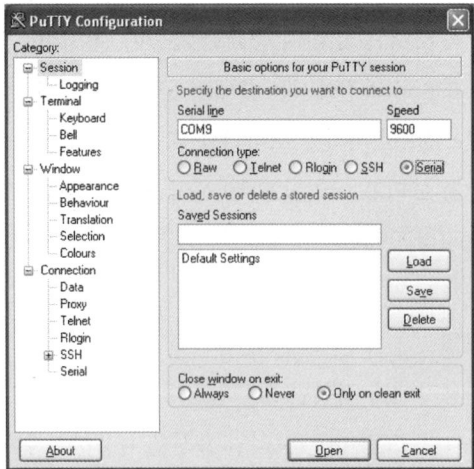

하면 빈 터미널 창이 열립니다.

이제 키보드에서 숫자 1과 2를 눌러 LED를 켜거나 꺼 봅시다. 그림 20에서 이에 해당하는 세션을 볼 수 있습니다.

리눅스와 맥 OS X용 시리얼 터미널

리눅스와 맥 사용자는 스크린 커맨드에서 아두이노와 시리얼 포트로 통신할 수 있습니다. 아두이노가 연결된 시리얼 포트가 어디인지 확인하고 (IDE's Tools 〉 Board 메뉴), 다음과 같이 명령을 입력합니다.(구형 보드라면 시리얼 포트의 이름은 /dev/cu.usbserial-A9007LUY와 비슷합니다. 리눅스에서는/dev/ttyUSB1이거나 이와 비슷한 이름입니다.)

```
$ screen /dev/tty.usbmodemfa141 9600
```

스크린은 시리얼 포트 이름과 현재 접속 속도를 필요로 합니다. 그림 21에서 이에 해당하는 세션 예제를 볼 수 있습니다. 스크린 커맨드에서 나가려면 컨트롤+k 다음에 컨트롤+a를 누르면 됩니다.

42

그림 20 아두이노와 통신하고 있는 퍼티

그림 21 아두이노와 통신하고 있는 스크린 커맨드

지금까지 아두이노와 통신하는 방법을 익혀 보았습니다. 이를 통해 다음과 같은 훌륭한 결과를 얻을 수 있습니다. 아두이노를 컴퓨터로 제어하거나 반대로 아두이노로 컴퓨터를 제어할 수 있습니다. 더 이상 LED를 켰다 껐다 하는 것이 신기하지 않을지도 모릅니다. 하지만 시리얼 통신을 통해 할 수 있는 것을 상상해 보십시오. 로봇을 조종하거나 집을 자동화하고 자신만의 게임기를 만들 수도 있습니다. 다음은 시리얼 통신 사용 시 유념해야 할 사항을 정리해 보았습니다.

- 아두이노의 시리얼 수신 버퍼는 단 128바이트의 데이터만 담을 수 있습니다. 더 큰 크기의 데이터를 아두이노로 보내려면 데이터 손실을 막기 위해 송신 측, 수신 측 모두 동일하게 더 높은 속도로 설정합니다. 보통 수신부는 송신부에 새로운 데이터를 받을 준비가 되었음을 알리는 메시지를 보냅니다.
- 시리얼 통신을 이용해 많은 장치를 제어할 수 있지만 일반적인 아두이노는 시리얼 포트를 통해 한 번에 하나의 장치만 제어할 수 있습니다. 더 많은 장치를 제어할 필요가 있을 땐, 4개의 시리얼 포트를 지니고 있는 아두이노 메가 2560(Arduino Mega 2560)을 사용합니다.
- Universal Asynchronous Receiver/Transmitter(UART) 장치는 아두이노와 시리얼 통신을 지원합니다. 이 장치는 CPU가 다른 업무를 하는 동안 시리얼 통신을 제어할 수 있습니다. 이렇게 함으로써 시스템의 전체 성능이 향상됩니다. UART 통신은 디지털 0번 핀(RX)과 1번 핀(TX)을 사용하며, 시리얼 포트와 통신할 때에는 다른 용도로 사용할 수 없습니다. 만약 시리얼 통신에 사용하지 않는다면 Serial.end( ) 메서드를 사용하여 통신을 멈출 수 있습니다.
- 소프트웨어 시리얼(SoftwareSerial) 라이브러리를 이용하여 모든 디지털 핀을 시리얼 통신에 사용할 수 있습니다. 하지만 소프트웨어 시리얼은 속도에 제약이 있고 신뢰성이 떨어집니다. 그리고 하드웨어 시리얼 포트가 지니고 있는 모든 기능을 지원하지 않습니다.

이번 장에서는 시리얼 포트를 이용해 아두이노와 통신하는 방법을 배워 보았습니다. 그리고 이 통신을 통해 완전히 새로운 피지컬 프로젝트의 세계를 향한 문이 열렸습니다.(부록 A3.1에서 시리얼 통신에 대해 더 자세히

> **재미있는 LED 프로젝트**
>
> 이 장과 1장에서 소개한 것만 보면 LED는 매우 유용하지만 그렇게 재미있어 보이지 않습니다. LED는 보통 장치의 상태를 표시하거나 완전한 TV를 만드는 데 사용하기도 하지만 이런 것들은 흔해 보입니다.
>
> 그렇지만 LED는 정말 멋진 프로젝트를 만드는 데 기본 요소이기도 합니다. 그중 가장 멋진 예가 BEDAZZLER[a]입니다. BEDAZZLER는 메스꺼움과 현기증, 두통, 순간적인 시력상실, 구토 등을 유발하는 비군사적인 무기입니다. 이 프로젝트는 군사적인 목적으로 개발되었지만 현재는 오픈 소스 프로젝트로 전환되어 진행되고 있습니다.[b]
>
> 모든 과학적인 호기심을 뒤로하고 BEDAZZLER는 무기라는 것을 유념하기 바랍니다. 절대 장난감처럼 사용하거나 사람 혹은 동물을 대상으로 사용해서는 안 됩니다.
>
> a. http://www.instructables.com/id/Bedazzler-DIY-non-lethal-weaponry/
> b. http://www.ladyada.net/make/bedazzler/

알아봅니다). 다음 장에서는 센서를 이용해 실제 세상에 산재한 흥미로운 사실들을 취득하는 방법에 대해 배워 봅시다. 그리고 움직이는 사물을 이용해 세상을 바꾸는 방법에 대해 알아보겠습니다. 시리얼 통신은 아두이노와 PC를 이용해 앞서 열거한 기능들을 제어하는 초석을 제공합니다.

2.5 작동하지 않을 때

이번 장에 수록된 예제를 구동하는 데 문제가 발생했다면 25페이지 1.8을 확인하기 바랍니다. 그래도 여전히 문제가 발생한다면, 시리얼 통신에 몇 가지 장애가 발생했기 때문입니다. 예를 들면, 전송 속도(baud rate)가 잘못 설정된 경우입니다. 그림 22에서 이러한 경우 어떤 일이 발생하는지 확인할 수 있습니다.

Serial.begin( ) 메서드가 호출되었을 때 설정한 전송 속도와 시리얼 모니

그림 22 전송 속도가 다르면 불필요한 데이터를 많이 생성합니다.

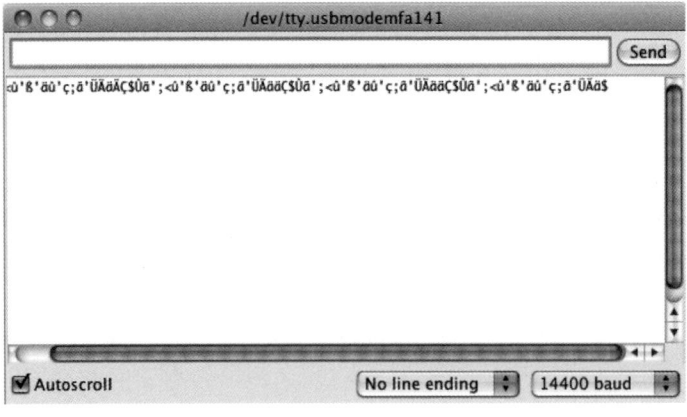

터의 전송 속도가 일치하는지 확인해야 합니다.

2.6 예제

- 샘플 프로그램에 새 명령을 추가해 보세요. 예를 들면 명령 '3'을 입력하면 한동안 LED를 깜박이게 할 수 있습니다.
- 명령을 좀 더 구체적으로 만들어 보세요. 이를테면, '1' 대신에 'on'을, '2' 대신에 'off'를 명령어로 사용해 보세요.
  만약 이번 예제를 해결하기 어렵다면, 4장 '모스 부호 라이브러리 만들기'를 읽어보세요.

2부

8가지 아두이노 프로젝트

3장 이진 주사위 만들기

아두이노 개발의 기초를 배운 시점부터 점점 흥미가 붙기 시작할 것입니다. 여러분은 이제 막 복잡한 독립형 프로젝트를 만들 수 있는 기술을 익혔습니다. 이번 장에서는 LED, 버튼, 브레드보드, 저항을 가지고 작업하는 방법을 살펴보겠습니다. 앞서 열거한 부품들과 아두이노를 조합하여 새롭고 멋진 프로젝트들 창조할 수 있는 무한한 기회가 될 것입니다.

이제부터 소개할 첫 번째 프로젝트는 전자 주사위입니다. 일반적인 주사위가 1부터 6을 가리키는 점으로 이루어진 면을 통해 결과를 보여준다면, 여기서 만들 주사위는 점 대신 LED가 결과를 보여줍니다. 앞선 프로젝트에서는 LED 1개로 충분했지만, 주사위를 만드는 데는 2개 이상의 LED가 필요합니다. 그러므로 아두이노에 부착된 LED가 아닌 다수의 LED를 아두이노에 연결해야 합니다. 하지만 여러 개의 LED를 바로 아두이노에 연결하기는 어렵습니다. 그래서 브레드보드를 사용하는 방법을 소개할 것입니다. 그 밖에 주사위를 굴리는 것과 같은 역할을 담당할 버튼이 필요합니다. 이를 위해 푸시버튼 사용법을 배워봅시다. 푸시버튼과 LED를 아두이노에 연결하기 위해 필요한 중요한 부품이 바로 저항^{resistor}입니다. 이번 장을 마칠 무렵이면 여러분의 공구 상자에 많은 새로운 공구를 채우게 될 겁니다.

3.1 준비물

1. 브레드보드
2. LED 3개(더 많이 준비하는 것이 좋습니다.)

3. 10kΩ 저항 2개(부록 A1에서 저항에 대해 자세히 안내하고 있습니다.)

4. 1kΩ 저항 2개

5. 푸시버튼 2개

6. 전선 몇 가닥

7. 아두이노 두에밀라노베 혹은 디에시밀라 중 하나

8. 아두이노를 PC에 연결하기 위한 USB 선

9. 기울기 센서(tilt sensor)

그림 23 이번 장에 필요한 부품

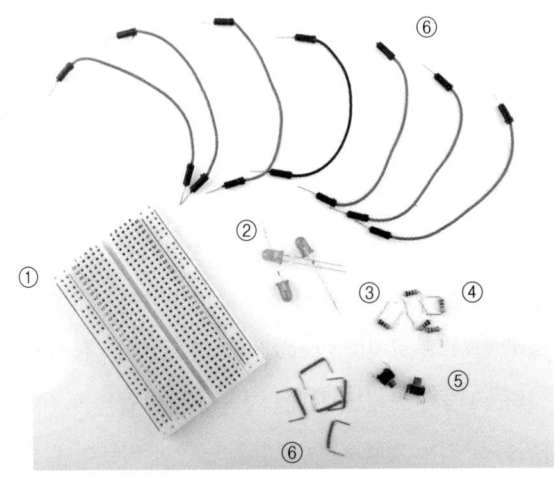

그림 23은 이번 장에서 소개하는 프로젝트를 수행하는 데 필요한 부품들을 보여주고 있습니다. 모든 장에는 이러한 사진을 통해 필요한 부품을 소개합니다. 부품 목록에 기재된 번호가 동일하게 부품 사진마다 표시되어 있습니다. 아두이노 보드와 USB 선과 같이 공통적인 부품은 생략하였습니다.

3.2 브레드보드 사용하기

LED와 같은 부품들을 아두이노에 바로 연결하는 것은 지극히 간단한 예를 제외하고는 없습니다. 일반적으로 프로젝트의 프로토타입을 만들 때는 브레드보드를 이용해 부품을 아두이노에 연결합니다. 브레드보드를 이용해 가상의 회로를 구성해 보는 것입니다. 이렇게 하면 부품을 보드에 납땜할 필요 없이 간단하게 꽂아서 회로를 구성할 수 있습니다.

시중에서 다양한 형태와 크기의 브레드보드를 구할 수 있는데(그림 24 참조) 형태와 크기에 상관없이 동일한 기능을 합니다. 브레드보드는 다양한 삽입 실장형 부품과 전선을 꽂을 수 있는 수많은 소켓으로 이루어져 있습니다. 별것 아닌 것처럼 보이지만, 이 소켓은 특별한 방법으로 연결되어 있습니다. 그림 25에서 이를 확인할 수 있습니다.

그림에서 확인할 수 있듯이, 대부분 소켓은 열을 이루어 연결되어 있습니다. 만약 특정 열의 한 소켓에 전원을 연결하면, 같은 열에 있는 모든 소

그림 24 다양한 브레드보드

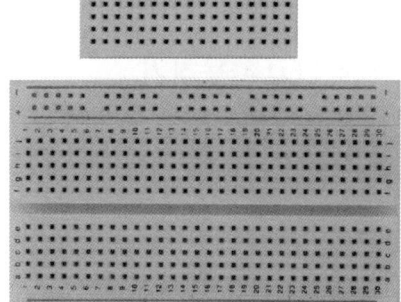

그림 25 브레드보드에 소켓을 연결한 상태

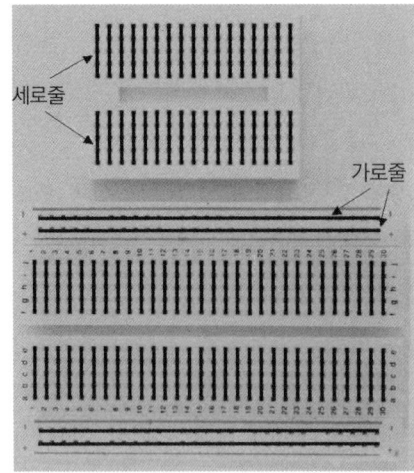

켓에 자동으로 전원이 공급됩니다. 사진 속 하단의 큰 브레드보드를 보면, 길게 세로로 연결된 소켓을 확인할 수 있습니다. 이 긴 열은 비교적 큰 회로를 구성할 때 유용합니다. 일반적으로 한 열에는 전원(+)을, 다른 한 열에는 접지(-)를 연결합니다. 이렇게 연결함으로써 전원과 접지를 소켓의 거리에 상관없이 브레드보드에 골고루 연결할 수 있습니다. 이제 브레드보드에 부품을 어떻게 연결하는지 살펴봅시다.

3.3 브레드보드에서 LED 사용하기

지금까지는 아두이노에 장착된 LED와 아두이노에 직접 연결한 LED를 사용했습니다. 이번 장에서는 브레드보드에 LED를 꽂은 후 브레드보드를 아두이노에 연결해 보겠습니다.

그림 26에서 여러분이 제작할 회로의 실제 모습을 확인할 수 있습니다. 이 회로는 아두이노와 브레드보드, LED, 전선 두 가닥, 1kΩ 저항(자세한

그림 26 브레드보드를 이용해 LED를 아두이노에 연결하기

내용은 추후 설명)으로 이루어져 있습니다. 먼저 전선 두 가닥을 이용해 아두이노와 브레드보드를 연결합니다. 13번 핀을 브레드보드의 9번째 열에 꽂고 접지 핀을 10번째 열에 꽂습니다. 이제 9번째 열의 모든 소켓은 13번 핀에, 10번째 열의 모든 소켓은 접지에 연결됩니다. 어떤 열을 사용할지는 사용자의 몫이며, 여러분이 원하는 어떤 열에 꽂아도 무방합니다.

LED의 음극 커넥터(짧은 다리)를 10번째 열에, 양극 커넥터(긴 다리)를 9번째 열에 연결합니다. 부품이나 전선을 브레드보드에 연결할 때 부품이나 전선이 쑥 밀려들어갈 때까지 힘을 가해야 합니다. 특히 브레드보드가 새것인 경우 한두 번 연습해 보는 것이 좋습니다. 커넥터를 브레드보드에 꽂기 전에 짧게 다듬는 것이 수월합니다. LED의 커넥터를 짧게 자른 후에

도 음극과 양극을 확인할 수 있어야 합니다. 이를 위해 음극을 약간 더 짧게 잘라냅니다. 또 커넥터를 자를 때는 눈에 튈 수 있으므로 반드시 보호 안경을 착용합니다.

지금까지 과정은 단순합니다. 단지 아두이노의 12번 입출력 핀과 접지핀을 확장한 것에 불과합니다. 그럼 우리가 저항을 준비한 목적은 무엇이며, 저항이 하는 역할은 무엇일까요? 저항은 전자회로에서 전류의 흐름을 방해하여 전류의 양을 제약하는 데 사용됩니다. 이번 프로젝트에서 (저항 없이 LED를 연결할 경우) LED에 너무 많은 전류가 흘러, LED에 손상을 줄 수 있습니다. 그러므로 LED에 전원을 연결할 때는 항상 저항을 사용해야 합니다. 부록 A1.1에 저항에 대해 더 자세히 나와 있습니다. 그림 27에서 일반적인 모습, 구부러진 모습, 커넥터가 잘린 모습 등 다양한 형태의 저항을 확인할 수 있습니다.

그림 27 다양한 가공 상태에 따른 저항

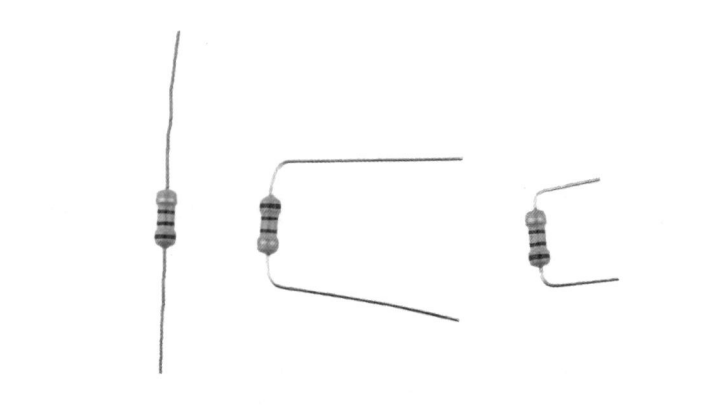

LED를 아두이노에 바로 연결했을 때 왜 저항을 사용하지 않았는지 의문이 들 수도 있습니다. 이 질문에 대한 답은 간단합니다. 13번 핀은 내부적으로 1kΩ의 저항이 연결되어 있습니다. 지금부터 12번 핀을 사용할 것이

그림 28 브레드보드의 양단을 모두 사용할 수 있습니다.

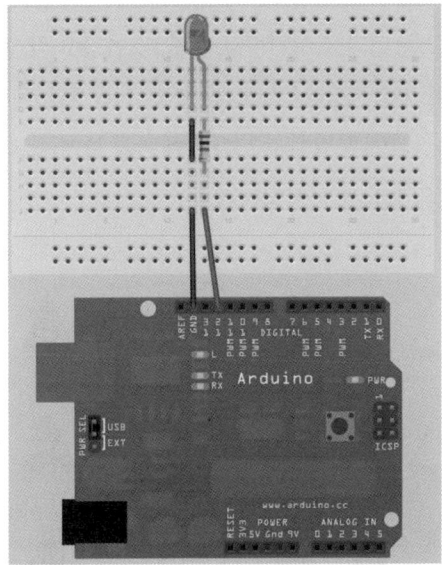

며, 반드시 저항을 연결해야 합니다.

커넥터를 가지고 너무 많이 헤매고 싶지 않다면, 그림 28처럼 회로를 꾸미는 것이 좋습니다. 이 그림에서는 짧은 전선을 이용해 브레드보드의 양단을 이어 사용하고 있습니다. 저항 역시 양단을 연결하는 데 사용할 수 있습니다.

3.4 첫 번째 이진 주사위

1에서 6까지 결과를 보여주는 일반적인 주사위의 모습은 익숙합니다. 이러한 주사위를 동일하게 모방하기 위해서는 7개의 LED가 필요합니다. 그리고 꽤 복잡한 작동 논리―현실 세계의 현상과 작용을 재현하기 위한 소프트웨어 알고리즘―가 필요합니다. 하지만 이 장에서는 주사위의 결과를

2진으로 표현하기 위한 지름길을 안내하겠습니다.

　이진 주사위의 경우 단 3개의 LED만 가지고 주사위의 모든 결과를 표현할 수 있습니다. 모든 결과를 이진수로 바꾸고, 이진수 각각의 자릿수를 비트로 상정한 후 여기에 해당하는 LED를 켜거나 끌 것입니다. 다음 다이어그램은 주사위의 결과에 부합하는 LED의 패턴을 보여주고 있습니다.(검은색 삼각형은 각각의 LED를 나타냅니다.)

　여러분은 이미 1개의 LED를 브레드보드를 이용해 연결하는 방법을 배웠습니다. 3개의 LED를 연결하는 것도 추가로 몇 개의 전선, LED, 1kΩ 저항, 출력 핀이 필요한 것을 제외하고는 별반 차이가 없습니다. 그림 29에서 첫 번째 이진 주사위의 모습을 확인할 수 있습니다.

　가장 큰 차이는 접지입니다. LED를 1개만 사용했을 때는 접지를 아두이노와 바로 연결했습니다. 하지만 이번에는 3개의 LED에 접지를 분배해야 합니다. 이를 위해 처음으로 브레드보드의 긴 열을 사용해 보겠습니다. 하이픈(-)이 표시된 열에 아두이노의 접지 핀을 연결하면, 이 열 전체가 접지에 연결됩니다. 이제 접지에 연결된 열에 LED의 짧은 다리를 연결하면 됩니다.

　이미 이전 장에서 익힌 LED와 관련된 기본적인 예제를 세 번 반복하면 되기 때문에 이 회로의 모든 것이 익숙해 보입니다. 각각의 LED를 10번, 11

그림 29 첫 번째 이진 주사위

번, 12번 핀에 주의해서 연결하세요. 이제 소프트웨어만 작성하면 됩니다.

Download Arduino_1_0/BinaryDice/SimpleButton/BinaryDice.ino

```
Line 1    const int LED_BIT0 = 12;
    -     const int LED_BIT1 = 11;
    -     const int LED_BIT2 = 10;
    -
    5     void setup( ) {
    -       pinMode(LED_BIT0, OUTPUT);
    -       pinMode(LED_BIT1, OUTPUT);
    -       pinMode(LED_BIT2, OUTPUT);
    -
   10       randomSeed(analogRead(A0));
    -       long result = random(1, 7);
    -       output_result(result);
    -     }
    -
   15     void loop( ) {
    -     }
    -
```

3장 이진 주사위 만들기 57

```
-    void output_result(const long result) {
-      digitalWrite(LED_BIT0, result & B001);
20    digitalWrite(LED_BIT1, result & B010);
-      digitalWrite(LED_BIT2, result & B100);
-    }
```

이것은 첫 번째 이진 주사위를 구현하는 데 필요한 코드입니다. 평소와 마찬가지로, 먼저 LED가 연결된 핀을 설정하기 위한 상수를 선언합니다. 그리고 setup( ) 함수에서 이 핀들을 모두 OUTPUT 모드로 설정합니다. 주사위를 구현하려면 1에서 6 사이의 범위에서 무작위로 숫자를 표시해야 합니다. random( ) 메서드는 특정 범위 안에서 임의의 숫자를 반환하는 의사 난수 생성기pseudo-random number generator를 사용합니다. 10번째 줄에서 이 아날로그 입력 A0번 핀을 이용해 노이즈를 읽는 난수 생성기를 초기화합니다.(59페이지 '난수 생성하기'에서 난수 생성기를 사용하는 이유를 설명합니다.) 아두이노를 사용해본 사람들은 상수 A0이 갑자기 어떻게 생겼는지 궁금할지 모릅니다. 아두이노 IDE 버전 19부터 모든 아날로그 핀은 A0, A1과 같은 상수로 정의됩니다. 난수 생성기에서 만든 1에서 6 사이의 임의의 숫자

LED를 이용한 고급 예제

이진 주사위 프로젝트는 초급자에게 적합한 쉽고 재미있는 프로젝트입니다. 하지만 반대의 경우도 생각해 볼까요? 진짜 주사위를 읽는 방법도 있지 않을까요? 스티브 호퍼(Steve Hoefer)[a]가 만든 아두이노를 이용해 주사위를 읽는 프로젝트는 매우 인상적입니다. 그는 다섯 쌍의 적외선 송수신기를 이용해 주사위의 표면을 스캔하였습니다. 이는 고급 프로젝트로, 구현하기 위해선 상당히 많은 것을 배워야 합니다.

또 다른 흥미로운 프로젝트는 LED 큐브입니다. LED를 가지고 입체적인 정방형을 구현하였습니다.[b] 단순히 몇 개의 LED를 제어하는 것보다 훨씬 어렵지만, 정말 놀랄 만한 효과를 낼 수 있습니다.

a. http://grathio.com/2009/08/dice-reader-version-2.html
b. http://arduinofun.com/blog/2009/12/02/led-cube-and-arduino-lib-build-it/

를 output_result( ) 함수에서 출력합니다.(random( ) 메서드에서 사용한 7은 올바른 표현입니다. Random 함수는 random(최솟값, 최댓값)의 형태로 사용되는데 최솟값부터 최댓값 -1 사이의 숫자를 반환하기 때문입니다.)

output_result( ) 함수는 숫자를 받아 3개의 LED를 켜고 끄기 위한 3개의 비트를 출력합니다. 이를 위해 &(and) 연산자와 이진수 문법을 사용합니다. &(and) 연산자는 2개의 숫자를 비트로 조합합니다. 두 비트가 모두 1일 때, &(and) 연산자의 결과는 1입니다. 반대로, 두 비트가 모두 0일 때 그 결과는 0입니다. 접두 문자 B는 이진 숫자를 바로 소스 코드에 사용할 수 있게 해주는 기능을 합니다. 예를 들어, B11은 3과 같은 의미입니다.

이 예제에서는 loop( ) 함수가 비워져 있어, 이 프로젝트가 어떻게 작동하는지 궁금할 겁니다. 원리는 매우 간단합니다. 아두이노를 재시작할 때마다 setup( ) 함수에서 새로운 숫자를 출력합니다. 그러므로 주사위를 굴리기 위해서는 리셋 버튼을 눌러야 합니다. 코드를 컴파일하고, 아두이노에 업로드하여 이진수 주사위를 굴려보세요. 이제 여러분의 첫 번째 프로젝트를 완성했습니다. 잠시 이 순간을 만끽합시다!

새로운 결과를 보고 싶을 때는 아두이노를 리셋해야 합니다. 이것은 아마 아두이노로 구현할 수 있는 가장 실용적인 사용자 인터페이스일지 모릅니다. 첫 프로젝트는 이걸로 충분합니다. 하지만 앞으로 하나 이상의 버튼을 사용해야 하는 경우가 발생할 겁니다. 그리고 버튼을 추가함으로써 더욱 세련된 인터페이스를 구현할 수 있습니다. 그럼 다음 절에서 더 자세히 배워봅시다.

난수 생성하기

컴퓨터를 이용한 연산 작업은 매우 어렵습니다. 그중 자연스럽게 난수를 생성하는 것은 좋은 예입니다. 결국, 컴퓨터의 가장 중요한 속성 중 하나는 결정론적인 작동입니다. 여전히 게임에서 암호 알고리즘에 이르기까지 다양한 목적으로 임의의 결과를 도출하는 것이 필요합니다.

가장 각광받는 난수 생성법은 아두이노의 random( ) 메서드가 사용하는 것과 같은 의사 난수 생성 기법입니다.[a] 의사 난수 생성은 마치 임의의 숫자를 생성하는 것처럼 보이지만 실제로는 공식에 의해 생성된 결과입니다. 다양한 종류의 알고리즘이 존재하지만, 보통 새로운 의사 난수는 앞서 생성된 난수로부터 연산됩니다. 다시 말해, 난수를 생성하기 위해서는 이 난수 생성을 위한 초깃값이 필요하다는 것을 의미합니다. 이 초깃값이 바로 시드값(random seed)입니다. 그리고 다른 의사 난수를 얻기 위해서는 다른 시드값을 사용해야 합니다.

의사 난수를 생성하는 것은 간단하지만 알고리즘과 시드값만 안다면 쉽게 예측할 수 있습니다. 그러므로 의사 난수 생성은 절대 암호를 생성하는 목적으로 사용해서는 안 됩니다.

자연현상에서 셀 수 없을 정도로 많은 난수 생성 과정을 발견할 수 있습니다. 그리고 아두이노를 이용해 이렇게 생성된 난수를 쉽게 측정할 수 있습니다. 종종 아날로그 0번 핀을 이용해 임의로 생성된 노이즈를 읽어 이것을 randomSeed( ) 메서드로 전달하여 시드값으로 사용하는 것만으로 충분합니다. 물론 이 노이즈를 바로 난수로 사용할 수 있습니다. 이러한 용도로 사용되는 라이브러리가 있습니다.[b]

만약 강력한 난수 생성기가 필요하다면, 아두이노는 이러한 목적에 부합하는 최고의 도구입니다. 여러분은 난수 생성을 위한 자연스러운 프로세스를 찾아볼 수 있습니다. 이러한 난수 생성 기법을 사용한 예로 아두이노를 이용한 모래시계가 있습니다.[c]

---

a. http://en.wikipedia.org/wiki/Pseudo-random_numbers
b. http://code.google.com/p/tinkerit/wiki/TrueRandom
c. http://www.circuitlake.com/usb-hourglass-sand-timer.html

3.5 여러 개의 버튼 사용하기

이 절에서는 이진 주사위에 푸시버튼을 추가해 보겠습니다. 이제 더 이상 주사위를 굴리기 위해 아두이노의 리셋 버튼을 사용하지 않아도 됩니다. 그럼 먼저 푸시버튼을 이용해 1개의 LED를 제어하기 위한 회로를 만들어

그림 30 푸시버튼

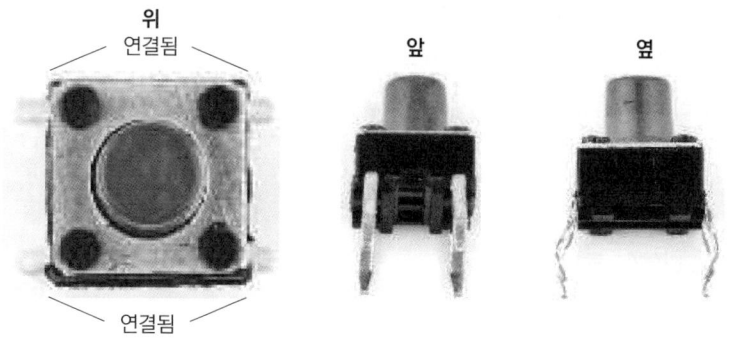

봅시다.

푸시버튼은 정확히 어떤 형태이며 어떤 역할을 하는 것일까요? 그림 30을 보면 아두이노 리셋 버튼에 사용되는 것과 같은 일반적인 푸시버튼을 확인할 수 있습니다. 푸시버튼은 4개의 커넥터를 가지고 있고 브레드보드에 정확하게 맞는 크기입니다.(사용하기 전에 플라이어나 롱노우즈를 이용해 커넥터를 곧게 펴줘야 합니다.) 서로 마주보고 있는 핀은 버튼이 눌렸을 때 연결되고, 손을 떼었을 때 연결이 끊깁니다.

그림 31을 보면 푸시버튼을 이용한 간단한 회로가 있습니다. 7번 핀(임의로 선택해도 됩니다.)을 푸시버튼에 연결하고 10kΩ 저항을 맞은편 커넥

그림 31 간단한 푸시버튼 회로

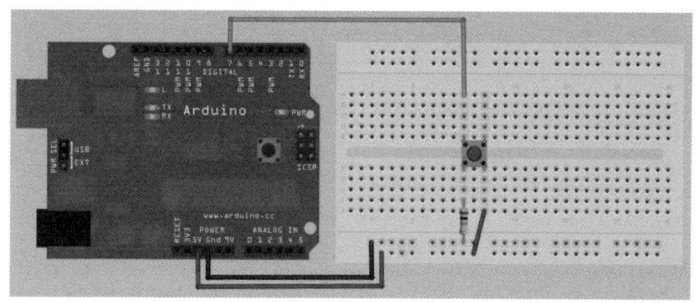

3장 이진 주사위 만들기 61

터와 접지에 연결합니다. 마지막으로 5V 전원을 다른 커넥터에 연결하여 전원을 공급합니다. 푸시버튼을 연결할 때에는 버튼의 방향이 올바른지 확인하고 브레드보드 양면 사이를 연결합니다.

이 회로에 사용된 방법은 모두 쉬워 보이지만, 왜 저항이 필요한지 의문입니다. 이 회로가 재대로 작동하기 위해서는 푸시버튼이 눌리지 않았을 때 LOW 상태를 반환해야 합니다. 하지만 접지에 버튼이 바로 연결되어 있다면, 버튼이 눌리지 않았을 때 간섭에 의한 지속적인 깜빡임이 발생합니다. 저항을 통하게 되면 이 전류의 흐름이 줄어들어, 전원 연결에 의해 무작위로 발생하는 노이즈를 방지할 수 있습니다.

버튼이 눌렸을 때, 아두이노 디지털 핀으로 5V의 전원이 흐릅니다. 하지만 버튼이 눌리지 않았을 때 온전히 그라운드 접지만을 디지털 핀이 감지하게 됩니다. 이러한 방법을 풀다운$^{pull\text{-}down}$ 저항이라고 합니다. 풀업$^{pull\text{-}up}$ 저항은 정확히 반대로 작동합니다. 풀업 저항은 푸시버튼을 이용해 아두이노의 디지털 입력 핀을 5V 전원에 연결하고 버튼의 반대편 핀을 저항을 이용해 접지에 연결하는 방법입니다.

지금까지 불안정한 현실 세계의 흐름을 바로잡아 소프트웨어 개발에 적합한 안정적이고 편안한 상태로 변환해 보았습니다. 이제부터 푸시버튼이 눌렸는지 확인하고, 버튼의 상태에 따라 LED를 작동시키는 프로그램을 작성해 보겠습니다.

```
Download Arduino_1_0/BinaryDice/SimpleButton/SimpleButton.ino
```
```
const unsigned int BUTTON_PIN = 7;
const unsigned int LED_PIN = 13;

void setup( ) {
   pinMode(LED_PIN, OUTPUT);
   pinMode(BUTTON_PIN, INPUT);
}

void loop( ) {
   const int BUTTON_STATE = digitalRead(BUTTON_PIN);
```

```
    if (BUTTON_STATE == HIGH)
        digitalWrite(LED_PIN, HIGH);
    else
        digitalWrite(LED_PIN, LOW);
}
```

버튼을 7번 핀에, LED를 13번 핀에 연결하고 setup( ) 함수에서 이 핀들을 초기화하였습니다. loop( ) 함수에서 현재 버튼의 상태를 읽고, 버튼의 상태가 HIGH이면 LED를 켜고, LOW이면 끄도록 하였습니다.

이제 아두이노에 업로드하고, 버튼을 길게 눌러 LED가 켜지는지 확인해 봅시다. 또 버튼에서 손을 떼자마자 LED가 꺼지는지도 확인해 봅시다. 멋지지 않나요? 이제 앞서 만든 주사위를 제어할 수 있는 버튼이 모두 구현되었습니다. 하지만 주사위를 수정하기 전에, 이 예제를 조금 수정하여 이 버튼을 실제 전원 스위치처럼 사용해 봅시다.

푸시버튼을 실제 전원 스위치처럼 사용하는 아주 간단한 방법이 있습니다. 현재 회로를 변경하지 않고, 다음 프로그램을 아두이노에 업로드합니다.

Download Arduino_1_0/BinaryDice/UnreliableSwitch/UnreliableSwitch.ino

```
 1  const unsigned int BUTTON_PIN = 7;
    const unsigned int LED_PIN = 13;

    void setup() {
 5      pinMode(LED_PIN, OUTPUT);
        pinMode(BUTTON_PIN, INPUT);
    }
    int led_state = LOW;
    void loop() {
10      const int CURRENT_BUTTON_STATE = digitalRead(BUTTON_PIN);

        if (CURRENT_BUTTON_STATE == HIGH) {
            if (led_state == LOW)
                led_state = HIGH;
15          else
                led_state = LOW;
            digitalWrite(LED_PIN, led_state);
        }
    }
```

이제부터 핀 번호는 상수를 이용합니다. setup( ) 함수에 사용할 핀의 기능을 설정합니다. 8번째 줄에 LED의 현재 상태를 저장하기 위한 led_state라는 이름의 전역 변수를 정의합니다. LED가 꺼졌을 때는 LOW를 저장하고, 켜졌을 때에는 HIGH를 저장합니다. loop( ) 함수에서는 버튼의 현재 상태를 확인합니다. 버튼이 눌리면 현재 버튼 상태를 HIGH로 변경하고, led_state 변수의 상태도 변경합니다. led_state가 HIGH이면 LOW로 변경하고, LOW이면 HIGH로 변경합니다. 마지막으로 LED의 실제 상태를 led_state 변수의 상태에 따라 변경합니다.

이 방법은 매우 간단하지만, 아쉽게도 실제로 작동하지 않습니다. 지금까지 만들어진 것을 조금만 살펴보면, 작동 때 무언가 거슬리는 것을 눈치챌 수 있습니다. 예를 들어, 버튼을 눌러도 LED가 빠르게 꺼졌다 켜졌다를 반복합니다. 반대로 버튼에서 손을 떼도 이러한 상태를 잠시 동안이나마 유지합니다.

이러한 문제의 원인은 아두이노가 loop( ) 함수를 반복적으로 실행하는 데 있습니다. 비록 아두이노의 CPU가 느린 편에 속하지만, 이러한 현상은 버튼을 누르는 것과 관계없이 자주 발생합니다. 버튼을 누른 후 누른 상태를 유지한다면, 현재 버튼의 상태는 지속적으로 HIGH를 유지할 것입니다. 하지만 LED의 상태는 지속적으로 변경됩니다.(이 변화가 매우 빠르게 이루어지기 때문에 마치 LED가 계속 켜져 있는 것처럼 보입니다.) 버튼에서 손을 떼도 LED는 잠시 동안 이런 상태를 유지합니다.

이러한 문제를 해결하기 위해, LED의 상태뿐만 아니라 푸시버튼의 이전 상태도 저장해야 합니다.

Download Arduino_1_0/BinaryDice/MoreReliableSwitch/MoreReliableSwitch.ino

```
const unsigned int BUTTON_PIN = 7;
const unsigned int LED_PIN = 13;

void setup( ) {
pinMode(LED_PIN, OUTPUT);
```

```
  pinMode(BUTTON_PIN, INPUT);
}

int  old_button_state = LOW;
int  led_state = LOW;

void loop( ) {
   const int CURRENT_BUTTON_STATE = digitalRead(BUTTON_PIN);
   if (CURRENT_BUTTON_STATE != old_button_state&& CURRENT_
BUTTON_STATE == HIGH)
   {
   if (led_state == LOW)
       led_state = HIGH;
   else
       led_state = LOW;
       digitalWrite(LED_PIN, led_state);
}
old_button_state = CURRENT_BUTTON_STATE;
}
```

버튼과 LED의 핀을 초기화한 후에, 두 개의 변수를 더 선언합니다. old_button_state는 현재 푸시버튼의 상태를 저장하고 led_state는 LED의 현재 상태를 저장합니다. 모두 HIGH 또는 LOW 값을 가질 수 있습니다.

바뀐 loop( ) 함수에서는 여전히 현재 버튼 상태를 읽지만 이제는 버튼 상태가 HIGH인 것을 확인할 뿐만 아니라, 최근 값과 비교하여 값이 변경되었는지도 확인합니다. 모든 상태가 맞아떨어졌을 때 LED의 상태를 변경합니다. 그래서 이제 더 이상 버튼이 눌려 있는 동안 LED가 꺼졌다 켜졌다 하는 오작동이 일어나지 않습니다. 프로그램 마지막에 현재 버튼 상태를 변수 old_button_state에 저장합니다.

새로운 버전의 프로그램을 업로드하면 이전 프로그램과 비교하여 훨씬 잘 작동하는 것을 확인할 수 있습니다. 하지만 여전히 기대만큼 완벽하게 작동하지 않는 경우를 발견할지 모릅니다. 버튼이 눌린 상황에서 주로 문제가 발생합니다.

문제의 원인은 버튼을 눌렀을 때 밀리초 동안 발생하는 버튼의 기계적인 튐 현상입니다. 그림 32에서 물리 스위치에 의해 발생하는 일반적인 신

그림 32 기계식 스위치는 반드시 디바운스(전류의 작은 파동을 제거하는 것-옮긴이) 처리해야 합니다.

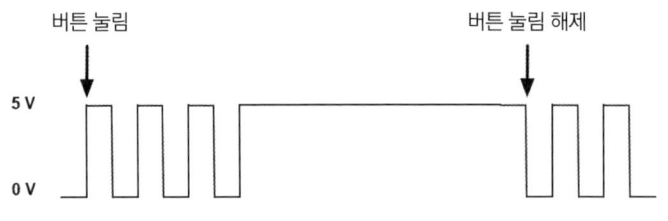

호를 확인할 수 있습니다. 버튼을 누른 직후에는 전기적으로 깔끔한 신호가 발생하지 않습니다. 이러한 현상을 제거하기 위해 반드시 버튼을 디바운스(튐 현상을 잡아주는 방법) 해주어야 합니다. 디바운스란 버튼의 신호가 안정될 때까지 짧은 기간 충분히 기다려주는 것만으로 충분합니다. 버튼이 한 번 눌렸을 때 한 번만 디바운스를 실행해 주어야 합니다. 디바운스 외에도, 여전히 변수에 LED의 상태를 저장해야 합니다. 여기 그 방법이 있습니다.

Download Arduino_1_0/BinaryDice/DebounceButton/DebounceButton.ino

```
const unsigned int BUTTON_PIN = 7;
const unsigned int LED_PIN = 13;
void setup( ) {
  pinMode(LED_PIN, OUTPUT);
  pinMode(BUTTON_PIN, INPUT);
}

int old_button_state = LOW;
int led_state = LOW;

void loop( ) {
    const int CURRENT_BUTTON_STATE = digitalRead(BUTTON_PIN);
    if (CURRENT_BUTTON_STATE != old_button_state&&
        CURRENT_BUTTON_STATE == HIGH)
    {
        if (led_state == LOW)
          led_state = HIGH;
        else
          led_state = LOW;
```

```
20      digitalWrite(LED_PIN, led_state);
-       delay(50);
-     }
-     old_button_state = CURRENT_BUTTON_STATE;
-   }
```

LED 스위치의 마지막 버전은 이전 버전과 단 한 줄이 다를 뿐입니다. 버튼을 디바운스해주기 위해 19번째 줄에서 loop가 실행될 때마다 50밀리초 동안 대기하는 것입니다.

지금까지 푸시버튼을 사용하는 데 필요한 모든 것을 익혀보았습니다. 다음 절에서는 2개의 푸시버튼을 가지고 이진 주사위를 이용한 게임을 만들어 봅시다.

3.6 버튼 추가하기

지금까지는 주사위를 제어하기 위해 아두이노의 리셋 버튼을 사용해야 했습니다. 이 방법은 너무 원시적입니다. 그러므로 여기에 버튼을 추가해보겠습니다. 그림 33은 이진 주사위 회로를 변경하는 방법을 보여주고 있습니다. 현재 부품들의 배열을 전혀 바꿀 필요 없이 단지 몇 가지 부품을 추가하기만 하면 됩니다. 먼저 버튼을 브레드보드에 꽂고 7번 핀에 연결합니다. 그리고 나서 이 버튼을 10kΩ 저항을 이용해 접지에 연결하고 다른 커넥터를 짧은 전선을 이용해 5V 전원 소켓에 연결합니다. 여기까지가 프로젝트에 필요한 하드웨어 구성입니다. 이제 이를 활용하기 위한 소프트웨어를 살펴봅시다.

```
Download Arduino_1_0/BinaryDice/DiceWithButton/DiceWithButton.ino
const int LED_BIT0 = 12;
const int LED_BIT1 = 11;
const int LED_BIT2 = 10;
const int BUTTON_PIN = 7;

void setup( ) {
    pinMode(LED_BIT0, OUTPUT);
```

그림 33 시작 버튼이 추가된 이진 주사위

```
    pinMode(LED_BIT1, OUTPUT);
    pinMode(LED_BIT2, OUTPUT);
    pinMode(BUTTON_PIN, INPUT);
    randomSeed(analogRead(0));
}
int current_value = 0;
int old_value = 0;
void loop( ) {
    current_value = digitalRead(BUTTON_PIN);
    if (current_value != old_value && current_value == HIGH) {
        output_result(random(1, 7));
        delay(50);
}
    old_value = current_value;
}
void output_result(const long result) {
```

```
    digitalWrite(LED_BIT0, result & B001);
    digitalWrite(LED_BIT1, result & B010);
    digitalWrite(LED_BIT2, result & B100);
}
```

　기존 코드에 꼭 맞게 디바운스된 버튼을 제어하기 위한 코드를 추가하였습니다. 기존과 마찬가지로 사용할 모든 핀—LED 연결을 위한 3개의 출력 핀과 버튼 연결을 위한 1개의 입력 핀—을 초기화합니다. 여기에 더해 시드값을 초기화합니다. 그리고 loop( ) 함수에서 버튼의 상태를 감지하기 위해 대기합니다. 버튼이 눌릴 때마다 주사위가 굴려지고, LED를 통해 그 결과를 출력합니다. 아두이노의 리셋 버튼을 별도로 추가된 푸시버튼으로 교체한 순간입니다!

　지금까지 푸시버튼을 추가하는 것이 얼마나 쉬운지 알아보았습니다. 다음 절에서는 또 다른 버튼을 추가해 주사위를 게임으로 바꿔 보겠습니다.

3.7 주사위 게임 만들기

이제 기초적인 형태의 주사위를 또 다른 푸시버튼을 추가하여 본격적으로 게임에 활용해 봅시다. 첫 번째 버튼의 역할이 주사위를 굴리는 것이라면, 두 번째 버튼은 어떤 주사위가 나올지에 대한 사용자의 예측을 입력할 수 있도록 프로그래밍할 수 있습니다. 주사위를 굴려 나타난 결과가 여러분의 예측과 맞는다면 LED가 깜박이고, 맞히지 못할 경우에는 꺼진 상태를 유지하게 됩니다.

　예측을 입력하기 위해 예측되는 결과의 수만큼 버튼을 누르면 됩니다. 예를 들어, 만약 다음 결과가 3일 것이라 예상한다면 예측 버튼을 3번 누른 후 시작 버튼을 누르세요.

　앞서 했던 것과 동일한 방법으로 또 다른 버튼을 회로에 추가해 봅시다. 그림 34는 브레드보드에 또 다른 버튼을 추가한 회로를 보여주고 있습니다. 이번에는 5번 핀에 연결해 보겠습니다.

그림 34 '예측 버튼'이 추가된 이진 주사위

이제 새로운 버튼을 위해 코드를 추가할 때입니다. 버튼을 하나 추가했을 때 이전 하드웨어 디자인을 그대로 되풀이했던 것처럼 프로그램 역시 지난 프로그램에서 그대로 복사해도 될까요? 현실 세계에서는 불필요한 반복이 가감 없이 허용됩니다. 원리적으로 두 가지가 동일해도, 2개의 버튼이 필요하다면 물리적으로 반복해야만 합니다. 하지만 소프트웨어의 세계에선 불필요한 반복은 필요 없습니다. 그러므로 디바운스 로직을 복사하지 않아도 됩니다. 하지만 반복을 줄이기 위해 라이브러리를 작성하여 사용해야 합니다. 라이브러리를 다운로드(http://playground.arduino.cc/code/bounce)하여 ~/Download/Arduino/libraries(맥 OS X 환경) 또는 MyDocuments\Arduino\libraries(윈도 환경)에 압축을 풀어 주세요. 보통 이렇게 하면 마무리되지만, 웹페이지의 인스톨 방법과 사용 설명서를 읽어보기 바랍니다.

이제 마지막 이진 주사위의 코드를 작성해 봅시다.

Download Arduino_1_0/BinaryDice/DiceGame/DiceGame.ino

```
Line 1   #include <Bounce.h>
     -   const unsigned int LED_BIT0 = 12;
     -   const unsigned int LED_BIT1 = 11;
     -   const unsigned int LED_BIT2 = 10;
     5   const unsigned int START_BUTTON_PIN = 5;
     -   const unsigned int GUESS_BUTTON_PIN = 7;
     -   const unsigned int BAUD_RATE = 9600;
     -   void setup() {
     -      pinMode(LED_BIT0, OUTPUT);
    10      pinMode(LED_BIT1, OUTPUT);
     -      pinMode(LED_BIT2, OUTPUT);
     -      pinMode(START_BUTTON_PIN, INPUT);
     -      pinMode(GUESS_BUTTON_PIN, INPUT);
     -      randomSeed(analogRead(A0));
    15      Serial.begin(BAUD_RATE);
     -   }
     -   const unsigned int DEBOUNCE_DELAY = 20;
     -   Bounce start_button(START_BUTTON_PIN, DEBOUNCE_DELAY);
     -   Bounce guess_button(GUESS_BUTTON_PIN, DEBOUNCE_DELAY);
    20   int guess = 0;
     -
     -   void loop() {
     -      handle_guess_button();
     -      handle_start_button();
    25   }
     -
     -   void handle_guess_button() {
     -      if(guess_button.update()) {
     -         if(guess_button.read() == HIGH) {
    30            guess = (guess % 6) + 1;
     -            output_result(guess);
     -            Serial.print("Guess: ");
     -            Serial.println(guess);
     -         }
    35      }
     -   }
     -
     -   void handle_start_button() {
     -      if(start_button.update()) {
    40         if(start_button.read() == HIGH) {
     -            const int result = random(1, 7);
     -            output_result(result);
```

```
              Serial.print("Result: ");
              Serial.println(result);
45            if(guess > 0) {
                 if(result == guess) {
                    Serial.println("You win!");
                    hooray();
                 } else {
50                  Serial.println("You lose!");
                 }
              }
              delay(2000);
              guess = 0;
55         }
       }
   }
   void output_result(const long result) {
       digitalWrite(LED_BIT0, result & B001);
60     digitalWrite(LED_BIT1, result & B010);
       digitalWrite(LED_BIT2, result & B100);
   }

   void hooray() {
65     for(unsigned int i = 0; i < 3; i++) {
           output_result(7);
           delay(500);
           output_result(0);
           delay(500);
70     }
   }
```

분명 코드의 양이 상당히 많지만, 이미 대부분 익혔습니다. 새로 추가된 코드 역시 매우 간단합니다. 첫 번째 줄에서 여기서 사용할 2개의 버튼을 디바운스할 바운스[bounce] 라이브러리를 추가합니다. 그리고 프로그램에서 사용할 모든 핀들을 위한 상수를 선언합니다. setup( ) 함수에서 사용하게 될 모든 핀들을 초기화하고, 시드값을 설정합니다. 마지막으로 시리얼 포트도 초기화합니다. 시리얼 포트는 몇 가지 디버그 메시지를 출력할 때 사용합니다.

바운스 라이브러리는 Bounce라는 이름의 클래스를 선언합니다. 디바운스해야 하는 모든 버튼에 해당하는 수만큼 바운스 오브젝트를 생성해야 합니다. 코드 18, 19번째 줄을 보면 오브젝트 생성 방법을 확인할 수 있습니다. 바운스 클래스의 생성자Constructor는 버튼이 연결되어 있는 핀 번호와 디바운스 대기시간을 밀리초 단위로 요구합니다. 마지막으로 사용자의 예측을 저장할 guess라고 이름 지어진 변수를 선언하고 초기화합니다.

loop( ) 함수는 앞서 작성한 프로그램과 비교해 2개의 함수 호출만 포함하고 있습니다. 하나는 예측 버튼을 다루는 함수이고 다른 하나는 시작 버튼을 다루는 함수입니다. handle_guest_button( )에서 처음으로 바운스 클래스를 사용합니다. guest_button 오브젝트의 상태를 결정하기 위해 update( ) 메서드를 호출해야 합니다. 그다음에 현재 상태를 확인하기 위해 read( ) 메서드를 사용합니다.

만약 버튼이 눌리면 상태는 HIGH로 설정되고, guess 변수가 증가합니다. 이 guess 변수의 범위를 항상 1에서 6 사이에 반복되도록 하기 위해 32번째 줄에 보여지는 것처럼 계수 연산자(%, modulus operator)를 사용합니다. 이 연산자는 두 값을 나누어 나머지를 반환합니다. 예를 들어 6은 0에서 5 사이의 값을 반환합니다. 어떠한 숫자를 6으로 나누면 나머지는 항상 0에서 5 사이이기 때문입니다. 여기에 1을 더하면 1에서 6 사이의 값을 얻게 됩니다. 마지막으로, 현재 설정된 예측 숫자를 3개의 LED를 이용해 표현하고 시리얼 포트를 통해 출력합니다.

시작 버튼의 제어는 handle_start_button( ) 함수에서 예측 버튼과 완벽하게 동일한 구조로 진행됩니다. 시작 버튼이 눌리면 새로운 결과가 연산되고 이 값 역시 시리얼 포트를 통해 출력됩니다. 그러고 나서 사용자가 예측값을 입력했는지(이 경우 예측값이 0보다 큰지 여부로 판단합니다.), 사용자의 예측이 맞았는지 확인합니다. 두 경우 모두 시리얼 포트로 메시지를 출력하고, 예측이 맞았을 때 hooray( ) 함수를 호출합니다. hooray( ) 함수는 연결된 모든 LED를 여러 번 깜빡이게 합니다.

Handle_start_button( ) 함수의 마지막은 게임이 다시 시작되기까지 2초간 대기하도록 되어 있습니다. 그러면 사용자는 현재 예측값이 0으로 변경될 때까지 대기하면 됩니다.

그림 35 이겼다!

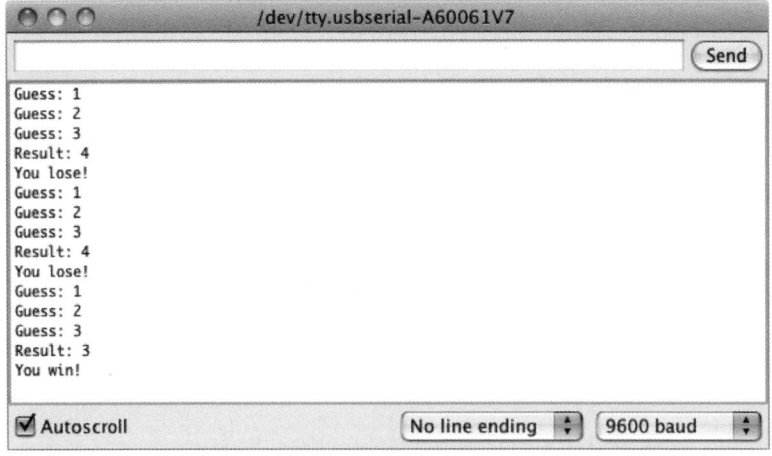

아두이노로 소프트웨어를 업로드한 후 IDE의 시리얼 모니터를 구동합니다. 그러면 예측 버튼이 눌릴 때마다 현재 예측 변수의 값을 출력합니다. 시작 버튼을 누르면 새로운 결과가 나타납니다. 그림 35는 이진 주사위의 일반적인 출력 형태를 보여주고 있습니다.

이번 장에서는 정말 복잡한 아두이노 프로젝트를 완성해 보았습니다. 브레드보드, 다수의 LED, 버튼, 저항, 전선을 이용해 이 모든 하드웨어에 생명을 부여한 진일보한 소프트웨어를 작성해 보았습니다.

다음 장에서는 모스 부호^{Morse code}를 생성하는 조금 더 복잡하고 정교한 프로그램을 작성해 봅니다. 또, 전 세계 아두이노 사용자들과 공유할 수 있는 자신만의 아두이노 라이브러리를 작성하는 방법을 배워 보겠습니다.

3.8 작동하지 않을 때

브레드보드를 처음 사용한다면 정말 많은 문제가 발생할 것입니다. 가장 빈번하게 발생하는 문제는 부품을 정확하게 꽂지 않는 것입니다. LED, 전선, 저항, 버튼이 브레드보드에 올바르게 꽂혔는지 찾기 위해서는 제법 시간이 걸립니다. 이 부품들을 꽂을 때에는 확실하게 꽂되 너무 세게 눌러서는 안 됩니다. 커넥터가 정확하게 맞지 않을 때는 구부리기도 해야 합니다. 보통 커넥터를 짧게 잘라냈을 때 부품들을 꽂기 더 쉽습니다. 커넥터를 자를 때에는 보호 안경을 착용하여 눈을 보호합시다!

부품들을 브레드보드에 꽂을 때, LED와 같은 부품의 방향에 유의해야 합니다. 푸시버튼 역시 잠재적인 문제를 지니고 있습니다. 올바른 방향으로 꽂았는지 확인하기 위해 60페이지 그림 30을 다시 한 번 유의하여 살펴보기 바랍니다.

심지어 평범한 전선조차 종종 문제를 일으킵니다. 특히 전선의 길이가 적당하지 않을 때 문제가 발생합니다. 만약 전선의 길이가 너무 짧으면 소켓에서 빠질 가능성이 높습니다. 그러므로 즉시 교체하기 바랍니다. 값싼 전선 때문에 값진 시간을 낭비하는 것은 디버깅 과정에서 불필요한 일입니다.

3.9 예제

- 이진 주사위는 친구들과 모노폴리 같은 보드게임을 할 때 매우 유용합니다. 하지만 대부분의 사람들은 1에서 6 사이의 숫자로 이루어진 주사위에 친숙합니다. 이진 주사위를 7개의 LED를 이용해 십진 주사위로 바꿔보세요. LED의 배열을 실재 주사위처럼 만들어 보세요.
- 이번 장에서 LED를 보호하기 위해 사용한 1kΩ 저항은 다소 용량이 큽니다. 부록 A1.1 '저항' 편을 읽어보고, 적당한 저항으로 교체해 보세요. 밝기의 차이를 느낄 수 있습니다.
- LED는 이진 주사위 말고도 여러 가지를 표현할 수 있습니다. LED만 충분히 있다면 이진 시계 같은 것도 쉽게 만들 수 있습니다.(http://www.instructables.com/id/LED-Binary-Clock/)

여러분은 이미 이진 시계를 만들기 위한 충분한 전자와 아두이노 프로그래밍에 대한 지식을 지니고 있습니다. 한번 도전해 보세요. 그리고 여러 개의 LED를 이용해 표현할 수 있는 것들을 생각해 보세요.

- 버튼을 이용해 주사위를 굴리는 것은 조금 어색해 보입니다. 보통 주사위를 굴릴 때는 양손 안에서 주사위를 흔듭니다. 기울기 센서를 이용해 이와 유사하게 구현할 수 있습니다.

기울기 센서는 사물의 기울기를 감지합니다. 주사위를 굴리는 것을 모사하는 데 완벽한 장치라고 할 수 있습니다. 원칙적으로 기울기 센서는 푸시버튼과 동일하게 작동합니다. 물론 기울기 센서를 누를 수는 없습니다. 단지 흔들거나 기울일 뿐입니다. 아두이노 웹사이트에 있는 튜토리얼을 참고해 이진 주사위에 추가해 보세요.(http://www.arduino.cc/en/Tutorial/TiltSensor)

4장

모스 부호 라이브러리 만들기

이제 아두이노 개발 환경과 제법 규모가 있는 프로젝트를 시작하기 위한 LED 사용 방법을 충분히 익혔습니다. 이번 장에서는 시리얼 포트로 텍스트를 읽어 LED를 이용해 모스 부호로 변환하는 모스 부호 발생기를 만들어 봅시다.

 이번 프로젝트를 통해 아두이노와 컴퓨터 사이의 시리얼 통신에 대해 깊이 이해할 수 있습니다. 또한 라이브러리를 만들고 이렇게 만든 라이브러리를 이용해 규모가 큰 프로젝트를 구조화하는 방법으로 일반적인 아두이노 개발 과정을 익힐 수 있습니다. 마지막으로, 인터넷에 배포할 수 있는 라이브러리를 만들 수 있습니다.

4.1 준비물

- 아두이노 우노, 두에밀라노베 또는 디에시밀라 중 하나
- 아두이노를 PC에 연결하기 위한 USB 선
- LED
- 스피커 또는 부저(선택 사항)

4.2 모스 부호란?

모스 부호는 문자를 사운드로 바꾸어 표현하기 위해 개발되었습니다. 원칙적으로 ASCII처럼 부호화된 문자 세트와 같은 역할을 합니다. ASCII가

숫자로 부호화되어 있는 반면, 모스 부호는 다양한 길이로 이루어진 일련의 단점^{dot}과 장점^{dash}(각각 딧츠^{dits}, 다스^{dahs}라고도 부릅니다.)으로 부호화합니다. 딧츠는 다스보다 짧습니다. 예를 들어, 영문자 A는 .-로 표현하고 Z는 --..으로 표현합니다.

모스 부호는 점과 선의 길이에 대한 규정을 준수해야 합니다. 또, 기호와 단어 사이에 얼마나 오래 멈추어야 하는지 규정하고 있습니다. 모스 통신의 기본 단위는 점의 길이이며, 점은 선보다 3배가량 깁니다. 기호와 기호 사이를 구분할 때는 1개의 단점을 두어야 하고, 문자와 문자를 구분할 때는 3개의 단점을 두어야 합니다. 마지막으로 단어와 단어를 구분할 때에는 7개의 단점을 두어야 합니다.

각기 다른 길이의 신호를 송출함으로써 모스 부호를 이용해 메시지를 송신할 수 있습니다. 가장 고전적인 방법은 사운드를 이용하는 것이지만 여기에서는 LED를 다양한 간격으로 켜고 끄는 것을 통해 모스 부호를 표현하겠습니다. 항해사들은 여전히 이 빛을 이용한 모스 부호를 사용하고 있습니다. 그럼 모스 신호 발생기를 만들어 봅시다!

4.3 모스 부호 발생기 만들기

여기서 사용할 주요 라이브러리는 C++로 작성된 Telegraph라는 클래스 파일입니다. 이번 절에서는 이 클래스의 인터페이스를 작성합니다. 새로운 스케치를 열어 다음과 같이 작성합니다.

```
Download Arduino_1_0/Telegraph/telegraph.ino

void setup( ) {
}

void loop( ) {
}
```

이것이 가장 기본적인 아두이노 프로그램입니다. 이렇게 비어 있는 경우에도 필수적인 기능을 정의하는 것을 제외하고는 아무것도 하지 않습니다. 이렇게 작성해야만 작업을 수시로 컴파일하고 구문에 오류가 있는지 확인할 수 있습니다. 스케치를 Telegraph라는 이름으로 저장하면 아두이노 IDE는 Telegraph라는 이름의 폴더를 생성하고 이 폴더에 Telegraph.ino라는 파일을 저장합니다.(만약 아두이노 IDE 1.0 이하 버전을 사용한다면 이름이 Telegraph.pde인 파일이 생성됩니다.) 라이브러리를 생성하는 데 필요한 모든 파일과 디렉터리가 이 Telegraph 폴더에 저장됩니다.

새 탭을 열어 telegraph.h로 저장합니다. 이제 C 헤더파일, 정확히 말해 C++ 헤더파일을 저장할 차례입니다.

```
Download Arduino_1_0/Telegraph/telegraph.h

#ifndef __TELEGRAPH_H__
#define __TELEGRAPH_H__

class Telegraph {
public:
  Telegraph(const int output_pin, const int dit_length);
  void send_message(const char* message);

private:
  void dit( );
  void dah( );
  void output_code(const char* code);
  void output_symbol(const int length);

  int _output_pin;
  int _dit_length;
  int _dah_length;
};

#endif
```

이제 더 이상 객체지향 언어가 고급 CPU의 전유물은 아닙니다. 이 파일(telegraph.h)은 이 프로젝트의 다음 단계에 사용될 Telegraph 클래스의 인터페이스 파일입니다.(이 클래스 파일은 모스 부호로 된 정보를 발신하는 데 필요합니다.)

이번에는 전통적인 이중 잠금장치를 사용해 보기 위해 __TELEGRAPH_

H__라는 전처리 매크로(반복적인 작업을 자동으로 처리해주는 기능)를 헤더파일의 본문에 선언합니다. 본문(전처리 매크로를 포함하고 있는)을 #ifndef로 감쌉니다. 그래서 이 매크로가 정의되지 않은 경우에만 이 매크로가 본문에 컴파일됩니다. 이렇게 함으로써 헤더를 원하는 만큼 포함할 수 있으며, 본문은 단 한 번만 컴파일됩니다.

Telegraph 클래스의 인터페이스는 클래스 사용자가 접근할 수 있는 public 파트와 클래스 내부에서만 사용되는 private 파트로 이루어져 있습니다. Public 파트는 새로운 Telegraph 객체를 생성할 때 사용하는 생성자(Constructor)와 모스 부호를 이용해 메시지를 송출하는 send_message( ) 메서드로 이루어져 있습니다. 실제 애플리케이션에서는 이 클래스를 다음과 같이 사용할 수 있습니다.

```
Telegraph telegraph(13, 200);
telegraph.send_message("Hello, world!" );
```

첫째 줄에서 13번 핀을 이용해 200밀리초 간격으로 단점을 송출하는 새로운 Telegraph 객체를 생성합니다. 그리고 생성된 객체를 이용해 모스 부호로 "Hello, world!"라고 메시지를 송출합니다. 이렇게 원하는 메시지를 보낼 수 있고 LED가 연결된 핀과 단점의 길이를 쉽게 바꿀 수 있습니다.

지금까지 인터페이스를 정의해 보았습니다. 그럼 다음 절에서 응용 프로그램을 구현해 보겠습니다.

4.4 모스 부호 발생기 인터페이스 기능 구현

인터페이스 선언이 중요한 만큼, 이 인터페이스에 실제 기능을 구현하는 것도 중요합니다. 새로운 탭을 생성하여 telegraph.cpp라는 이름을 넣고 다음과 같이 작성해 봅시다.

```
Download Arduino_1_0/Telegraph/telegraph.cpp
```

```cpp
#include <ctype.h>
#include <Arduino.h>
#include "telegraph.h"

char* LETTERS[ ] = {
    ".-"  , "-..." , "-.-." , "-.." , "."   ,      // A-E
    "..-.", "--."  , "...." , ".."  , ".---",      // F-J
    "-.-" , ".-.." , "--"   , "-."  , "---" ,      // K-O
    ".--.", "--.-" , ".-."  , "..." , "-"   ,      // P-T
    "..-" , "...-" , ".--"  , "-..-", "-.--",      // U-Y
    "--.."                                         // Z
};

char* DIGITS[ ] = {
    "-----" , ".----" , "..---" , "...--" ,        // 0-3
    "....-" , "....." , "-...." , "--..." ,        // 4-7
    "---.." , "----."                              // 8-9
};
```

대부분의 C++ 프로그램처럼 먼저 몇 가지 라이브러리를 불러옵니다. toupper( )와 같은 메서드가 나중에 필요하므로 ctype.h를 포함(include)시킵니다. 그리고 클래스 선언과 클래스를 따르는 함수들을 사용하기 위해 telegraph.h 파일을 포함합니다. 그러면 Arduino.h는 어떤 용도의 클래스일까요?•

아직 어디서 HIGH, LOW, OUTPUT 같은 상수를 정의했는지 알 수 없습니다. 이 상수는 아두이노 IDE에 포함된 여러 헤더파일에 정의되어 있습니다. 그리고 이 헤더파일들은 아두이노 IDE의 hardware/arduino/cores/arduino 디렉터리에 위치합니다. Arduino.h 파일을 찾아 열어 보면 이 파일이 아두이노 프로그래밍에서 가장 빈번하게 사용되는 모든 상수를 포함하고 있음을 확인할 수 있습니다. 이 파일은 유용한 수많은 매크로 명령어(macro)들과 아두이노의 가장 기초적인 함수를 선언합니다.••

• 아두이노 IDE 구 버전은 이렇게 새로운 파일을 만드는 것을 방해하는 귀찮은 버그가 있습니다. 이미 동일한 이름의 파일이 있는 경우 아두이노 IDE가 에러 메시지를 발생합니다. http://www.arduino.cc/cgi-bin/yabb2/YaBB.pl?num=1251245246를 확인해 보세요.

•• (옮긴이) 아두이노 IDE 구 버전에서 이 파일의 이름은 WProgram.h입니다.

일반적인 스케치를 편집할 때 아두이노의 기본 헤더파일을 선언했는지 걱정할 필요가 없습니다. 아두이노가 알아서 선언해주기 때문입니다. 진짜 C++ 코드가 포함된 지금보다 복잡한 프로젝트를 진행한다면, 반드시 모든 라이브러리 관리를 스스로 해야 합니다. 정확하게 필요한 모든 라이브러리를 호출(import)해야 하고, 심지어는 아두이노 기본상수 같은 기초 요소도 선언해 주어야 합니다.

모든 필수 헤더파일을 불러온 후 LETTERS와 DIGITS라는 이름의 두 개의 문자 배열(string array)을 정의합니다. 이 배열은 각각 모스 부호에 사용되는 모든 문자와 숫자를 포함하고 있습니다. 이 배열에 저장된 문자와 숫자는 모스 부호로 변환하는 데 사용합니다. 모스 부호로 변환하기 전에 먼저 새로운 Telegraph 객체를 생성하고 초기화하기 위한 생성자를 정의합니다.

Download Arduino_1_0/Telegraph/telegraph.cpp

```cpp
Telegraph::Telegraph(const int output_pin, const int dit_length) {
  _output_pin = output_pin;
  _dit_length = dit_length;
  _dah_length = dit_length * 3;
  pinMode(output_pin, OUTPUT);
}
```

생성자는 두 개의 인수(argument)를 필요로 합니다. 이 인수는 모스 부호를 보낼 아두이노 출력 핀 번호와 밀리초 단위 단점의 길이입니다. 그러고 나서 이 인수로부터 전달된 값을 변수 인스턴스에 저장하고, 선의 길이를 계산하여 저장합니다. 그리고 통신 핀을 출력 핀으로 정의합니다.

모든 전용 인스턴스 변수가 밑줄 표시로 시작하고 있는 것을 확인할 수 있습니다. 이것은 필자가 개인적으로 선호하는 관습적인 표현입니다. 아두이노 IDE나 C++에서 반드시 따라야 하는 문법은 아닙니다.

4.5 모스 부호 기호 출력하기

모든 초기화 과정을 마치면 모스 부호 기호를 출력할 수 있습니다. 작성된 코드를 읽기 쉽게 해주는 소소하지만 유용한 팁들이 있습니다.

```
Download Arduino_1_0/Telegraph/telegraph.cpp
```

```cpp
void Telegraph::output_code(const char* code) {
  const unsigned int code_length = strlen(code);

  for (unsigned int i = 0; i < code_length; i++) {
    if(code[i] == '.')
      dit();
    else
      dah();
    if(i != code_length - 1)
      delay(_dit_length);
  }
}

void Telegraph::dit() {
 Serial.print(".");
 output_symbol(_dit_length);
}

void Telegraph::dah() {
 Serial.print("-");
 output_symbol(_dah_length);
}
void Telegraph::output_symbol(const int length) {
 digitalWrite(_output_pin, HIGH);
 delay(length);
 digitalWrite(_output_pin, LOW);
}
```

output_code( ) 함수는 단점과 선으로 이루어진 일련의 모스 신호를 dit( )와 dah( ) 함수를 호출하여 출력합니다. dit( )와 dah( ) 메서드는 시리얼 포트를 통해 점과 선을 출력한 후 output_symbol( ) 메서드로 모스 부호의 길이를 전달하여 나머지 작업을 진행합니다. output_symbol( )에서는 각 기호의 길이에 맞춰 출력 핀을 HIGH 상태로 유지한 후 다시 LOW로 전환합니다. 그리고 단점의 길이만큼 대기합니다. 이 모든 것이 모스 부호의 시간

규칙에 정확하게 맞춰 작동합니다. 이제 send_message( ) 함수만 구현하면 됩니다.

Download Arduino_1_0/Telegraph/telegraph.cpp

```
Line 1   void Telegraph::send_message(const char* message) {
             for (int i = 0; i<strlen(message); i++) {
                 const char current_char = toupper(message[i]);
                 if (isalpha(current_char)) {
     5               output_code(LETTERS[current_char - 'A']);
                     delay(_dah_length);
                 } else if (isdigit(current_char)) {
                     output_code(DIGITS[current_char - '0']);
                     delay(_dah_length);
    10           } else if (current_char == ' ') {
                     Serial.print(" " );
                     delay(_dit_length * 7);
                 }
             }
    15       Serial.println( );
         }
```

send_message( )는 루프 함수에서 메시지 문자를 출력합니다. 소스 코드 3번째 줄을 보면, 현재 문자를 대문자로 변환하고 있습니다. 모스 부호는 소문자를 지원하지 않기 때문입니다.(이 때문에 모스 부호를 이용해 채팅 소프트웨어를 구현할 수 없습니다.) 그리고 C의 isalpha( ) 함수를 이용해 현재 캐릭터가 알파벳 문자인지 확인합니다. 알파벳 문자인 경우 문자 배열에 저장되어 있는 모스 부호 표현을 결정하는 데 사용합니다. 이를 위해 오래된 기법이 있습니다. 아스키 테이블에서 모든 문자와 숫자는 A=65, B=66과 같이 순서를 가지고 있습니다. 문자 배열을 위한 현재 캐릭터를 이러한 인덱스로 변환하기 위해 아스키 코드에서 65를 빼야 합니다. 올바른 모스 부호가 입력된다면 이 값을 output_symbol( ) 함수에 전달하고 장점의 길이만큼 프로그램이 대기합니다.

이 알고리즘은 숫자를 표현하는 데에도 동일하게 작동합니다. 물론 문자 배열 대신 숫자 배열을 사용해야 하고 캐릭터 'A'의 아스키 값을 빼는 대신에 캐릭터 '0'의 아스키 값을 빼야 합니다.

10번째 줄에서 빈 캐릭터가 포함되어 있는지 확인합니다. 만약 빈 캐릭터가 포함되어 있으면 빈 캐릭터를 시리얼 포트로 출력하고 단점 7개 길이만큼 대기합니다. 이 프로그램에서는 알파벳 문자, 숫자, 빈칸만 처리하며 문자 배열과 숫자 배열에 속하지 않은 다른 모든 문자는 무시됩니다. 마지막으로 메시지를 마무리 짓기 위해 새로운 라인을 생성하는 캐릭터를 시리얼 포트로 전달합니다.

4.6 Telegraph 클래스 인스톨하고 사용하기

Telegraph 클래스를 완성하였습니다. 이제 이 클래스를 이용한 예제 스케치를 만들어 봅시다. 이 예제 스케치를 통해 라이브러리 코드를 테스트하고 이 클래스 사용자들을 위해 사용법을 안내하는 문서로 활용할 수 있기 때문입니다.

아두이노 IDE는 아두이노 IDE를 설치한 디렉터리에 위치한 전역 라이

그림 36 설정 창에서 스케치북 디렉터리 위치 찾기

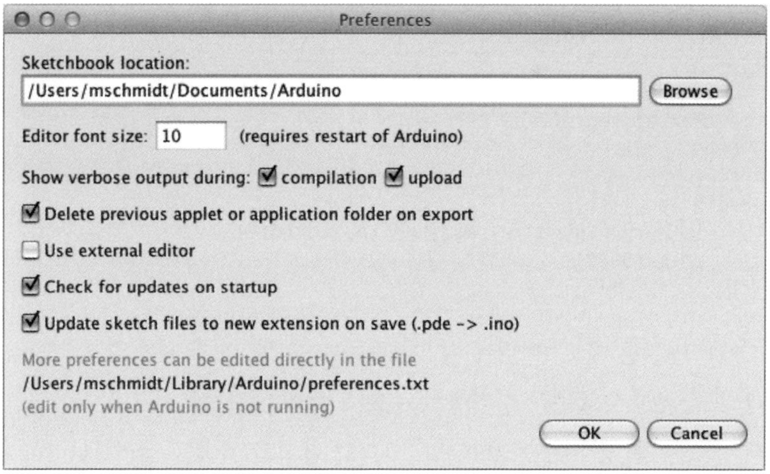

브러리 폴더와 사용자 로컬 스케치북 디렉터리 두 군데에서 라이브러리를 검색합니다. 개발할 때 가장 유용한 것은 로컬 스케치북 디렉터리입니다. 이 디렉터리의 정확한 위치는 IDE의 설정에서 찾을 수 있습니다.(그림 36 참조) 스케치북 디렉터리에 라이브러리의 이름을 딴 디렉터리를 새로 생성합니다.

Telegraph 클래스를 활성화하려면, 라이브러리 폴더에 Telegraph라는 하위 폴더를 생성합니다. 그리고 telegraph.h와 telegraph.cpp를 이 폴더에 복사합니다.(Telegraph.pde는 복사하지 않아도 됩니다.) IDE를 재구동합니다.

이제 모든 프로그램에 어머니와도 같은 "Hello, world!"를 출력해 봅시다. HelloWorld라는 이름의 새로운 스케치를 생성하고 다음과 같이 코드를 작성합니다.

```
Download Arduino_1_0/Telegraph/examples/HelloWorld/HelloWorld.ino

#include "telegraph.h"

const unsigned int BAUD_RATE = 9600
const unsigned int OUTPUT_PIN = 13;
const unsigned int DIT_LENGTH = 200;

Telegraph telegraph(OUTPUT_PIN, DIT_LENGTH);

void setup( ) {
    Serial.begin(BAUD_RATE);
}

void loop( ) {
    telegraph.send_message("Hello, world!");
    delay(5000);
}
```

이 스케치는 매 5초마다 문자 "Hello, world!"를 모스 부호로 출력합니다. 모스 부호로 출력하기 위해 Telegraph 클래스를 선언하고 LED가 연결된 핀 번호를 상수로 정의합니다. 그리고 단점의 길이를 정의합니다. 그

다음 Telegraph 객체를 전역으로 생성하고 빈 setup( ) 함수를 만듭니다. loop( ) 함수에서는 5초마다 Telegraph 인스턴스에서 send_message( ) 함수를 호출합니다.

이 스케치를 컴파일할 때 아두이노 IDE는 자동으로 Telegraph 라이브러리도 컴파일합니다. 그래서 만약 라이브러리에 문법적인 오류가 있으면, 에러 메시지가 발생합니다. 이 에러를 수정하려면 원본 소스 파일을 고쳐야 합니다. 에러를 수정한 파일을 다시 라이브러리 폴더에 복사합니다. 그런 다음 반드시 IDE를 재시작합니다.

정적인 문자열을 모스 부호로 바꾸는 것도 흥미롭지만, 임의의 문자열을 처리한다면 더 멋지지 않을까요? 말이 나온 김에 더 정교한 예제를 만들어 봅시다. 지금부터 시리얼 포트를 통해 문자를 읽고 이 문자를 모스 부호로 표현하는 코드를 작성해 봅시다.

MorseCodeGenerator라는 이름의 새 스케치를 생성하고 다음과 같이 작성합니다.

```
Download Arduino_1_0/Telegraph/examples/MorseCodeGenerator/MorseCodeGenerator.ino
#include "telegraph.h"

const unsigned int OUTPUT_PIN = 13;
const unsigned int DIT_LENGTH = 200;
const unsigned int MAX_MESSAGE_LEN = 128;
const unsigned int BAUD_RATE = 9600;
const int LINE_FEED = 13;

char message_text[MAX_MESSAGE_LEN];
int index = 0;

Telegraph telegraph(OUTPUT_PIN, DIT_LENGTH);

void setup( ) {
    Serial.begin(BAUD_RATE);
}

void loop( ) {
    if (Serial.available( ) > 0) {
        int current_char = Serial.read( );
```

```
        if (current_char == LINE_FEED || index == MAX_MESSAGE_LEN - 1) {
            message_text[index] = 0;
            index = 0;
            telegraph.send_message(message_text);
        } else {
            message_text[index++] = current_char;
        }
    }
}
```

다시 Telegraph 클래스의 헤더파일을 포함시키고 이전과 마찬가지로 몇 가지 상수를 정의합니다. LED와 연결된 OUTPUT_PIN 상수와 단점의 길이를 밀리초 단위로 저장하는 DIT_LENGTH 상수를 정의합니다. LINE_FEED 상수는 줄 생성 문자[LF, Line feed chracter]의 아스키 값을 정의합니다. 이 줄 생성 문자는 모스 부호로 표현된 메시지의 끝을 표시하는 데 필요합니다. 마지막으로 MAX_MESSAGE_LEN에서 이 프로그램에서 전송할 수 있는 메시지의 최대 길이를 정의합니다.

다음으로 3개의 전역 변수를 정의합니다. message_text 변수는 배열로 선언되며, 시리얼 포트를 통해 받은 데이터를 저장하는 공간으로 사용됩니다. index 변수는 버퍼의 현재 위치를 표시하는 데 사용합니다. telegraph 변수는 Telegraph 클래스의 오브젝트 변수입니다. 메시지를 깜빡임으로 변환하는 데 사용합니다.

setup( ) 함수에서는 시리얼 포트를 초기화합니다. loop( ) 함수에서는 Serial.available( ) 메서드를 호출하여 새로운 데이터가 수신되었는지 계속 확인합니다. 새로운 데이터가 도착하면 이 데이터의 다음 바이트를 읽어 이 바이트가 줄 생성 문자인지 검사하거나 마지막 바이트까지 배열에 저장된 길이가 앞서 정의한 최대 버퍼 길이에 적합한지 여부를 검사합니다. 이 두 가지에 모두 해당하는 경우 캐릭터 배열 message_text의 마지막 바이트를 0으로 설정합니다. C/C++에서 문자는 null 문자로 마무리되기 때문입니다. 또한 index 변수를 초기화하여 다음 메시지를 받을 준비를 합니다. 마지막으로 telegraph 오브젝트를 이용해 메시지를 송신합니다. 그 밖의 모든 경우에는 마지막으로 수신된 바이트를 배열 message_text의 다음 인덱스로 이동하여 추가합니다.

이제 프로그램을 컴파일하고 업로드할 차례입니다. 시리얼 모니터를 열어, 모니터 하단의 드롭다운 메뉴에서 'Carriage return'을 선택합니다. 이 메뉴를 선택하면 아두이노로 메시지를 보낼 때마다 새줄 생성 문자를 자동으로 첨부하여 보냅니다. 여러분의 이름과 같은 간단한 메시지를 입력한 후, Send 버튼을 클릭해 보세요. 아두이노가 이 문자를 빛으로 변환하여 표현하는 것을 확인할 수 있습니다.

이미 모든 모스 부호 로직을 Telegraph 클래스로 캡슐화하였기 때문에 프로그램을 짧게 축약할 수 있었습니다. 이렇게 임베디드 장치를 위한 소프트웨어를 프로그래밍하는 데에도 객체지향 프로그래밍의 편의성을 충분히 활용할 수 있습니다.

아직 우리가 만든 첫 번째 클래스 라이브러리를 다른 프로젝트에 적용하는 데에는 몇 가지 보완해야 할 것이 있습니다. 자세한 내용은 다음 절에서 살펴보겠습니다.

4.7 마무리 짓기

아두이노 IDE의 훌륭한 기능 중 하나가 색상으로 구문을 구분하는 것 syntax coloring입니다. 편집창에서 클래스명, 함수명, 변수 같은 요소에 각기 다른 색을 적용할 수 있습니다. 이러한 색상을 이용한 구문 구분법은 소스 코드를 읽는 데 유용합니다. 또 사용자가 임의로 생성한 라이브러리에도 이런 구문 색상 구분법을 적용할 수 있습니다. Keywords.txt라는 파일만 프로젝트에 추가하면 됩니다.

```
Download Arduino_1_0/Telegraph/keywords.txt
```

```
# Syntax-coloring for the telegraph library
```

```
Telegraph      KEYWORD1
send_message KEYWORD2
```

문자 #으로 시작하는 줄은 코멘트를 나타내는 것으로 아무런 기능을 수행하지 않고 프로그램상에서 무시됩니다. 다음 줄부터 라이브러리의 멤버와 멤버의 형식을 나타냅니다. 멤버와 멤버 형식은 탭으로 구분합니다. 클래스는 KEYWORD1 형식으로 정의하고, 함수는 KEYWORD2 형식으로 정의합니다. 그리고 상수는 LITERAL1 형식으로 정의합니다.

telegraph 라이브러리의 구문 색상 구분을 활성화하기 위해 keywords.txt를 라이브러리 폴더로 복사하고 아두이노 IDE를 재구동합니다. 재구동한 이후부터 Telegraph 클래스의 이름은 주황색으로, send_message( ) 메서드는 갈색으로 표현됩니다.

마지막으로 라이브러리를 배포하기 전에 몇 가지를 추가해야 합니다.

- examples라고 명명된 폴더에 모든 예제 스케치를 저장하고 이 폴더를 다시 libraries 폴더에 복사합니다. 모든 예제 스케치는 이 라이브러리 폴더 내에 하위 디렉터리를 가지게 됩니다.
- 자신의 프로젝트를 위한 라이선스를 선택하고 이 라이선스 사항들을 LICENSE라고 명명된 파일에 저장합니다. 물론 이러한 라이선스가 조금 과하다고 느껴질 수도 있지만 이 라이브러리 사용자에게 신뢰를 줄 수 있습니다.
- 인스톨 방법과 클래스 사용에 관한 문서를 추가합니다. 보통 사용자들은 README와 같은 이름을 지닌 문서 파일과 인스톨 방법에 대해 안내하는 INSTALL이라고 명명된 파일을 기대합니다. 배포하기 전에 가능한 한 다양한 운영체계에서 라이브러리를 테스트해보고 이 모든 운영체계에 대한 인스톨 방법을 안내해 주는 것이 좋습니다.

이 모든 것을 다 했다면, 그림 37에 나와 있는 것처럼 라이브러리 폴더가 구성될 것입니다.

마지막으로 ZIP 파일로 이 프로젝트에 필요한 모든 파일을 포함하는 압축 파일을 생성합니다. 대부분의 운영체계에서는 익스플로러나 검색창에서 디렉터리를 오른쪽 마우스로 클릭하기만 하면 됩니다. 어떻게든 이 디렉터리를 압축 파일로 바꾸기 바랍니다. 리눅스나 맥 시스템에서는 압축을 생성하기 위해 다음과 같은 명령을 커맨드 창에 직접 입력해도 됩니다.

```
maik> zip -r Telegraph Telegraph
maik> tar cfvz Telegraph.tar.gz Telegraph
```

첫 번째 명령은 Telegraph.zip이라는 압축 파일을 생성하고, 다음 명령은 Telegraph.tar.gz라는 압축 파일을 생성합니다. 두 가지 모두 일반적으로 널리 사용되는 압축 형식이며 배포할 때 이 두 가지 모두 제공하는 것이 좋습니다.

비록 손수 많은 파일을 만들어야 하지만, 이것이 가장 쉬운 아두이노 라이브러리 생성 방법이라고 할 수 있습니다. 멋진 아이디어가 떠오를 때마다 여러 사람이 활용할 수 있게 만들어 보십시오.

지금까지 LED(출력)와 푸시버튼(입력)을 이용해 바깥세상과 소통할 수 있는 프로젝트를 만들어 보았습니다. 다음 장에서는 초음파 센서와 같은 복잡한 입력 장치를 사용하는 방법을 배워 봅시다. 그리고 아두이노에서 취득한 데이터를 컴퓨터로 보내 시각화하는 방법을 공부해 봅시다.

4.8 작동하지 않을 때

아두이노 IDE는 파일과 디렉터리 생성에 필요한 강력한 자동 기능을 가지고 있지만, 이 규칙은 스케치를 만드는 데 적용될 뿐 라이브러리 생성에는 적용되지 않습니다. 그러므로 사용자가 적합한 디렉터리에 필요한 몇 가지 파일을 직접 만들 필요가 있습니다. 그림 37은 라이브러리의 디렉터리 구조가 어떻게 되어야 하는지 보여주고 있습니다. 만약 여러분의 컴퓨터

그림 37 일반적인 아두이노 라이브러리 구조

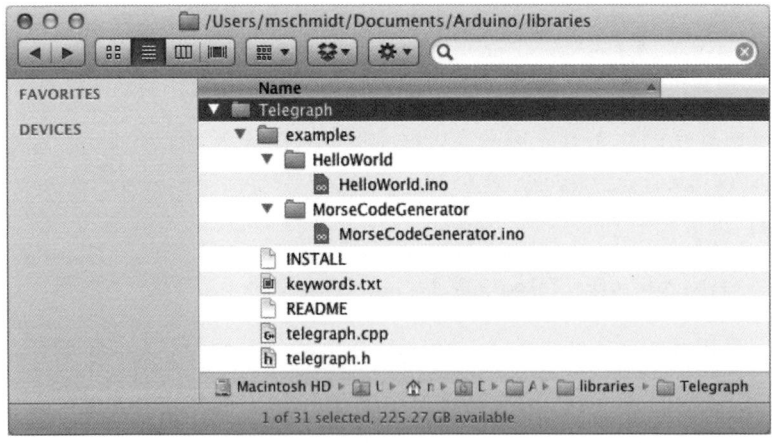

에 두 가지 버전 이상의 아두이노 IDE가 설치되어 있다면 각 아두이노 IDE가 어떤 라이브러리 폴더를 사용하고 있는지 확인해야 합니다.

종종 아두이노 IDE를 재구동해야 한다는 사실을 잊지 말기 바랍니다. 라이브러리 폴더에 포함되어 있는 파일을 변경할 때마다 아두이노 IDE를 재구동해야 합니다.

구문 색상 구분이 작동하지 않는다면, keywords 파일이 제대로 작성되어 있는지 확인하기 바랍니다. 모든 객체와 형식을 탭 문자로 구분했는지 확인해 보세요. 그런 뒤 IDE를 재시작합니다.

4.9 예제

- 모스 부호는 문자와 숫자만 지원하는 것은 아닙니다. 콤마와 같은 기호도 표현할 수 있습니다. 모스 부호가 표현할 수 있는 모든 문자를 포함시켜 Telegraph 클래스를 개선해 보세요.
- LED를 깜빡이는 것도 훌륭하지만 아무래도 모스 부호는 비프음으로 표

그림 38 스피커와 부저

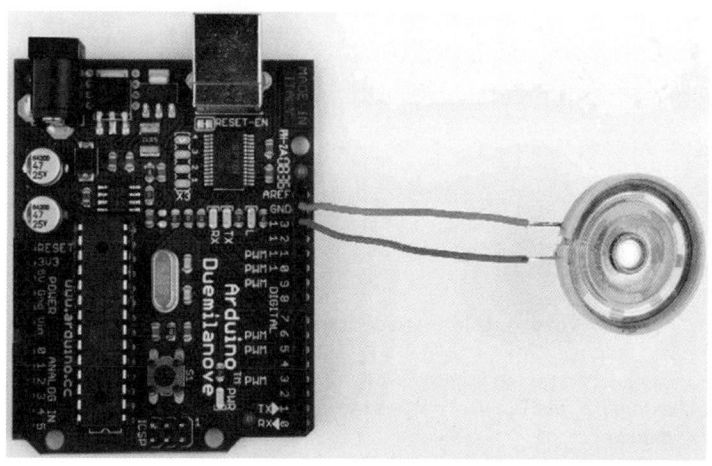

현하는 것이 제맛입니다. LED를 피에조^{Piezo} 스피커로 교체해 보세요.(그림 38 참조) 피에조 스피커는 저렴하지만 사용하기 쉬운 부품입니다. 단순하게 접지선과 신호선으로만 이루어져 있어 아두이노의 접지와 13번 출력 핀에 연결하면 됩니다. 그리고 output_symbol( ) 메서드를 다음과 같이 수정해 보세요.

```
void Telegraph::output_symbol(const int length) {
  const int frequency = 131;
  tone(_output_pin, frequency, length);
}
```

이 메서드는 스피커로 일정한 형태의 구형파$^{square\ wave}$를 보내고 131Hertz의 주파수를 가지는 음을 재생합니다.(아두이노 IDE에서 제공하고 있는 다양한 음을 재생할 수 있는 'Melody' 예제를 실행시켜 보기 바랍니다.)

- 아두이노 1.0은 시리얼 통신을 다루기 위한 대체 방법을 제공하고 있습니다. 부록 A3.2, '시리얼 통신을 이용해 다양한 프로그래밍 언어와 통신하기'를 참조하여 serialEvent( ) 함수를 사용한 새로운 모스 부호 라이브

러리를 만들어 보세요. 여기에 캐릭터 배열 대신 문자열 객체를 사용해
보세요.

- 다양한 하드웨어 장치를 지원할 수 있는 라이브러리를 디자인해 보세요.
예를 들면 다양한 형태의 출력 장치를 Telegraph 생성자에 전달할 수 있습
니다. 이렇게 하면 LedDevice와 SpeakerDevice 클래스를 OutputDevice
를 상속 받아 만들 수 있습니다. 다음 코드를 잘 살펴보세요.

```
class OutputDevice {
   public:
   virtual void output_symbol(const int length);
};

class Led : public OutputDevice {
   public:
   void output_symbol(const int length) {
   // ...
   }
};

class Speaker : public OutputDevice {
   public:
   void output_symbol(const int length) {
   // ...
   }
};
```

다음과 같이 이 클래스를 사용할 수 있습니다.

```
Led led;
Speaker speaker;
OutputDevice* led_device = &led;
OutputDevice* speaker_device = &speaker;

led_device->output_symbol(200);
speaker_device->output_symbol(200);
```

이제 나머지 기능 구현은 당신에게 달렸습니다.

- 모스 부호를 배워 보세요. 누군가가 시리얼 터미널을 통해 보낸 메시지
를 확인해 보세요. 아두이노 개발에 꼭 필요한 건 아니지만, 꽤 흥미롭습
니다!

5장 자연현상 감지하기

마우스와 키보드를 이용해 컴퓨터와 통신하는 일반적인 방법 대신 아두이노에 센서를 연결하여 주변 환경의 변화를 감지할 수 있습니다. 온도나 가속도, 근처에 위치한 물체와의 거리 등을 측정하기 위해 센서를 사용합니다.

센서는 피지컬 컴퓨팅의 가장 중요한 요소입니다. 그리고 아두이노는 이러한 다양한 센서에 생명을 불어넣습니다. 이번 장에서는 디지털과 아날로그 센서를 모두 사용하여 우리 주변에서 일어나는 자연현상을 감지해 볼 것입니다. 이를 위해 전선 몇 가닥과 간소한 프로그램만 준비하면 됩니다.

이 장에서는 두 가지 종류의 센서를 살펴볼 것입니다. 초음파 센서는 거리를 측정하는 데 사용하고, 온도 센서는 말 그대로 온도를 측정하는 데 사용합니다. 초음파 센서로는 비접촉 방식으로 거리를 도출할 수 있는 디지털 측정 방법을 배워 봅시다. 초음파 센서를 이용해 제법 정교한 측정값을 얻을 수 있지만, 몇 가지 트릭을 써서 정밀도를 향상시킬 수 있습니다. 흥미롭게도 온도 센서를 이용해 초음파 센서의 정밀도를 높일 수 있습니다. 이 방법을 이용해 정밀도를 향상시킨 디지털 거리 측정 방법을 구현해 보겠습니다. 또 센서로부터 얻은 데이터를 시각화하는 멋진 그래픽 애플리케이션을 구현해 봅니다.

아두이노는 센서 사용을 쉽게 만들어 줄 뿐 아니라, 회로와 소프트웨어를 효율적으로 만드는 데 도움을 주기도 합니다. 예를 들어 이 장에서 두 개의 각기 다른 센서를 사용하는데, 이 센서들은 완전히 독립적입니다. 이 장에서 구현할 모든 프로그램은 최종 회로를 변경할 필요 없이 구동이 가능합니다.

5.1 준비물

1. Parallax PING))) sensor(초음파 센서)
2. TMP36 온도 센서
3. 브레드보드
4. 전선 몇 가닥
5. 아두이노 우노, 두에밀라노베 혹은 디에시밀라 중 하나
6. 아두이노와 PC를 연결할 USB선
7. 프로세싱 개발 툴 인스톨

그림 39 이 장의 실습에 필요한 부품

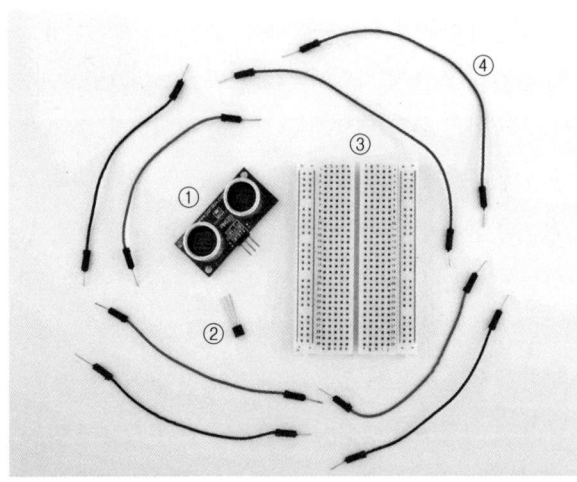

5.2 초음파 센서로 거리 측정하기

거리를 자동으로 끊김 없이 측정하는 것은 여러 상황에서 유용하게 이용할 수 있습니다. 스스로 길을 찾을 수 있는 로봇에 활용한다든가, 집이나 귀중품에 누군가가 접근할 경우 벨을 울리거나 경찰을 부르는 데 활용할

수 있습니다. 하지만 도난 경보기나 로봇을 만들기 전에 몇 가지 중요한 개념을 이해해야 합니다.

거리를 측정하는 데 쓰는 다양한 종류의 센서가 있습니다. 아두이노는 대부분의 센서를 제어하는 데 사용할 수 있습니다. 어떤 센서는 초음파를 사용하고, 어떤 센서는 적외선 혹은 레이저를 사용하기도 합니다. 하지만 원칙적으로 모든 센서는 동일한 방식으로 작동합니다. 신호를 방출하고, 측정 대상에 부딪쳐 반사된 신호를 기다리고, 방출된 신호가 돌아오기까지 걸린 시간을 측정하는 방식입니다. 공기 중의 소리나 빛의 속도를 알기 때문에 측정된 시간을 이용해 거리를 측정하는 것입니다.

이번 장에서는 먼저 가까운 거리에 놓인 사물과의 거리를 측정하고 시리얼 포트로 결과를 출력하는 장치를 만들어 보겠습니다. 이 장치를 위해 사용이 간편하고 사용법을 상세히 제공하면서 성능이 우수한 Parallax PING))) 초음파 센서를 사용할 예정입니다. 이 센서는 2㎝부터 3m에 이르는 범위에서 사물의 거리를 측정할 수 있으며, 납땜 없이 브레드보드에 바로 연결하여 사용할 수 있습니다. 그뿐만 아니라 가변 폭 펄스^{variable-width pulses}를 이용해 값을 제공하는 센서의 좋은 예입니다. PING))) 센서를 이용해 탐지기나 장애물에 접촉하지 않고 미로를 찾는 로봇을 쉽게 만들 수 있습니다.

앞에서 언급했듯이, 초음파 센서는 사물과의 거리를 직접 반환하지 않습니다. 대신, 방출된 소리가 물체에 부딪쳐 센서에 도달하기까지 걸린 시간을 반환합니다. PING))) 센서 역시 마찬가지입니다.(그림 40 참조) 이 센서의 내부는 매우 복잡합니다. 초음파 센서의 구성은 복잡하지만 다행히 전원, 접지, 신호로 이루어진 3개의 핀만 이용하면 센서를 사용할 수 있습니다.

이 핀을 이용해 쉽게 아두이노에 센서를 연결할 수 있습니다. 먼저 아두이노의 접지와 5V 전원 공급 핀에 해당하는 PING))) 센서 핀을 연결합니다. 그다음 PING)))의 신호 핀을 아두이노의 디지털 입출력 핀 중 하나에 연결

그림 40 PING))) 센서의 기본 작동 원리

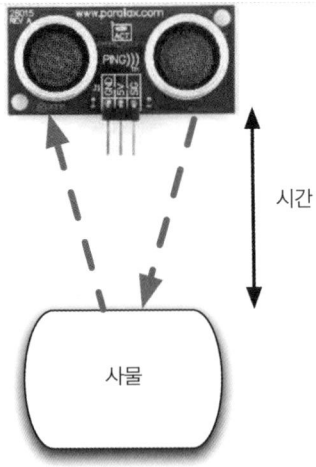

그림 41 PING))) 기본 회로

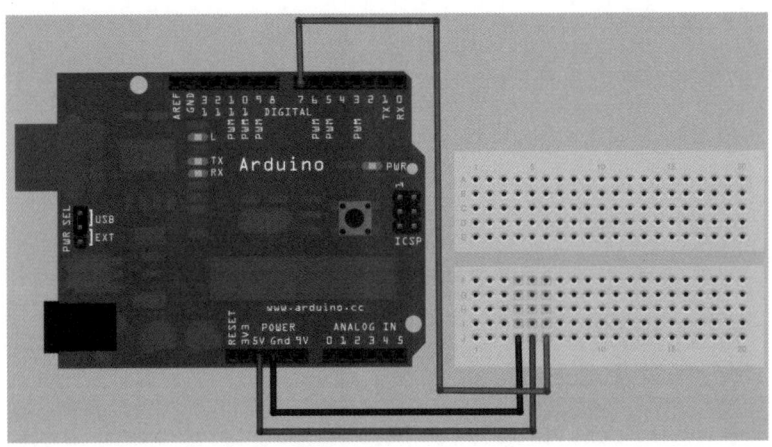

합니다(여기서는 7번 핀을 이용합니다). 그림 41 'PING))) 기본 회로' 와 그림 43에 있는 아두이노와 PING))) 센서 연결 사진을 참조하세요.

　이 회로에 생명을 불어넣기 위해 PING))) 센서를 이용한 프로그램을 작성해 봅시다.

Download Arduino_1_0/ultrasonic/simple/simple.ino

```
Line  1  const unsigned int PING_SENSOR_IO_PIN = 7;
         const unsigned int BAUD_RATE = 9600;

         void setup() {
      5     Serial.begin(BAUD_RATE);
         }

         void loop() {
            pinMode(PING_SENSOR_IO_PIN, OUTPUT);
     10     digitalWrite(PING_SENSOR_IO_PIN, LOW);
            delayMicroseconds(2);

            digitalWrite(PING_SENSOR_IO_PIN, HIGH);
            delayMicroseconds(5);
     15     digitalWrite(PING_SENSOR_IO_PIN, LOW);

            pinMode(PING_SENSOR_IO_PIN, INPUT);
            const unsigned long duration = pulseIn(PING_SENSOR_IO_PIN, HIGH);
            if (duration == 0) {
     20        Serial.println("Warning: We did not get a pulse from sensor.");
            } else {
               Serial.print("Distance to nearest object: ");
               Serial.print(microseconds_to_cm(duration));
               Serial.println(" cm");
     25     }

            delay(100);
         }

     30  unsigned long microseconds_to_cm(const unsigned long microseconds) {
            return microseconds / 29 / 2;
         }
```

먼저 PING))) 센서가 연결된 핀을 상수로 선언합니다. 만약 다른 디지털 입출력 핀에 연결하고 싶다면, 이 첫 줄의 상수를 변경합니다. setup( ) 함수에서는 센서 값을 시리얼 모니터로 보여주기 위해 시리얼 포트의 통신 속도를 9600으로 설정합니다.

실제 구동은 PING))) 프로토콜을 구현한 loop( ) 함수에서 이루어집니다. 데이터시트에 따르면 펄스를 이용해 센서를 제어할 수 있으며, 가변폭 펄스로 값을 반환합니다.

9번째부터 11번째 줄까지를 보면, 2마이크로초 동안 신호 핀을 LOW로 고정합니다. 이것은 다음 단계를 위해 필요한 정확한 HIGH 신호를 제공하는 데 도움을 줍니다.(전기를 다룰 때, 전원 공급 시 발생하는 노이즈에 항상 대비해야 합니다.)

이제 센서에 작동할 것을 명령할 때입니다. 13번째에서 15번째 줄을 보면 측정을 시작하기 위해 센서 신호 핀을 5마이크로초 동안 HIGH로 설정합니다. 그다음 다시 핀을 LOW로 설정합니다. 이렇게 하는 이유는 초음파 센서는 HIGH 신호의 길이에 따라 응답하기 때문입니다.

디지털 핀을 이용해 정보를 송신하는 방법은 제한적입니다. 핀의 상태를 HIGH나 LOW로 설정할 수 있고, 얼마나 오랫동안 각각의 상태를 유지할지 결정할 수 있습니다. 이러한 방법은 다양한 용도로 매우 효율적으로 사용됩니다. PING))) 센서가 40kHz 주기로 신호를 보낼 때는 신호 핀을 HIGH로 설정하고, 반사된 신호를 수신할 때는 LOW로 설정합니다. 다시 말해, 센서에서 발생된 초음파가 피사체를 향해 날아갔다가 반사되어 센서로 돌아오는 순간까지 HIGH 상태를 유지하는 것입니다. 쉽게 말하면 아날로그 신호를 측정하기 위해 디지털 핀을 이용하고 있는 것입니다. 그림 42는 디지털 핀에 연결된 PING))) 센서가 어떻게 작동하는지 다이어그램으로 보여주고 있습니다.

아두이노를 이용해 디지털 핀이 HIGH 상태로 유지되는 시간을 수동으

그림 42 PING))) 펄스 다이어그램

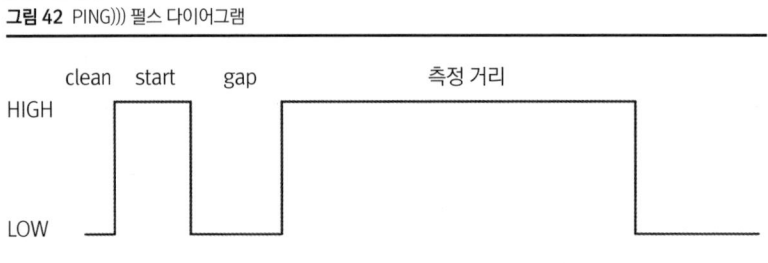

로 측정할 수도 있지만, pulseIn( ) 메서드를 이용해 번거로운 과정을 생략할 수 있습니다. 18번째 줄을 보면 신호 핀을 다시 입력 모드로 설정한 것을 확인할 수 있습니다. pulseIn( ) 메서드는 3개의 인수를 사용합니다.

- pin: 신호를 읽을 핀의 번호
- type: 읽을 신호의 형태. HIGH 혹은 LOW
- timeout: 마이크로초 단위, timeout으로 설정된 시간 동안 신호가 감지되지 않으면 pulseIn( ) 메서드는 0을 반환. 이 인수는 필수 사항이 아니

그림 43 PING))) 센서의 기본 회로 사진

며 기본값은 1초.

PING))) 센서와 통신하는 이 모든 과정에 단지 1개의 핀만 사용하고 있다는 것에 주목하기 바랍니다. 조만간 아두이노의 입출력 핀들이 정말 관리하기 어렵고 늘 부족한 자원이라는 것을 깨닫게 될 것입니다. 그러므로 PING))) 센서가 단지 1개의 디지털 핀을 사용하는 것은 매우 유용한 기능입니다. 같은 성능을 가진 부품들 중에서 선택해야 하는 경우, 가급적 적은 핀을 사용하는 부품을 고르기 바랍니다.

이제 한 가지만 더 하면 됩니다. 바로 측정된 시간을 길이로 변환하는 것입니다. 소리는 초당 343m를 이동합니다. 바꿔 말하면, 1cm를 이동하는 데 29.155마이크로초가 소요됩니다. 그러므로 측정된 시간을 29로 나눈 후 다시 2로 나눕니다. 왜냐하면 소리가 피사체까지 갔다 오는 시간이 측정되어 실제로 측정해야 하는 거리보다 2배를 이동하기 때문입니다. microseconds_to_cm( ) 메서드는 이 계산을 수행합니다.

PING))) 센서의 사양서에 따르면, 다음 측정을 위해 최소한 200마이크로초 동안 대기해야 합니다. 고속 측정을 위해 실제로 프로그램상에서 소요되는 시간을 측정하여 보다 정확하게 정지된 시간을 측정할 수 있습니다. 하지만 이 예제에서는 이런 정밀함은 무의미합니다. loop( ) 메서드에서 두 번 측정이 이뤄지는 동안 실행되는 모든 상태가 200마이크로초보다 훨씬 더 많이 소요되기 때문입니다. 데이터를 시리얼 통신으로 전송하는 것 역시 제법 시간이 걸립니다. 그런데도 비트로 출력하는 시간을 늦추기 위해 100마이크로초라는 짧은 대기시간을 추가하였습니다.

이쯤에서 아마 왜 const라는 예약어를 자주 사용하는지 궁금할지 모릅니다. 아두이노 언어는 기본적으로 C/C++를 기반으로 만들어졌습니다. C/C++ 언어에서는 const로 상수를 선언합니다. const를 사용하는 것은 프로그램을 더욱 명료하게 만들고 논리적인 오류를 초기에 방지하는 데 도움을 줄 뿐 아니라, 컴파일러가 프로그램의 크기를 줄이는 데 도움을 주기도 합니다. (자세한 내용은 『Effective C++』(스콧 마이어스 지음, PTG 펴냄)를 참고하세요.)

비록 대부분의 아두이노 프로그램이 비교적 작지만, 아두이노를 위한 소프트웨어 개발은 여전히 소프트웨어 개발에 속하고, 우리가 아는 모든 좋은 사례들을 동원하여 이뤄져야만 합니다. 그러므로 프로그램에 상수를 정의할 때마다 #define을 사용하는 것보다 const를 사용해 선언하는 것을 추천합니다. 이러한 팁은 다른 프로그램 언어에도 통용되며, 프로세싱이나 자바 프로그램에서는 final을 많이 사용합니다.(116페이지 5.5 '프로세싱을 이용해 컴퓨터로 데이터 전송하기'에서 프로세싱에 대해 좀 더 자세히 배울 것입니다.)

이제 센서를 제대로 다루면서, 이 센서의 장점과 단점을 익혀 보겠습니다. 프로그램을 컴파일하여 아두이노에 업로드하세요. 그리고 IDE의 시리얼 모니터를 여세요.(전송 속도를 반드시 9600bps로 맞춰야 합니다.) 이제 시리얼 모니터에 아래와 같이 출력되는 것을 확인할 수 있습니다.

```
Distance to nearest object: 42 cm
Distance to nearest object: 33 cm
Distance to nearest object: 27 cm
Distance to nearest object: 27 cm
Distance to nearest object: 29 cm
Distance to nearest object: 36 cm
```

이 시리얼 모니터에 출력되는 것과 더불어 PING))) 센서에 부착된 LED가 새로운 측정을 시작할 때마다 켜지는 것을 확인할 수 있습니다.

큰 물건 또는 매우 작은 물건을 가져다 대 보면서 센서의 성능을 테스트해 보세요. 다른 각도에서 물체를 감지해 본다든가, 센서보다 위나 아래에 물체를 두고 측정해 보세요. 평평하지 않은 물체를 측정해 보는 것도 좋습니다. 예를 들어 인형 같은 것을 측정해 보면 딱딱한 물체처럼 잘 측정되지 않는 것을 확인할 수 있습니다.(박쥐가 곰을 사냥할 수 없는 것도 같은 이유 때문이겠죠? 볼 수 없으니까요.)

단 세 가닥의 선과 몇 줄 안 되는 프로그램을 가지고 디지털 자의 첫 번째 버전을 완성해 보았습니다. 지금은 센티미터 단위의 정밀도를 보여주지만, 다음 절에서는 소프트웨어와 하드웨어를 개선하여 더욱 정교한 결과를 출력해 보겠습니다.

5.3 소수점을 사용하여 정밀도 높이기

PING))) 센서의 설명서에 따르면 2cm에서 3m 사이의 물체에 대한 정확한 거리 값을 출력합니다. 이런 측정 범위를 가지는 이유는 센서가 발생시키는 펄스의 길이 때문인데 최소 115마이크로초와 최대 18.5밀리초 사이의 펄스를 이용해 측정하기 때문입니다. 앞서 살펴본 방법으로는 센서가 제공하는 정밀도를 충분히 활용할 수 없습니다. 모든 계산을 정수 범위에서 연산하기 때문입니다. 이런 연유로 센티미터 단위의 거리만 측정할 수 있습니다. 밀리미터 단위의 거리 측정을 위해서는 소수점 연산을 사용해야 합니다.

보통 아두이노의 메모리와 CPU 성능이 일반적인 컴퓨터 환경에 비해 매우 제한적이고 소수점 연산을 하는 데는 많은 시간이 소요되기 때문에 정수 연산을 사용하는 것이 유용합니다. 하지만 때때로 소수점 연산은 매우 유용하며 아두이노는 이 소수점 연산을 지원하고 있습니다. 소수점 연산을 이용해 좀 더 정밀한 거리 측정 도구를 만들어 보겠습니다.

```
Download Arduino_1_0/Ultrasonic/float/float.ino
```

```
Line 1  const unsigned int PING_SENSOR_IO_PIN = 7;
     -  const unsigned int BAUD_RATE = 9600;
     -  const float MICROSECONDS_PER_CM = 29.155;
     -  const float MOUNTING_GAP = 0.2;
     5  const float SENSOR_OFFSET = MOUNTING_GAP * MICROSECONDS_PER_CM * 2;
     -
     -  void setup() {
     -    Serial.begin(BAUD_RATE);
```

```
         }
10
         void loop() {
           const unsigned long duration = measure_distance();
           if (duration == 0)
             Serial.println("Warning: We did not get a pulse from
                             sensor.");
15         else
             output_distance(duration);
         }

         const float microseconds_to_cm(const unsigned long
                                        microseconds) {
20         const float net_distance = max(0, microseconds - SENSOR_
                                          OFFSET);
           return net_distance / MICROSECONDS_PER_CM / 2;
         }

         const unsigned long measure_distance() {
25         pinMode(PING_SENSOR_IO_PIN, OUTPUT);
           digitalWrite(PING_SENSOR_IO_PIN, LOW);
           delayMicroseconds(2);
           digitalWrite(PING_SENSOR_IO_PIN, HIGH);
           delayMicroseconds(5);
30         digitalWrite(PING_SENSOR_IO_PIN, LOW);
           pinMode(PING_SENSOR_IO_PIN, INPUT);
           return pulseIn(PING_SENSOR_IO_PIN, HIGH);
         }

35       void output_distance(const unsigned long duration) {
           Serial.print("Distance to nearest object: ");
           Serial.print(microseconds_to_cm(duration));
           Serial.println(" cm");
         }
```

이 프로그램은 앞의 프로그램과 큰 차이는 없습니다. 먼저, 소리가 1cm를 이동하는 데 걸리는 시간인 29.155마이크로초를 정밀한 연산을 위한 기준 수치로 사용합니다. 여기에 더해, 센서와 케이스 사이에 있는 잠재적인 공간을 거리 측정에 미리 반영합니다. 예를 들어, 센서를 브레드보드에 꽂으면 센서와 브레드보드의 끝 사이에 작은 차이가 발생합니다. 이 차이를 프로그램의 4번째 줄에 미리 정의하고 나중에 거리를 측정할 때 사용합니다. 이 차이는 센티미터 단위이며, 소리가 왕복하는 시간을 측정하기 때문에 2를 곱해야 합니다.

프로그램에서 중요한 기능들을 별도의 함수로 분리해 loop( ) 메서드는 이전보다 더 간결해 보입니다. 거리를 측정하기 위해 센서를 제어하는 로직은 distance( ) 메서드로 분리했습니다. output_distance( ) 메서드는 결과 값을 시리얼 통신으로 출력하는 기능을 수행합니다. microseconds_to_cm( ) 함수에 가장 큰 변화가 있습니다. 정수를 반환하던 함수를 소수점 반환으로 변경하였고 측정하는 동안 발생하는 거리 오차를 반영하여 빼도록 하였습니다. 그리고 음수를 반환하지 않게 하기 위해 max( ) 함수를 추가하였습니다.

프로그램을 컴파일하여 업로드해 보겠습니다. 아래와 같은 결과가 시리얼 모니터로 출력되는 것을 확인할 수 있습니다.

```
Distance to nearest object: 17.26 cm
Distance to nearest object: 17.93 cm
Distance to nearest object: 17.79 cm
Distance to nearest object: 18.17 cm
Distance to nearest object: 18.65 cm
Distance to nearest object: 18.85 cm
Distance to nearest object: 18.78 cm
```

앞의 프로그램에 비해 그렇게 많이 정교해 보이지 않습니다. 실제로도 그렇게 정교하지 않습니다. 다른 프로그램 환경에서 소수점을 이용하는 연산을 경험해 보았다면, 아두이노는 왜 자동으로 소수점 둘째 자리에서 반올림하는지 의문이 들 것입니다. 비밀은 시리얼 클래스의 print( ) 메서드에 숨어 있습니다. 최신 아두이노 플랫폼에서는 모든 데이터 형식을 지원하지만, 소수점을 전송할 때는 출력하기 전에 소수점 두 자리에서 반올림하도록 되어 있습니다. 하지만 print( ) 메서드에서 소수점 자릿수를 지정할 수 있습니다. 예를 들어 Serial.println(3.141592, 4)는 3.1416이라고 출력합니다.

이는 출력에만 반영되며 내부 연산은 여전히 소수점으로 이루어집니다.(하지만 아두이노에서 float과 double은 동일한 형식으로 표현됩니다.)

그러면 소수점 변수를 생성할 때 실제로 사용되는 메모리 공간은 얼마나 될까요? 소수점 변수는 4바이트의 공간을 사용합니다. 이는 long 형식 변수와 같은 메모리 크기를 사용하는 것입니다. 한편, 소수점 연산에는 훨씬 많은 CPU 연산이 필요하고, 반드시 소프트웨어에서 시간이 부족한 현상이 발생하는 것을 피해야 합니다. 가장 큰 소모는 소수점을 지원하기 위하여 프로그램에 연결된 추가적인 라이브러리의 함수에 의해 발생합니다. 예를 들어 Serial.print(3.14)는 그다지 많은 연산이 필요하지 않는 것처럼 보이지만, 실제로는 프로그램의 크기가 기하급수적으로 늘어납니다. 39번째 줄을 주석 처리하고 프로그램을 컴파일하면 그 효과를 직접 확인할 수 있습니다. Serial.print( )에 소수점을 사용하지 않으면 3,192바이트가 필요한 반면, 소수점을 사용하면 4,734바이트가 필요합니다. 1,542바이트나 차이가 나는 것이죠.

하지만 간단한 방법으로 별도의 메모리 공간을 점유하지 않고 소수점을 처리할 수 있습니다. Serial.print( ) 메서드는 소수점을 출력할 때 소수점 두 자리로 제약하여 출력합니다. 데이터를 시리얼 통신으로 전송하기 전에 부동 소수점을 정수로 변환하면 많은 메모리 공간을 아낄 수 있습니다. 이 값에 100을 곱하여 정수로 변환한 후 수신된 데이터를 100으로 나누면 됩니다. 반올림이 포함된 이 기법을 활용해 보겠습니다.

5.4 온도 센서를 이용해 정확한 온도 측정하기

부동 소수점을 사용해 프로그램을 확실히 개선해 보았습니다. 하지만 부동 소수점을 사용한다고 해서 결과의 정확도가 높아졌다고는 말할 수 없습니다. 정수 연산을 이용해 비슷한 효과를 누릴 수 있습니다. 하지만 지금부터 온도 센서를 이용해 소프트웨어로는 만들 수 없는 확실한 개선책을 추가해 보겠습니다.

앞에서 언급한 초당 343m라는 소리의 속도는 아주 정확한 것은 아닙니

그림 44 아두이노에 온도 센서 연결하기

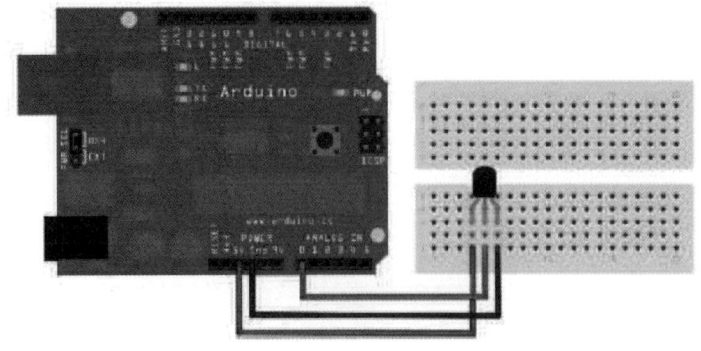

다. 소리의 속도는 공기의 온도에 따라 달라지기 때문입니다. 만약 소리의 속도를 측정할 때 온도를 염두에 두지 않는다면 최대 12%까지 오차가 발생할 수 있습니다. 실제 소리의 속도 C는 아래와 같은 간단한 공식으로 계산할 수 있습니다.

$$C = 331.5 + (0.6 \times t)$$

이 공식을 사용하기 위해서는 현재 온도를 섭씨로 측정해야 합니다. 전압을 이용해 아날로그 출력을 지원하는 TMP36 온도 센서를 이용해 보겠습니다. 이 센서는 매우 저렴할 뿐만 아니라 주변에서 쉽게 구할 수 있고 사용하기도 간편합니다.

아두이노에 TMP36을 연결하기 위해서는 아두이노의 접지 핀과 전원 핀을 이에 해당하는 TMP36의 핀에 연결합니다. 그리고 센서의 신호 핀을 A0 핀, 즉 아날로그 0번 핀에 연결합니다.(그림 44 참조)

이 센서의 공급업체 이름(Analog Device)에서 알 수 있듯이, TMP36은 아날로그 장치로 현재 온도를 전압으로 변환하여 아날로그 형태로 출력합니다. 최대 온도는 최대 전압 값으로 출력합니다. 이 기회에 아두이노의 아날로그 입출력 핀을 살펴보겠습니다. 그럼 이 센서를 사용하기 위한 코드를 살펴봅시다.

```
Download Arduino_1_0/temperature/sensortest/sensortest.ino
```

```
Line  1   const unsigned int TEMP_SENSOR_PIN = 0;
   -      const float SUPPLY_VOLTAGE = 5.0;
   -      const unsigned int BAUD_RATE = 9600;
   -
      5   void setup() {
   -        Serial.begin(BAUD_RATE);
   -      }
   -
   -      void loop() {
     10     Serial.print(get_temperature());
   -        Serial.println(" C");
   -        delay(1000);
   -      }
   -
     15   const float get_temperature() {
   -        const int sensor_voltage = analogRead(TEMP_SENSOR_PIN);
   -        const float voltage = sensor_voltage * SUPPLY_VOLTAGE / 1024;
   -        return (voltage * 1000 - 500) / 10;
          }
```

첫 번째와 두 번째 줄에서 센서를 연결한 아날로그 핀을 상수로 선언합니다. 그리고 일반적인 형태로 setup( ) 함수를 정의한 후 loop( ) 함수에서 현재 온도를 초 단위로 출력합니다. 센서를 제어하는 로직은 get_temperature( ) 메서드에 캡슐화하였습니다.

PING))) 센서를 사용하기 위해서는 디지털 핀의 HIGH, LOW 신호만 필요했습니다. 아날로그 핀은 이와 달리 0V부터 공급되는 전압(일반적으로 5V)에 이르는 범위에서 값을 출력합니다. 아두이노의 아날로그 핀은 analogRead( ) 메서드를 이용해 값을 읽을 수 있으며 0에서 1023 사이의 값을 반환합니다. 아날로그 출력 값은 10비트($1024 = 2^{10}$)의 해상도를 지니기 때문입니다. 이 메서드를 16번째 줄에 사용하여 TMP36이 출력하는 값을 읽습니다.

하지만 한 가지 문제가 남아 있습니다. analogRead( ) 메서드가 반환한 값을 실제 전압 값으로 변환해야 합니다. 그러기 위해서는 아두이노가 현재 공급하고 있는 전압을 알아야만 합니다. 보통 아두이노는 5V를 공급하지만, 모델에 따라(이를테면 아두이노 Pro) 3.3V를 사용하기도 합니다. 공급 전원의 종류에 따라 상수 SUPPLY_VOLTAGE를 바꿔주어야 합니다.

공급 전압을 알았으니, 이제 아날로그 값을 1024로 나눈 후 현재 공급된 전압 값을 곱하여 전압으로 변환할 수 있습니다. 17번째 줄을 보면 이 방법이 자세히 표현되어 있습니다.

이제 이렇게 구한 전압을 섭씨 온도로 변환하여야 합니다. 센서 제조사에서 제공하는 사양서를 보면 아래와 같은 공식을 찾을 수 있습니다.

T = ((센서 출력 mV) - 500) / 10

앞서 구한 전압 값에서 500밀리볼트를 반드시 뺍니다. 센서는 항상 일정 크기의 전압을 출력하기 때문입니다. 이 방법을 이용해 영하의 온도를 표현할 수도 있습니다. 센서의 해상도는 10밀리볼트 단위입니다. 그러므로 10으로 나누어야 합니다. 예를 들어, 750밀리볼트에 해당하는 온도를 공식에 대입하면 (750 - 500) / 10 이므로 결과는 25℃입니다. 이 공식은 18번째 줄에 구현되어 있습니다.

프로그램을 컴파일하여, 아두이노로 업로드합니다. 그러면 시리얼 모니터에 아래와 같은 결과를 볼 수 있습니다.

10.06 C
26.64 C
28.62 C
28.50 C
28.50 C

29.00 C

29.00 C

28.50 C

29.00 C

출력된 결과로 볼 수 있듯이, 센서는 센서 값을 조정하는 시간이 필요합니다. 조정하는 시간은 매우 짧으며 빨리 안정된 값을 출력합니다. 하지만 analogRead( ) 메서드를 호출할 때에는 항상 짧은 대기시간을 두어야 합니다. 아두이노의 아날로그 시스템은 내부적으로 두 번의 호출 사이에 0.0001초 정도의 대기시간이 필요하기 때문입니다. 결과를 읽기 쉽게 하기 위해 몇 초가량 대기시간을 두었습니다. 온도가 몇 초 사이에 급변하지는 않기 때문입니다. 다시 말해, 1초의 대기시간은 결과에 크게 영향을 주지 않습니다.

거리를 측정하는 회로와 온도를 측정하는 회로로 나누어진 두 개의 회로를 만들어보았습니다. 그림 45를 보면 두 회로를 하나로 합친 것을 확인할 수 있고 그림 46에서 더욱 자세히 볼 수 있습니다. 이 회로에 생명을 부여하기 위해 다음 프로그램을 작성합니다.

Download Arduino_1_0/ultrasonic/PreciseSensor/PreciseSensor.ino

```
Line 1  const unsigned int TEMP_SENSOR_PIN = 0;
     -  const float SUPPLY_VOLTAGE = 5.0;
     -  const unsigned int PING_SENSOR_IO_PIN = 7;
     -  const float SENSOR_GAP = 0.2;
     5  const unsigned int BAUD_RATE = 9600;
     -  float current_temperature = 0.0;
     -  unsigned long last_measurement = millis();
     -
     -  void setup() {
    10    Serial.begin(BAUD_RATE);
     -  }
     -
     -  void loop() {
     -    unsigned long current_millis = millis();
```

```
15      if (abs(current_millis - last_measurement) >= 1000) {
            current_temperature = get_temperature();
            last_measurement = current_millis;
        }
        Serial.print(scaled_value(current_temperature));
20      Serial.print(",");
        const unsigned long duration = measure_distance();
        Serial.println(scaled_value(microseconds_to_cm(duration)));
    }

25  long scaled_value(const float value) {
        float round_offset = value < 0 ? -0.5 : 0.5;
        return (long)(value * 100 + round_offset);
    }

30  const float get_temperature() {
        const int sensor_voltage = analogRead(TEMP_SENSOR_PIN);
        const float voltage = sensor_voltage * SUPPLY_VOLTAGE / 1024;
        return (voltage * 1000 - 500) / 10;
    }
35
    const float microseconds_per_cm() {
        return 1 / ((331.5 + (0.6 * current_temperature)) / 10000);
    }

40  const float sensor_offset() {
        return SENSOR_GAP * microseconds_per_cm() * 2;
    }

    const float microseconds_to_cm(const unsigned long microseconds) {
45      const float net_distance = max(0, microseconds - sensor_offset());
        return net_distance / microseconds_per_cm() / 2;
    }

    const unsigned long measure_distance() {
50      pinMode(PING_SENSOR_IO_PIN, OUTPUT);
        digitalWrite(PING_SENSOR_IO_PIN, LOW);
        delayMicroseconds(2);

        digitalWrite(PING_SENSOR_IO_PIN, HIGH);
55      delayMicroseconds(5);
        digitalWrite(PING_SENSOR_IO_PIN, LOW);
        pinMode(PING_SENSOR_IO_PIN, INPUT);
        return pulseIn(PING_SENSOR_IO_PIN, HIGH);
    }
```

PING))) 센서와 TMP36 센서를 작동시키기 위해 제작한 별개의 코드가 거의 완벽한 하나의 프로그램으로 결합되었습니다. 몇 가지 작은 변동 사항이 있습니다.

- 상수 MICROSECONDS_PER_CM은 microseconds_per_cm( )라는 함수로 교체되었습니다. 이 함수는 현재 온도에 따라 소리가 1㎝ 이동하는 데 소요되는 시간을 반환합니다.
- 현재 온도는 빈번하게 그리고 급격하게 변화하지 않기 때문에, 자주 측정하지 않고 1초에 1번씩만 측정합니다. 7번째 줄의 millis( ) 메서드는 아두이노가 구동된 후 흐른 시간을 측정하기 위해 사용됩니다.
- 더 이상 센서 데이터를 시리얼 통신을 통해 부동소수점 형태로 전송

그림 45 TMP36과 PING)))을 함께 사용하기

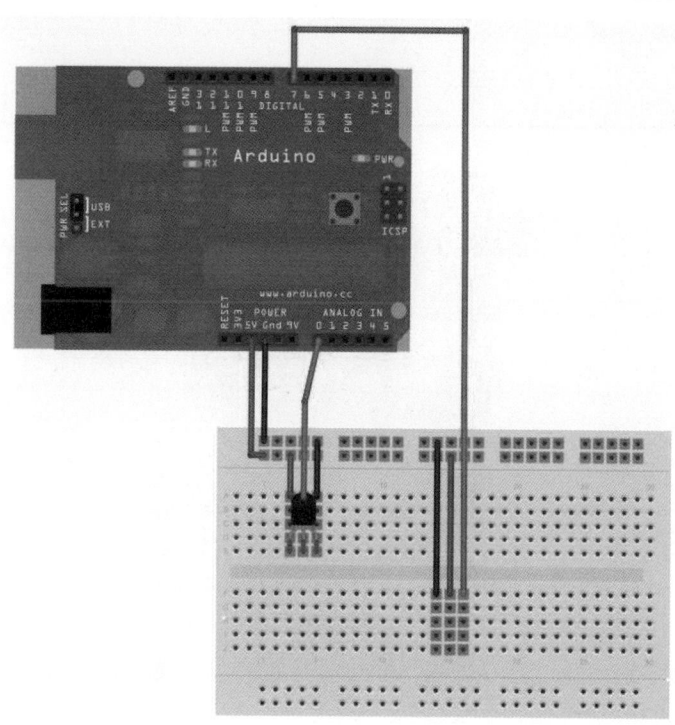

하지 않습니다. 대신 환산된 정수 값을 전송합니다. 이 작업은 scaled_value( ) 함수에서 이루어집니다. 부동 소수점을 소수점 두 자리까지 반올림하고 여기에 100을 곱해 정수로 변환합니다. 수신 측에서는 이 값을 다시 100으로 나누어 주어야 합니다.

프로그램을 아두이노로 업로드하고 손을 센서 근처에서 이리저리 움직여 보세요. 그럼 다음과 유사한 결과가 출력되는 것을 확인할 수 있습니다.

1940, 2818

2914, 3032

3045, 3415

3005, 2843

3045, 2476

3085, 2414

그림 46 최종 회로 사진

결과는 쉼표로 나누어져서 출력됩니다. 첫 번째 결과는 섭씨 단위의 현재 온도이며, 두 번째는 센티미터 단위의 근처에 위치한 사물과의 거리입니다.

이제 두 개의 센서를 사용하는 프로젝트를 완성했습니다. 한 센서는 디지털 핀을 사용하는 반면, 다른 센서는 아날로그 핀을 사용합니다. 다음 절에서는 센서 값을 PC로 전송하는 방법을 알아보고, 주변의 상태를 활용하는 응용프로그램을 만들어 보겠습니다.

센서 데이터를 실제 값으로 변환하기

아두이노 프로젝트를 진행할 때 센서 데이터를 부호화하는 것은 종종 골치 아픈 문제입니다. 센서를 통해 취합한 모든 데이터는 일반적인 컴퓨터에서 구동되는 프로그램에서 읽을 수 있는 형식으로 변환해야 하기 때문입니다.

데이터 형식을 정의할 때는 몇 가지 경우를 반드시 염두에 두어야 합니다. 예를 들어, 데이터 형식 때문에 아두이노의 귀중한 메모리가 낭비되어서는 안 됩니다. 이 경우 센서 데이터를 다음과 같은 XML 형식으로 표현할 수 있습니다.

```
<sensor-data>
    <temperature>30.05</temperature>
    <distance>51.19</distance>
</sensor-data>
```

확실히 이 방법은 좋은 선택은 아닙니다. 이 데이터 형식을 만들기 위해 실제로 필요한 메모리 공간보다 몇 배의 공간을 낭비하기 때문입니다. 더구나 이 데이터를 해석하기 위해 데이터를 수신하는 응용프로그램에서 XML 파서도 사용해야 합니다.

하지만 이보다 더 좋지 않은 것은 만약 이진 데이터 사용이 강요되거나 데이터를 수신하는 응용프로그램이 이진 데이터를 받을 수밖에 없는 경우입니다. 이 경우 반드시 이진 데이터 형식을 사용해야만 합니다.

대체로 character-separated value(CSV, 문자 분리 값)와 같은 단순한 데이터 형식이 최선의 선택입니다.

5.5 프로세싱을 이용해 컴퓨터로 데이터 전송하기

이 장에서 다루는 모든 프로그램은 시리얼 포트를 이용해 센서 데이터를 컴퓨터로 전송합니다. 하지만 데이터를 아두이노 IDE의 시리얼 모니터를 통해 살펴보기만 하였을 뿐, 아직 응용프로그램에서 사용하지는 않았습니다.

여기에서는 센서 데이터를 그래픽을 이용해 시각화하는 응용프로그램을 만들어 보겠습니다. 프로그램은 반전된 느낌의 수중 음파 탐지기 형태로 구현합니다. 사물과의 거리를 보여주기 위한 원을 그리고 이 원 위에 사물과의 거리를 보여주는 작은 원이 움직이는 형태의 응용프로그램입니다.(127페이지 사진 49 참조)

계획한 응용프로그램을 구현하기 위해 프로세싱 프로그래밍 언어를 사용하겠습니다. 그림 47은 이 프로젝트의 개략적인 구조를 보여주고 있습니다. 프로세싱 코드는 아두이노에서 PING))) 센서를 이용하는 프로그램이 구동되는 동안 컴퓨터에서 구동됩니다. 프로세싱 프로그램과 아두이노 사이의 통신은 시리얼 포트를 통해 이루어집니다.

> **음파 탐지기를 이용해 기후 측정하기**
>
> 미시건 대학의 연구원들은 컴퓨터의 마이크와 스피커만을 이용해 현재 컴퓨터가 사용되고 있는지 아닌지 감지할 수 있는 음파 탐지기를 개발하였습니다.[a] 만약 사용하지 않는 상태면 컴퓨터는 자동으로 화면을 꺼, 에너지를 절약합니다.
> 마이크와 스피커 대신 PING))) 센서를 사용할 수도 있습니다. 앞에서 배운 것을 응용한다면 쉽게 당신만의 시스템을 만들 수 있습니다. 한번 도전해 보세요!
>
> a. http://blog.makezine.com/archive/2009/10/using_sonar_to_save_power.html

프로세싱은 자바 프로그래밍 언어의 확장으로 컴퓨터를 이용한 미디어 아트에 주로 사용됩니다. 프로세싱을 이용하면 매우 쉽게 음향과 2D 혹은 3D 그래픽을 이용한 모션을 제공하는 멀티미디어 응용 프로그램을 제작할 수 있습니다. 프로세싱은 또한 사용자 인터랙션에 적합한 도구이며 잘 정리된 사용자 문서를 제공하고 있습니다.(『Processing: Creative Coding and Computational Art』(아이라 그린버그 지음) 참조)

프로세싱은 기본적으로 프로그래밍 경험이 전무하지만 컴퓨터와 전자장비를 이용해 인터랙티브 아트나 미디어아트를 하고자 하는 디자인을 공부하는 학생들을 위해 제작되었습니다. 이것이 바로 프로세싱이 배우기 쉽고 초보자에게 친숙한 이유입니다. 하지만 많은 사용자들이 프로세싱을 복잡하고 어려운 작업에도 활용합니다. 특히 데이터를 시각적으로 흥미로운 형태로 표현하기 위한 도구로 많이 사용합니다.

프로세싱은 무료로 다운로드받을 수 있고 일반적으로 사용되는 모든 운영 프로그램에서 클릭 한 번으로 인스톨할 수 있습니다. 프로세싱을 구동하면 그림 48과 같은 모습을 볼 수 있습니다. 친숙하지 않은가요? 아두이노 IDE는 바로 프로세싱 IDE에서 영향을 받아 제작되었습니다. 처음부터 새로운 프로그래밍 환경을 제작하는 대신, 아두이노 팀은 프로세싱 IDE를 수정하였습니다. 이러한 이유로 두 IDE가 유사한 형태를 띠고 아두이노 스케치의 확장자가 .pde(Processing Development Environment)로 정의되었습니다.

프로세싱을 아두이노 프로젝트를 위한 기본 개발 환경으로 이용하는 것은 사용하기 쉽고 안정적인 IDE를 무료로 쓸 수 있기 때문만은 아닙니다.

그림 47 음파 탐지 프로젝트의 구조

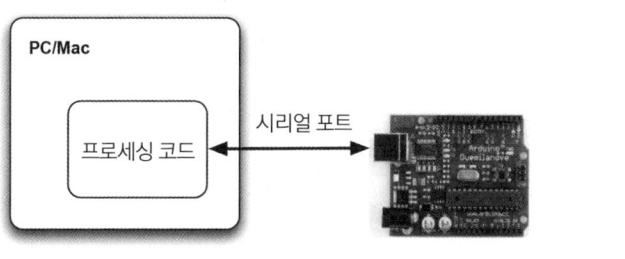

프로세싱과 아두이노를 함께 사용하는 것은 여러 장점이 있습니다.

- 아두이노가 임베디드 컴퓨팅 개발 환경을 단순화하는 동안, 프로세싱은 멀티미디어 응용 프로그램 개발 환경을 단순화하였습니다. 그 덕분에 프로세싱을 이용해 쉽게 여러 가지 멋진 방법으로 센서 데이터를 시각화할 수 있습니다.
- 프로세싱은 배우기 쉽습니다. 특히 자바 언어를 안다면 더욱 쉽습니다.
- 프로세싱은 안정적인 시리얼 통신을 보장합니다.

여러 가지 이유로 프로세싱은 가치가 있지만, 아두이노를 활용할 때 더욱 유용합니다. 이 책에 제시한 여러 예제 역시 이러한 이유 때문에 프로세싱을 사용하고 있습니다.

그림 48 아두이노 IDE는 프로세싱 IDE에서 파생되었습니다.

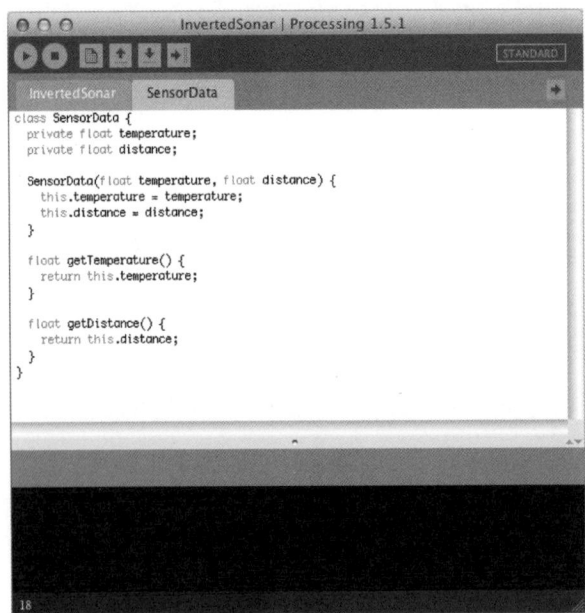

5.6 센서 데이터 표현하기

현재 아두이노 시리얼 포트를 통해 받은 센서 데이터를 표현하기 위한 프로세싱 클래스를 먼저 만들어 봅시다. 아두이노 IDE에서 새 파일을 생성하고 다음과 같이 작성합니다.

```
Download Arduino_1_0/ultrasonic/InvertedSonar/SensorData.pde
class SensorData {
  private float temperature;
  private float distance;

  SensorData(float temperature, float distance) {
    this.temperature = temperature;
    this.distance = distance;
  }

  float getTemperature() {
    return this.temperature;
  }

  float getDistance() {
    return this.distance;
  }
}
```

만약 자바나 C++ 언어에 익숙하다면, 센서 데이터 클래스를 어렵지 않게 이해할 수 있습니다. 이 클래스는 온도 값과 거리 값을 부동 소수점으로 캡슐화하고 getTemperature( )와 getDistance( ) 메서드를 통해 데이터에 접근할 수 있는 접근자를 제공합니다. 생성자를 이용해 센서 데이터 객체를 생성하고, 온도와 거리를 얻을 수 있습니다.

프로세싱은 객체지향 언어이고 **class** 키워드를 이용해 새로운 클래스를 정의할 수 있습니다. 클래스는 클래스 명을 지니고 있으며 데이터(어트리뷰트[attribute] 또는 프로퍼티[property]라고도 함)를 포함하고 있습니다. 그리고 함수(메서드라고도 함)를 지니고 있습니다. 센서 데이터 클래스는 temperature와 distance로 명명된 두 개의 데이터를 포함하고 있습니다. 포함된 데이터의 형식은 float이고 둘 다 외부에서 접근이 제한되어 [private] 있습니다. 이렇게 함으로써 센서 데이터 클래스의 내부 멤버들만 데이터에 접근이 가능합니다. 이러한 구조를 통해 클래스 데이터를 외부에서 쉽게 접근할 때 발생할지 모르는 부작용을 막고, 향후 확장을 용이하게 할 수 있습니다. 클래스는 결코 내부를 노출해서는 안 됩니다.

클래스 내부 데이터의 값을 변경하거나 얻기 위해서는 전역 함수를 사용해야 합니다. 이 클래스에는 SensorData( ), getTemperature( ), getDistance( )로 이루어진 3개의 전역 함수가 있습니다.(Java와 C++ 프로그래머들은 프로세싱에서 특별히 정의하지 않으면 기본적으로 전역으로 선언되는 것에 주의해야 합니다.) 클래스 명과 동일한 이름을 가지는 메서드를 생성자라고 합니다. 그리고 이 생성자를 특정 클래스의 새로운 객체를 생성하고 초기화하는 데 사용합니다. 생성자는 값을 반환하지 않지만, 매개변수를 받을 수는 있습니다. 예를 들어, 센서 데이터 클래스에서는 두 데이터를 초기화하기 위한 두 개의 인자를 생성자에서 사용하고 있습니다.

작성된 클래스를 보면 한 가지 의문이 들지 모릅니다. 생성자에서 사용된 매개변수 명과 클래스의 데이터 명이 같습니다. 만약 아래와 같이 메서드의 매개변수를 동일한 이름을 지닌 클래스의 데이터에 할당하면 어떻게 될까요?

```
temperature = temperature;
distance = distance;
```

이러한 경우 단순하게 모든 메서드의 인자가 자기 자신에게 할당됩니다. 결국 아무 일도 일어나지 않습니다. 이것이 바로 **this** 키워드를 사용하는 이유입니다. **this** 키워드는 클래스 자신을 가리킵니다. 그러므로 메서드 인자와 클래스의 데이터를 구분할 수 있습니다. 메서드 매개변수 명과 클래스 데이터 명을 다르게 사용할 수도 있지만, **this**를 사용하는 방법을 추천합니다.

생성자를 정의한 후 getTemperature와 getDistance 메서드를 정의합니다. 두 메서드는 매우 유사합니다. 반환되는 데이터의 형식을 선언하고 메서드 명을 적습니다. 그리고 괄호 사이에 매개변수를 삽입하는데 이 경우 매개변수는 생략되어 있습니다. 이 메서드들은 **return** 키워드를 사용하여 해당하는 클래스 데이터의 현재 값을 반환합니다. **return** 키워드는 메서드를 중지시키고 메서드의 호출자에게 데이터를 반환합니다.

이제 센서 데이터 객체를 생성하고 초기화할 수 있습니다.

```
SensorData sensorData = new SensorData(31.5, 11.76);
```

이전 구문은 sensorData라는 이름으로 새로운 센서 데이터 객체를 생성하고 온도를 31.5, 거리를 11.76으로 설정합니다. 이 값을 얻기 위해서는 이에 해당하는 'get' 메서드를 사용해야 합니다.

```
sensorData.getTemperature(); // -> 31.5
sensorData.getDistance();    // -> 11.76
```

getTemperature( )와 getDistance( )는 센서 데이터 클래스의 멤버로 클래스의 인스턴스 명을 사용해야만 호출할 수 있습니다. 여기에 사용된 인스턴스 명은 sensorData이며 'get' 메서드를 호출하기 위해 이 인스턴스 명을 적고, 점을 찍고, 사용할 메서드의 이름을 적어야 합니다.

이제 센서 데이터를 저장할 수 있습니다. 그럼 다음 절에서 음파 탐지 응용 프로그램을 만들어 봅시다.

5.7 응용 프로그램의 기초 다지기

이 절에서는 라이브러리 삽입 및 전역 상수와 변수 정의와 같은 애플리케이션에 필요한 모든 상용구를 작성해 봅시다.

Download Arduino_1_0/ultrasonic/InvertedSonar/InvertedSonar.pde

```
import processing.serial.*;
final int WIDTH = 1000;
final int HEIGHT = 1000;
final int xCenter = WIDTH / 2;
final int yCenter = HEIGHT / 2;
final int LINE_FEED = 10;
Serial arduinoPort;
SensorData sensorData;
int degree = 0;
int radius = 0;
```

시리얼 포트를 이용해 아두이노와 통신하기 위해 첫 번째 줄에 프로세싱이 지원하고 있는 시리얼 통신 라이브러리를 삽입하였습니다. import 문은 processing.serial 패키지에 포함된 모든 클래스를 사용하겠다는 의미이며, 프로그램에서 이 클래스들을 사용할 수 있게 해줍니다.

이 응용프로그램의 사이즈는 1000×1000픽셀이며, 응용프로그램의 넓이와 크기, 중심점을 상수로 정의합니다. 그리고 LINE_FEED 상수에 줄바꿈 문자의 아스키 값을 정의합니다. 이 상수는 나중에 아두이노에서 받은 데이터를 해석하는 데 사용됩니다.

그리고 나서 몇 가지 전역 변수를 정의합니다.(프로세싱은 자바에서 파생되었으므로 당연히 전역 변수를 허용합니다.)

- arduinoPort: 프로세싱의 시리얼 클래스의 인스턴스 명. 앞서 삽입된 processing.serial 패키지로부터 파생되며 아두이노와 시리얼 포트 통신 기능이 캡슐화되어 있습니다.
- sensorData: 아두이노에서 응용프로그램으로 전달된 현재 센서 값. 5.6절에서 미리 정의한 SensorData 클래스를 사용하여 119페이지와 같이 센서 데이터를 표현합니다.
- degree: 원 위에 근처에 위치한 사물과의 거리를 시각화할 것입니다. 이 변수는 원 위의 어느 위치에 표기할지 정할 때 사용합니다. 변수의 범위

는 0에서 359입니다.

- radius: 근처에 위치한 사물과의 현재 거리를 반올림으로 상정합니다.

5.8 프로세싱에서 시리얼 통신 구현

이제 시리얼 통신을 이용해 아두이노로부터 데이터를 읽고 아두이노가 보낸 데이터를 해석하는 함수를 작성합니다.

Download Arduino_1_0/ultrasonic/InvertedSonar/InvertedSonar.pde

```
void setup() {
  size(WIDTH, HEIGHT);
  println(Serial.list());
  String arduinoPortName = Serial.list()[0];
  arduinoPort = new Serial(this, arduinoPortName, 9600);
  arduinoPort.bufferUntil(LINE_FEED);
}

void serialEvent(Serial port) {
  sensorData = getSensorData();
  if (sensorData != null) {
    println("Temperature: " + sensorData.getTemperature());
    println("Distance: " + sensorData.getDistance());
    radius = min(300, int(sensorData.getDistance() * 2));
  }
}
SensorData getSensorData() {
  SensorData result = null;
  if (arduinoPort.available() > 0) { readStringUntil(LINE_FEED);
    final String arduinoOutput = arduinoPort.
    result = parseArduinoOutput(arduinoOutput);
  }
  return result;
}
SensorData parseArduinoOutput(final String arduinoOutput) {
  SensorData result = null;
  if (arduinoOutput != null) {
    final int[] data = int(split(trim(arduinoOutput), ','));
    if (data.length == 2)
      result = new SensorData(data[0] / 100.0, data[1] /
                              100.0);
  }
  return result;
}
```

setup( ) 함수는 프로세싱의 기본 함수로 아두이노의 setup( ) 함수와 동일한 기능을 합니다. 프로세싱 실행 환경은 이 함수를 응용프로그램이 시작되는 시점에 한 번 호출하고 응용프로그램을 초기화합니다. size( ) 메서드를 이용해 메서드에서 정의한 넓이와 크기대로 새로운 화면을 생성합니다.(모든 프로세싱 클래스를 설명하는 설명서를 온라인 http://processing.org/reference에서 이용할 수 있습니다.)

화면을 초기화한 다음 시리얼 통신을 준비합니다. 먼저 모든 Serial.list( ) 메서드를 이용해 현재 컴퓨터에 연결된 모든 시리얼 장치를 출력합니다. 그리고 이 시리얼 장치 리스트의 첫 번째 장치를 시리얼 포트의 이름으로 설정합니다. 이 포트가 옳은 포트가 아닐 수 있으므로, 시스템의 시리얼 포트 명을 변경할 수 없도록 직접 작성해 넣거나 시리얼 포트 리스트에서 선택하여 입력할 수 있습니다.

5번째 줄에서는 응용프로그램과 연관된 시리얼 포트 리스트에서 획득한 시리얼 포트를 사용하는 새로운 시리얼 객체를 생성하고(이를 위해 this 키워드를 사용하였습니다), 전송 속도를 9600 baud rate로 설정합니다. 만약 좀 더 빨리 통신하고 싶다면 이 코드와 아두이노 스케치의 전송 속도를 모두 변경해야 합니다.

마지막으로 새로 생성된 시리얼 객체에 줄바꿈 문자가 감지되었을 때만 새로운 시리얼 데이터를 확인하고 싶다고 명령합니다. 줄바꿈 문자를 발견할 때마다 아두이노에서 전송된 데이터 전체를 확인할 수 있습니다.

이 응용프로그램은 비동기 프로그래밍 모델에 기반하여 작성되었습니다. 비동기 프로그래밍 모델이란 새로운 데이터를 반복적으로 요청하지 않고 시리얼 포트로 새로운 데이터가 전송되었을 때만 데이터를 취득하는 방식입니다. 이 방법은 응용프로그램의 상태를 실시간으로 변경할 수 있고 수신된 데이터와 화면상의 표시 사이에 발생할지 모르는 지연을 미리 방지할 수 있습니다.

새로운 데이터가 도착하면 serialEvent( )가 자동으로 호출되고 데이터가 수신된 시리얼 포트를 수신합니다. 여기에서는 단 1개의 시리얼 포트를 사용하므로 이 매개변수를 무시해도 됩니다. 이제 getSensorData( )를 이용해 현재 센서 데이터를 읽을 수 있습니다. 데이터가 발견된다면, 이 데이터를 디버그하는 목적으로 콘솔에 출력할 수 있습니다. 또 거리를 표현하기 위한 반지름으로 설정할 수 있습니다. 시각화에 활용하기 위해 이 거리 값에 2를 곱하고 300㎝보다 큰 값은 생략합니다.

getSensorData( ) 메서드는 어렵지 않게 구현할 수 있습니다. 먼저 19번째 줄에서 시리얼 포트가 이용 가능한지 여부를 확인합니다. getSensorData( ) 메서드가 데이터가 수신되었을 때만 호출되기 때문에 불필요해 보이지만 만약 동기화를 위해 재사용하는 경우 반드시 확인되어야 합니다. 그리고 나서 줄바꿈 문자가 있을 때까지 데이터를 읽어 결과를 parseArduinoOutput( )으로 전달합니다.

프로세싱의 split( ) 메서드를 이용해 출력 구문 분석을 간단하게 처리할 수 있습니다. 코드 28번째 줄을 보면 아두이노에서 얻은 텍스트 라인을 쉼표로 나눕니다.(trim( ) 메서드는 텍스트의 앞과 뒤에 따라오는 여백 문자를 제거합니다). 두 개의 정수 변수 문자 표현으로 이루어진 두 개의 원소를 지닌 배열을 반환합니다. 이 문자열을 int( ) 메서드를 이용해 정수로 변환합니다. 이 경우 int( ) 메서드는 두 개의 문자열을 저장하고 있는 배열을 사용하여 두 개의 정수를 저장하고 있는 배열을 반환하고 있는 것에 유의하세요.

아두이노에서 불완전한 문자열이 수신될 수도 있기 때문에(시리얼 통신은 임의의 바이트 위치에서 시작함) 실제로 두 개의 센서 값이 수신되었는지 확인하는 것이 좋습니다. 만약 정상적으로 데이터가 수신되었다면, 새로운 SensorData 객체를 생성하고 아두이노에서 얻은 온도와 거리로 객체를 초기화합니다.(그 후 이 값을 100으로 나눕니다.)

여기까지가 센서 데이터를 아두이노로부터 비동기적으로 읽을 때 필요한 절차입니다. 이제부터 센서 데이터를 읽을 수 있을 때마다 이 데이터를 취득합니다. 그리고 전역 sensorData와 radius 변수를 자동으로 최신 상태로 유지합니다.

5.9 센서 데이터 시각화하기

지금까지 컴퓨터와 아두이노 사이의 시리얼 통신을 다뤘습니다. 이제 가장 가까운 사물과의 거리를 시각적으로 표현해 봅시다.

Download Arduino_1_0/ultrasonic/InvertedSonar/InvertedSonar.pde

```
Line 1  void init_screen() {
          background(255);
          stroke(0);
          strokeWeight(1);
     5    int[] radius_values = { 300, 250, 200, 150, 100, 50 };
          for (int r = 0; r < radius_values.length; r++) {
            final int current_radius = radius_values[r] * 2;
            ellipse(xCenter, yCenter, current_radius, current_radius);
          }
     10   strokeWeight(10);
        }

        void draw() {
          init_screen();
     15   int x = (int)(radius * Math.cos(degree * Math.PI / 180));
          int y = (int)(radius * Math.sin(degree * Math.PI / 180));
          point(xCenter + x, yCenter + y);
          if (++degree == 360)
            degree = 0;
     20 }
```

init_screen( ) 메서드는 전체 화면을 지우고 배경 색을 흰색으로 설정합니다. stroke(0)를 이용해 선의 색상을 검은색으로 설정한 후 선의 두께를 1픽셀로 설정합니다. 그리고 나서 화면의 중심으로부터 6개의 동심원을 그립니다. 이 원들은 PING))) 센서로부터 가장 가까이에 위치한 물체가 얼마나 멀리 떨어져 있는지 확인하는 데 도움을 줍니다. 마지막으로 선의 두께를 10으로 설정합니다. 그래서 10픽셀 너비의 점을 이용해 센서 값을 시각

그림 49 초음파 센서 감지도

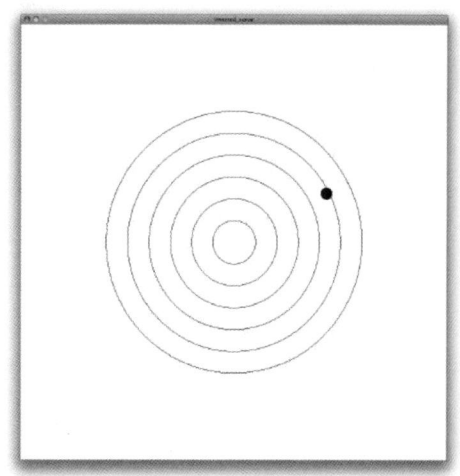

화할 수 있습니다.(그림 49)

　프로세싱은 draw( ) 메서드를 자동으로 현재 프레임 속도에 맞춰 호출합니다(기본 속도는 초당 60프레임). 이 draw( )메서드는 아두이노의 loop( ) 메서드와 동일합니다. 이 경우 화면을 초기화하고 원 위에 위치한 좌표를 계산합니다. 원의 반지름은 아두이노에서 수신된 거리에 따라 결정되며 원 위에서 움직이는 점을 표현합니다. 원의 중심으로부터 이 점 사이의 거리는 PING))) 센서로 측정한 데이터에 의해 결정됩니다.

　센서는 크게 디지털과 아날로그로 이루어져 있다는 것을 배웠습니다. 그리고 이 두 가지 종류의 센서 모두 아두이노와 연결이 가능하며 이 센서에 의해 측정된 값을 컴퓨터로 전송하는 방법을 배웠습니다. 이 두 가지 형식의 다른 입출력을 다루는 것이 모든 피지컬 컴퓨팅의 기준입니다. 이제부터 진행할 모든 프로젝트는 아무리 복잡해도 이 장에서 배운 것을 기초로 합니다.

> **재미있는 센서들**
>
> 초음파 센서로 가까이 위치한 사람을 쉽게 감지할 수 있습니다. 이 기능은 여러 가지 방법으로 유용하게 응용할 수 있습니다. 예를 들어, 누군가 가까이 다가서면 자동으로 열리는 문을 만들 수 있습니다.
>
> 반면에, 단순하게 재미를 위해 이러한 기술을 활용할 수도 있습니다. 보이지 않는 선을 넘으면 우스꽝스러운 효과를 보여주는 호박과 같은 할로윈 장치는 어떤가요?[a] 다음 파티를 위한 재미있는 개그거리가 될 수 있습니다. PING))) 센서를 이용해 한번 도전해보세요.[b]
>
> ---
>
> a. http://www.instructables.com/id/Arduino-controlled-Silly-String-shooter/
> b. http://arduinofun.com/blog/2009/11/01/silly-string-shooting-spider-contest-entry/

5.10 작동하지 않을 때

75페이지 3.8 '작동하지 않을 때'를 다시 한 번 읽어보고, 모든 부품이 브레드보드에 확실하게 꽂혔는지 확인하세요. 특히 PING))) 초음파 센서와 TMP36 온도 센서는 처음 다루는 부품이기 때문에 주의 깊게 살펴보세요. 아두이노의 접지, 전원, 신호선이 각각 센서의 커넥터에 올바르게 연결되었는지 확인해 보세요.

프로세싱이나 아두이노 소프트웨어 코드에 아무런 문제가 없는데도 작동하지 않는다면, 이 책의 웹사이트에서 코드를 다운로드받아서 제대로 작동하는지 확인하세요.

시리얼 통신에 문제가 있다면, 아두이노가 연결된 시리얼 포트를 제대로 선택했는지, 올바른 아두이노 종류를 선택했는지 확인합니다. 아두이노가 다른 포트에 연결되어 있을 수 있습니다. 이런 경우 arduinoPort = new Serial(this, Serial.list()[0], 9600); 이라는 구문에서 0이라고 적힌 인덱스 번호를 변경해야 합니다. 더불어 프로세싱 코드와 시리얼 모니터의 통신 속도(baud rate)가 아두이노 코드상의 통신 속도와 일치하는지 확인하세요.

5.11 예제

- 여러분의 컴퓨터에 누군가가 다가섰을 때 경고를 하는 무인 도난경보기를 만들어 보세요. 가능한 한 영리한 응용프로그램을 만들어 보세요. 예를 들어, 시스템을 시작하자마자 경고 신호를 발생시키지 않으려면 짧은 구동 대기시간이 필요합니다.
- 소리의 속도는 온도에 따라 달라질 뿐만 아니라 습도나 기압에 따라 달라지기도 합니다. 습도나 기압에 따른 소리의 변화에 대한 공식과 이를 응용하기 위한 센서를 사용해 보세요. 이 결과를 바탕으로 더욱 정확하게 거리를 측정할 수 있는 회로를 만들어 봅시다.
- 적외선 센서와 같은 거리를 측정하기 위한 다른 기술을 사용해 보세요. 적당한 센서를 찾아 설명서를 읽고 회로를 만든 후 시리얼 포트로 사물과의 거리를 출력해 봅시다.

6장 움직임 감지 게임 컨트롤러 만들기

사람들이 새로운 기술에 얼마나 빨리 익숙해지는지 생각만 해도 놀랍습니다. 10년 전만 해도 소수의 사람만이 움직임을 감지하는 장치를 사용하게 될 거라고 상상하였습니다. 하지만 오늘날 스마트폰에서 물리적으로 화면을 세로 보기에서 가로 보기로 전환하는 일은 매우 일반적이 되었습니다. 심지어 미취학 아동들조차 닌텐도 위(Wii)와 같은 비디오 게임기에서 움직임으로 조작하는 방법을 직관적으로 알아차립니다. 아두이노를 이용해 자신만의 움직임 감지 장치를 만들 수 있습니다. 이번 장에서 그 방법을 소개할 것입니다.

가장 널리 사용하는 움직임 감지 장치 중 하나인 가속도 센서를 사용해 보겠습니다. 가속도 센서는 위아래, 앞뒤, 좌우에 상관없이 움직이기만 하면 모든 방향에서 움직임을 감지할 수 있습니다. 아이폰이나 닌텐도 위와 같은 대중적인 장치에도 가속도 센서가 내장되어 있습니다. 이것이 바로 가속도 센서가 저렴한 이유입니다.

재미를 위한 프로젝트나 진지한 프로젝트에서 모두 가속도 센서를 쉽게 사용할 수 있습니다. 컴퓨터와 함께 작업할 때, 게임 컨트롤러 또는 그 밖의 다른 입력장치로 사용할 수 있습니다. 운동이나 미로 게임 등에도 활용할 수 있습니다. 또 자동차 등에서 가속도를 측정하는 데 활용할 수도 있습니다.

가속도 센서의 데이터를 정확하게 해석하고 더욱 정밀한 결과를 얻을 수 있는 방법을 배워 보겠습니다. 그리고 가속도 센서를 이용해 움직임 감지 게임 컨트롤러를 만들어 실제 게임에 적용해 볼 것입니다.

6.1 준비물

1. 브레드보드
2. ADXL335 가속도 센서
3. 푸시버튼 1개
4. 10kΩ 저항 1개
5. 전선 약간
6. 아두이노 우노, 두에밀라노베, 디에시밀라 중 하나
7. 컴퓨터에 아두이노를 연결하는 USB 선
8. A 6핀짜리 0.1인치 길이의 표준 헤더

그림 50 이번 장에 필요한 부품

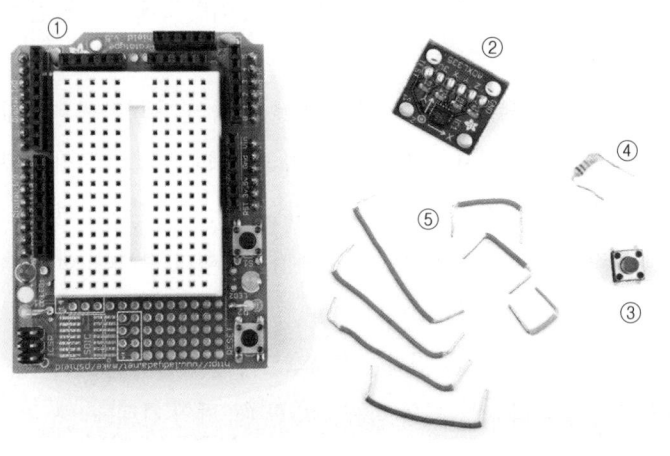

6.2 가속도 센서 연결하기

가속도 센서에는 다양한 종류가 있고 종류마다 감지할 수 있는 축의 개수에 차이가 있습니다. 여기에서는 사용하기 쉽고, 널리 사용되고 있는

그림 51 ADXL335 센서

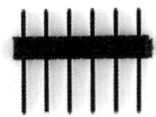

ADXL335 아날로그 센서를 사용합니다.

이번 절에서는 ADXL335센서를 아두이노에 연결하고, 센서에서 수신된 값을 보여주는 데모 프로그램을 만들어 보겠습니다. 이를 통해 센서의 특성을 파악하고 데이터를 해석할 수 있습니다.

그림 51 오른쪽은 ADXL335센서가 장착된 회로도입니다. 센서는 작고 검은 집적회로(IC)로 이루어져 있으며, 나머지는 연결부입니다. 위쪽에는 6 핀짜리 0.1인치 길이의 표준 헤더가 있습니다. 센서에는 GND, Z, Y, X, 3V, TEST라고 표기된 6개의 커넥터가 있습니다. 브레드보드에서 센서를 사용하기 위해 이 커넥터에 헤더 핀을 납땜해야 합니다.

이 헤더 핀은 센서를 브레드보드에 쉽게 장착할 수 있게 해줄 뿐만 아니라 센서를 고정시켜 안정화하는 데 도움을 줍니다. 왼쪽 사진에서 연결된 모습을 볼 수 있습니다. 납땜을 해 본 경험이 없어도 걱정하지 않아도 됩니다. 부록 A2에 납땜하는 방법을 자세히 설명해 두었습니다.

TEST라고 표시된 커넥터는 무시해도 됩니다. 남은 커넥터의 용도는 분명합니다. 센서에 전원을 공급하기 위해 GND 커넥터를 아두이노의 접지핀에, 3V 커넥터를 아두이노의 3.3V 전원 공급 핀에 연결합니다. X, Y, Z 커넥터는 각각 X축, Y축, Z축의 가속도 데이터를 전송하는 데 사용합니다.

5장 5.4에서 사용한 TMP36 온도 센서처럼 ADXL335는 아날로그 센서이며 가속도 값을 전압으로 전환하여 출력합니다. 그러므로 X, Y, Z 커넥터 모두 각각 3개의 아두이노 아날로그 핀에 연결합니다. 여기서는 Z커넥터는 아날로그 0번 핀에, Y커넥터는 아날로그 1번 핀에, X커넥터는 아날로그 2번 핀에 연결합니다.(그림 51을 확인하고, 센서의 표기와 실제로 사용하는 센서의 표기를 비교해 보세요.) 지금까지 ADXL335 센서를 아두이노에 연결하는 방법을 알아보았습니다. 이제 사용해 봅시다.

6.3 가속도 센서에 생명 불어넣기

새로운 장치에 익숙해지기 위한 가장 쉬운 방법은 바로 센서를 연결해서 데이터를 살펴보는 것입니다. 다음 예제는 세 축의 입력 값을 읽은 후 시리얼 포트로 출력합니다.

```
Download Arduino_1_0/MotionSensor/SensorTest/SensorTest.ino
const unsigned int X_AXIS_PIN = 2;
const unsigned int Y_AXIS_PIN = 1;
const unsigned int Z_AXIS_PIN = 0;
const unsigned int BAUD_RATE = 9600;

void setup( ) {
   Serial.begin(BAUD_RATE);
}

void loop( ) {
   Serial.print(analogRead(X_AXIS_PIN));
   Serial.print(" ");
   Serial.print(analogRead(Y_AXIS_PIN));
   Serial.print(" ");
   Serial.println(analogRead(Z_AXIS_PIN));
   delay(100);
}
```

이 예제는 가장 단순한 형태의 프로그램입니다. 3개의 아날로그 핀을 정의하기 위한 상수를 먼저 선언하고 setup( ) 함수에서 시리얼 포트를 초기

그림 52 ADXL335 센서를 아두이노에 연결하기

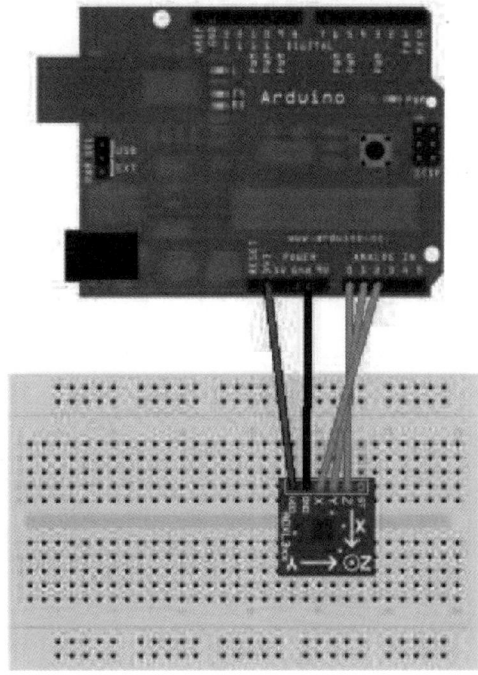

화합니다. 여기서 아날로그 핀을 입력으로 미리 설정하지 않은 것이 눈에 띌 것입니다. 입력이 기본값이기 때문에 꼭 입력으로 설정할 필요가 없습니다.

loop( ) 함수에서 주기적으로 아날로그 핀에서 입력 받은 값을 시리얼 포트로 출력합니다. 시리얼 모니터를 열어 센서를 이리저리 움직여 보면 다음과 유사한 출력 값을 확인할 수 있습니다.

```
344 331 390
364 276 352
388 286 287
398 314 286
376 332 289
370 336 301
379 338 281
```

6장 움직임 감지 게임 컨트롤러 만들기 **135**

이 값들은 x축, y축, z축에서 획득한 데이터를 나타냅니다. 예를 들어 센서를 x축으로만 움직이면 첫 번째 값이 이 움직임에 따라 변하는 것을 확인할 수 있습니다. 다음 장에서 이 값들을 자세히 살펴봅니다.

6.4 노이즈를 찾아 다듬기

우리를 둘러싸고 있는 물리적 세계는 종종 완벽함과는 거리가 멉니다. 대다수의 센서가 출력하는 데이터는 완벽하지 않으며, 가속도 센서도 예외가 아닙니다. 근소하게 최솟값, 최댓값이 다르게 출력되고, 가끔은 엉뚱한 값이 출력되기도 합니다. 심지어 센서를 가만히 두는 동안에도 값이 변하거나 정확하지 않은 값을 출력하기도 합니다. 이번 장에서는 센서의 최솟값과 최댓값을 결정하고, 엉뚱한 출력 값(지터jitter)을 걸러내는 방법을 배워봅시다.

센서의 에지 값을 찾는 것은 쉬운 일이지만, 자동으로 이 값을 처리하는 것은 어렵습니다. 센서가 움직이는 동안 센서 값을 끊임없이 읽어야 합니다. 지금부터 이 작업을 진행할 프로그램을 만들어 봅시다.

```
Download Arduino_1_0/MotionSensor/SensorValues/SensorValues.ino
const unsigned int X_AXIS_PIN = 2;
const unsigned int Y_AXIS_PIN = 1;
const unsigned int Z_AXIS_PIN = 0;
const unsigned int BAUD_RATE = 9600;

int min_x, min_y, min_z;
int max_x, max_y, max_z;

void setup() {
  Serial.begin(BAUD_RATE);
  min_x = min_y = min_z = 1000;
  max_x = max_y = max_z = -1000;
}

void loop() {
  const int x = analogRead(X_AXIS_PIN);
```

```
        const int y = analogRead(Y_AXIS_PIN);
        const int z = analogRead(Z_AXIS_PIN);

        min_x = min(x, min_x); max_x = max(x, max_x);
        min_y = min(y, min_y); max_y = max(y, max_y);
        min_z = min(z, min_z); max_z = max(z, max_z);

        Serial.print("x(");
        Serial.print(min_x);
        Serial.print("/");
        Serial.print(max_x);
        Serial.print("), y(");
        Serial.print(min_y);
        Serial.print("/");
        Serial.print(max_y);
        Serial.print("), z(");
        Serial.print(min_z);
        Serial.print("/");
        Serial.print(max_z);
        Serial.println(")");
    }
```

세 축의 최솟값, 최댓값을 저장하기 위한 변수를 선언하고 분명한 센서 출력 범위 값(-1000에서 1000)으로 이 변수를 초기화합니다. loop( ) 함수에서 세 축의 가속도를 끊임없이 측정하고 이 값을 최솟값, 최댓값에 따라 조정합니다.

이 스케치를 컴파일하고 업로드한 후 브레드보드에 부착된 센서를 모든 방향에 걸쳐 움직여 봅니다. 그다음 모든 축 방향으로 기울여 봅니다. 천천히 또는 빠르게 움직여 보기도 하고, 천천히 혹은 빠르게 기울여 봅니다. 긴 전선을 이용해 조심스럽게 브레드보드를 움직이거나 돌려 봅니다. 그래야 연결이 끊어지는 사고를 미연에 방지할 수 있습니다.

곧 최솟값과 최댓값이 안정되고 다음과 같은 값을 얻을 수 있습니다.

x(247/649), y(253/647), z(278/658)

이 값들은 추후에 사용해야 하므로 메모해 둡니다. 가속도 센서로 자신만의 센서 실험을 할 때 이 값이 필요합니다.

이제 지터jitter를 제거하는 방법을 알아봅시다. 방법은 매우 간단합니다.

가속도 데이터를 즉시 반환하는 대신에 이전에 취득한 데이터의 평균값을 반환하면 됩니다. 이렇게 하면 고르지 못한 값들을 고르게 만들 수 있습니다. 이제 코드를 살펴봅시다.

Download Arduino_1_0/MotionSensor/Buffering/Buffering.ino

```
Line  1   const unsigned int X_AXIS_PIN = 2;
          const unsigned int Y_AXIS_PIN = 1;
          const unsigned int Z_AXIS_PIN = 0;
          const unsigned int NUM_AXES = 3;
      5   const unsigned int PINS[NUM_AXES] = {
            X_AXIS_PIN, Y_AXIS_PIN, Z_AXIS_PIN
          };
          const unsigned int BUFFER_SIZE = 16;
          const unsigned int BAUD_RATE = 9600;
     10   int buffer[NUM_AXES][BUFFER_SIZE];
          int buffer_pos[NUM_AXES] = { 0 };

          void setup() {
            Serial.begin(BAUD_RATE);
     15   }

          int get_axis(const int axis) {
            delay(1);
            buffer[axis][buffer_pos[axis]] = analogRead(PINS[axis]);
     20     buffer_pos[axis] = (buffer_pos[axis] + 1) % BUFFER_SIZE;
            long sum = 0;
            for (unsigned int i = 0; i < BUFFER_SIZE; i++)
              sum += buffer[axis][i];
            return round(sum / BUFFER_SIZE);
     25   }

          int get_x() { return get_axis(0); }
          int get_y() { return get_axis(1); }
          int get_z() { return get_axis(2); }
     30   void loop() {
            Serial.print(get_x());
            Serial.print(" ");
            Serial.print(get_y());
            Serial.print(" ");
     35     Serial.println(get_z());
          }
```

앞선 예제들과 마찬가지로, 사용할 핀을 정의하기 위한 상수를 먼저 선언합니다. 이번에는 측정할 축의 개수를 정의하는 NUM_AXES라는 상수를 추가로 선언합니다. 그리고 여기서 사용하는 핀의 리스트를 포함하고 있는 PINS라는 배열을 선언합니다. 이 배열은 프로그램을 더욱 포괄적으로 유지하는 데 도움을 줍니다.

10번째 줄에서 모든 축에 대한 버퍼를 선언합니다. 여기에는 측정한 센서 데이터를 채우고 평균값을 계산할 때 사용합니다. 각각 버퍼에 현재 위치를 저장해야 합니다. 그러므로 11번째 줄에 버퍼 위치를 저장하기 위한 배열을 정의합니다.

setup( ) 함수는 시리얼 포트를 초기화합니다. 실제 동작은 get_axis( ) 함수에서 이루어집니다. 이 함수는 아날로그 핀을 전환하기 위해 아두이노에 짧은 대기시간을 주는 것으로 시작합니다. 이 대기시간이 없으면 좋은 데이터를 얻기 어렵습니다.

이것은 일종의 속임수입니다. 이 프로그램의 효과를 확인해 보려면, 센서를 책상 위에 가만히 올려둔 다음 버퍼 사이즈를 늘려가면서 프로그램을 구동합니다. 센서를 가만히 두면, 프로그램의 출력이 변하지 않습니다. 하지만 만약 BUFFER_SIZE 상수를 1로 설정하면, 곧바로 값의 변동을 감지할 수 있습니다. 버퍼를 충분히 크게 잡는 순간 이 변동이 사라집니다.

이제부터 측정된 가속도 센서 데이터는 사용하기에 적합하도록 정밀하게 제공됩니다. 드디어 예상치 못한 값이 출력될 염려가 없는 정밀한 게임 컨트롤러를 만들 준비가 되었습니다.

6.5 자신만의 게임 컨트롤러 만들기

본격적으로 게임 컨트롤러를 만들기 위해 브레드보드에 버튼을 추가합니다. 그림 53은 버튼을 추가하는 방법을 보여주고 있습니다.(회로 보드에 새겨진 핀 번호를 비교, 확인해 보세요.)

지금까지 만들어본 장치는 전형적인 게임 컨트롤러처럼 보이진 않습니다. 여기서는 컨트롤러를 위한 고급스러운 외장을 만들지는 않을 것입니

그림 53 가속도 센서와 푸시버튼으로 만든 게임 컨트롤러

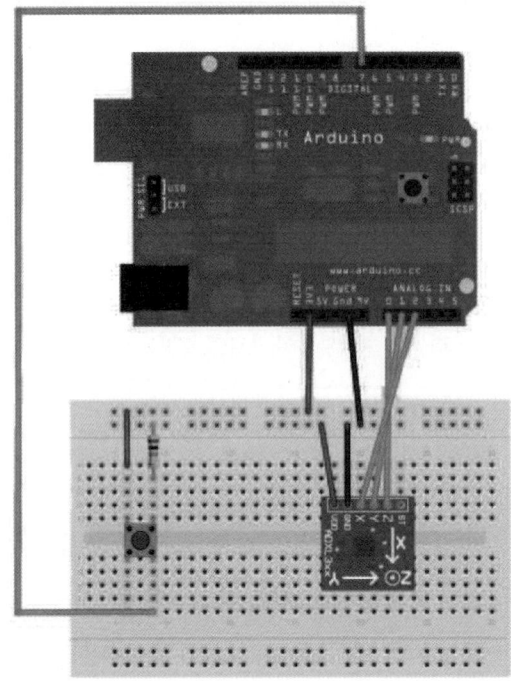

다. 하지만 인간공학에 대해 잠시 고민하였습니다. 예제에 사용한 브레드보드는 쉽게 망가질 수 있습니다. 이 때문에 아두이노에 연결된 보드를 쥐고 흔드는 것은 거의 불가능합니다. 얼마 지나지 않아 전선이 뽑혀 컨트롤러가 작동을 멈출지 모릅니다.

이 문제를 해결하기 위해 고무줄을 이용해 아두이노와 브레드보드를 묶을 수 있습니다. 문제를 해결할 수는 있지만, 외관이 좋아 보이지 않습니다. 더군다나 여전히 손에 쥐기에는 많이 부족해 보입니다.

가장 좋은 방법은 아두이노 프로토타이핑 실드를 사용하는 것입니다.(그림 54 참조) 프로토타이핑 실드는 아두이노에 꽂았다 뺄 수 있는 형태의 브레드보드로 빠르게 회로를 구성할 수 있습니다. 이 브레드보드는

그림 54 아두이노 프로토타이핑 실드

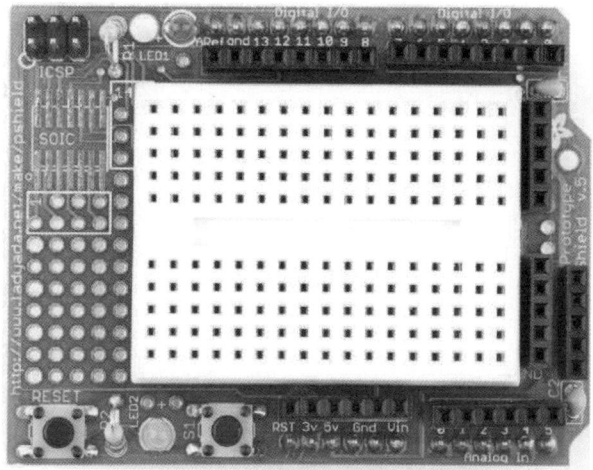

아두이노 핀으로 둘러싸여 있어서, 긴 선이 필요 없습니다. 실드는 아두이노의 효용성을 높여주는 아주 좋은 도구이며 다양한 목적에 맞춰 이더넷, 사운드, 디스플레이와 같은 실드를 추가할 수 있습니다.

그림 55에서 프로토 실드를 게임 컨트롤러에 사용한 예를 확인할 수 있습니다. 어떤가요? 딱이죠?

이제 하드웨어는 준비되었으니 게임 컨트롤러 소프트웨어를 완성해 봅시다. 이 소프트웨어는 추가한 버튼을 지원하고, 136페이지 6.4에서 만든 데이터 튐 방지 기능을 제공합니다.

```
Download Arduino_1_0/MotionSensor/Controller/Controller.ino

#include <Bounce.h>
const unsigned int BUTTON_PIN = 7;
const unsigned int X_AXIS_PIN = 2;
const unsigned int Y_AXIS_PIN = 1;
const unsigned int Z_AXIS_PIN = 0;
const unsigned int NUM_AXES = 3;
const unsigned int PINS[NUM_AXES] = {
  X_AXIS_PIN, Y_AXIS_PIN, Z_AXIS_PIN
```

그림 55 프로토 실드로 완성한 게임 컨트롤러

```
};
const unsigned int BUFFER_SIZE = 16;
const unsigned int BAUD_RATE = 19200;
int buffer[NUM_AXES][BUFFER_SIZE];
int buffer_pos[NUM_AXES] = { 0 };

Bounce button(BUTTON_PIN, 20);

void setup() {
  Serial.begin(BAUD_RATE);
  pinMode(BUTTON_PIN, INPUT);
}

int get_axis(const int axis) {
  delay(1);
  buffer[axis][buffer_pos[axis]] = analogRead(PINS[axis]);
  buffer_pos[axis] = (buffer_pos[axis] + 1) % BUFFER_SIZE;

  long sum = 0;
  for (unsigned int i = 0; i < BUFFER_SIZE; i++)
    sum += buffer[axis][i];
  return round(sum / BUFFER_SIZE);
}
int get_x() { return get_axis(0); }
int get_y() { return get_axis(1); }
```

```
int get_z() { return get_axis(2); }

void loop() {
  Serial.print(get_x());
  Serial.print(" ");
  Serial.print(get_y());
  Serial.print(" ");
  Serial.print(get_z());
  Serial.print(" ");
  if (button.update())
    Serial.println(button.read() == HIGH ? "1" : "0");
  else
    Serial.println("0");
}
```

69페이지 3.7 '주사위 게임 만들기'에서 버튼을 디바운스(불규칙한 값을 제거하는 데 사용하는 패턴) 처리하기 위해 사용한 Bounce 클래스를 다시 사용하겠습니다. 나머지 코드는 매우 간단합니다. 그중 반드시 짚고 넘어가야 하는 것은 데이터를 제대로 전송하기 위해 19200bps를 선택하여 사용한다는 것입니다.

프로그램을 컴파일하고 업로드한 후 시리얼 터미널을 실행시킵니다. 그런 다음 컨트롤러를 작동해 봅시다. 이리저리 움직여 보고, 버튼도 눌러 봅니다. 그러면 다음과 같이 출력될 것입니다.

```
324 365 396 0
325 364 397 0
325 364 397 1
325 364 397 0
325 365 397 0
325 365 397 1
326 364 397 0
```

손수 만든 게임 컨트롤러 치고 제법 괜찮습니다. 이 컨트롤러를 지원하는 게임이 있다면 더욱 유용하지 않을까요? 다음 절에서 만들어 봅시다.

6.6 자신만의 게임 만들기

게임 컨트롤러를 테스트하기 위해, 프로세싱에서 간단한 벽돌 깨기 게임을 만들어 보겠습니다. 이 게임의 목표는 스크린의 상단에 있는 벽돌을 공을 이용해 깨뜨리는 것입니다. 스크린 하단에 있는 막대기를 조작해서 공을 튕겨낼 수 있습니다. 그리고 x축 방향으로 컨트롤러를 기울여 이 라켓을 좌우로 움직일 수 있습니다. 아래 그림 56을 참조하세요.

그림 56 벽돌 깨기 게임

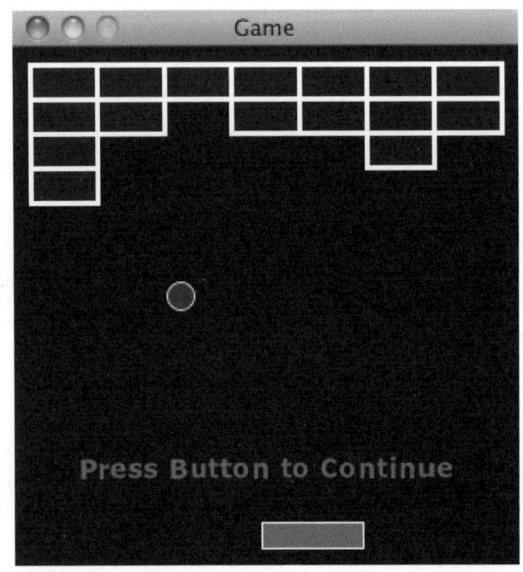

이 책이 게임 프로그래밍 관련 서적은 아니지만, 게임을 다룬다고 해서 손해 볼 것은 없습니다. 특히 프로세싱을 가지고 게임을 프로그래밍하는 것은 정말 재미있습니다. 이 책의 공식 웹사이트에서 코드를 다운받아, 코드를 살펴보기 전에 게임을 먼저 즐겨 보세요.

게임 컨트롤러는 시리얼 포트를 통해 연결되기 때문에 초기화 과정을 진행해야 합니다.

Download Arduino_1_0/MotionSensor/Game/Game.pde

```
import processing.serial.*;
Serial arduinoPort;
```

그런 뒤 게임을 쉽게 사용자에 맞게 정의할 수 있도록 몇 가지 상수를 정의합니다.

Download Arduino_1_0/MotionSensor/Game/Game.pde

```
final int COLUMNS = 7;
final int ROWS = 4;
final int BALL_RADIUS = 8;
final int BALL_DIAMETER = BALL_RADIUS * 2;
final int MAX_VELOCITY = 8;
final int PADDLE_WIDTH = 60;
final int PADDLE_HEIGHT = 15;
final int BRICK_WIDTH = 40;
final int BRICK_HEIGHT = 20;
final int MARGIN = 10;
final int WIDTH = COLUMNS * BRICK_WIDTH + 2 * MARGIN;
final int HEIGHT = 300;
final int X_AXIS_MIN = 252;
final int X_AXIS_MAX = 443;
final int LINE_FEED = 10;
final int BAUD_RATE = 19200;
```

이 값들은 대부분 따로 설명이 필요 없습니다. 화면에 등장하는 오브젝트의 크기를 정의하는 데 사용됩니다. 예를 들어, PADDLE_WIDTH는 라켓의 크기를 픽셀로 나타냅니다. COLUMNS과 ROWS는 한 줄에 벽돌이 몇 개인지, 그리고 몇 줄 쌓여 있는지를 나타냅니다. X_AXIS_MIN과 X_AXIS_MAX는 6.4절에서 여러분의 센서를 가지고 측정한 최솟값과 최댓값으로 반드시 변경해야 합니다. 이제 어떻게 게임에 등장하는 객체들을 표현하는지 알아봅시다.

Download Arduino_1_0/MotionSensor/Game/Game.pde

```
int px, py;
```

```
int vx, vy;
int xpos = WIDTH / 2;
int[][] bricks = new int[COLUMNS][ROWS];
```

먼저 공의 현재 x, y 좌표를 변수 px, py에 저장합니다. 현재 x축 가속도와 y축 가속도를 저장하기 위해 vx와 vy를 선언합니다. bricks는 현재 스크린에 위치한 벽돌의 상태를 저장하기 위한 이차원 배열입니다. 만약 배열 요소가 1로 되어 있다면 해당 벽돌은 아직 스크린에 나타나 있는 것이고, 0이라면 이미 파괴되어 사라졌다는 뜻입니다.

마지막으로 게임에 필요한 상태를 저장할 변수가 필요합니다.

Download Arduino_1_0/MotionSensor/Game/Game.pde

```
boolean buttonPressed = false;
boolean paused = true;
boolean done = true;
```

buttonPressed는 컨트롤러의 버튼이 눌렸을 때 true로 설정됩니다. 만약 눌리지 않았다면 false로 설정합니다. paused는 현재 게임이 잠시 멈췄는지 아닌지 알려줍니다. done은 모든 벽돌을 파괴하여 게임을 마무리하였을 때 true로 설정합니다.

모든 프로세싱 프로그램은 setup( ) 함수를 필요로 합니다. 여기 예제가 있습니다.

Download Arduino_1_0/MotionSensor/Game/Game.pde

```
void setup() {
  size(WIDTH, HEIGHT);
  noCursor();
  textFont(loadFont("Verdana-Bold-36.vlw"));
  initGame();
  println(Serial.list());
  arduinoPort = new Serial(this, Serial.list()[0], BAUD_
RATE);
  arduinoPort.bufferUntil(LINE_FEED);
}

void initGame() {
```

```
    initBricks();
    initBall();
}

void initBricks() {
  for (int x = 0; x < COLUMNS; x++)
    for (int y = 0; y < ROWS; y++ )
      bricks[x][y] = 1;
}

void initBall() {
  px = width / 2;
  py = height / 2;
  vx = int(random(-MAX_VELOCITY, MAX_VELOCITY));
  vy = -2;
}
```

setup() 함수는 화면을 초기화하고 noCursor() 함수를 이용해 마우스 포인터를 숨깁니다. 그리고 메시지 출력을 위한 폰트를 설정합니다 (프로세싱 폰트 설정 방법 Tools 〉 Create Font 메뉴로 이동). 그러고 나서 initGame()을 호출하여 벽돌 배열을 초기화하고, 공의 현재 위치와 속도를 설정합니다. 좀 더 재미를 부여하기 위해 x 방향 속도는 랜덤 값으로 설정합니다. 여기서 y 방향 속도는 적당한 속도로 공을 떨어트리기 위해 -2로 설정합니다.

이제 모든 초기화 과정을 마쳤습니다. 게임의 메인 로직을 작성해야 합니다. 프로세싱의 draw() 함수가 최적의 위치입니다.

`Download Arduino_1_0/MotionSensor/Game/Game.pde`

```
void draw() {
  background(0);
  stroke(255);
  strokeWeight(3);

  done = drawBricks();
  if (done) {
    paused = true;
    printWinMessage();
  }

  if (paused)
```

```
    printPauseMessage();
  else
    updateGame();

  drawBall();
  drawPaddle();
}
```

화면을 깨끗이 지우고 검은색으로 스크린을 채울 때 background( ) 함수를 사용합니다. 그리고 나서 외곽선의 색상을 흰색으로 설정하고 두께를 3픽셀로 설정합니다. 이제 남은 벽돌을 그립니다. 만약 남은 벽돌이 더 이상 없다면, 게임을 잠시 멈추고 "You Win!"이라는 메시지를 출력합니다.

만약 게임을 중간에 멈추면 이 상황에 맞는 메시지를 출력하고, 그렇지 않다면 현재 게임 상태를 업데이트합니다. 마지막으로 아래와 같은 함수를 사용해 공과 막대기가 있어야 할 위치에 공과 막대기를 그립니다.

Download Arduino_1_0/MotionSensor/Game/Game.pde

```
boolean drawBricks() {
  boolean allEmpty = true;
  for (int x = 0; x < COLUMNS; x++) {
    for (int y = 0; y < ROWS; y++) {
      if (bricks[x][y] > 0) {
        allEmpty = false;
        fill(0, 0, 100 + y * 8);
        rect(
          MARGIN + x * BRICK_WIDTH,
          MARGIN + y * BRICK_HEIGHT,
          BRICK_WIDTH,
          BRICK_HEIGHT
        );
      }
    }
  }
  return allEmpty;
}

void drawBall() {
  strokeWeight(1);
  fill(128, 0, 0);
  ellipse(px, py, BALL_DIAMETER, BALL_DIAMETER);
}
```

```
void drawPaddle() {
  int x = xpos - PADDLE_WIDTH / 2;
  int y = height - (PADDLE_HEIGHT + MARGIN);
  strokeWeight(1);
  fill(128);
  rect(x, y, PADDLE_WIDTH, PADDLE_HEIGHT);
}
```

보다시피 공은 단순한 원이고 벽돌과 막대기는 사각형입니다. 좀 더 효과적으로 보이게 공과 막대기에 외곽선을 그려줍니다.

게임에 필요한 메시지를 출력하는 것 역시 간단합니다.

Download Arduino_1_0/MotionSensor/Game/Game.pde

```
void printWinMessage() {
  fill(255);
  textSize(36);
  textAlign(CENTER);
  text("YOU WIN!", width / 2, height * 2 / 3);
}

void printPauseMessage() {
  fill(128);
  textSize(16);
  textAlign(CENTER);
  text("Press Button to Continue", width / 2, height * 5 / 6);
}
```

update( ) 함수는 게임의 상태를 꾸준히 바꿔주기 때문에 매우 중요합니다. 벽돌과 공의 충돌을 확인하거나 공을 움직이는 따위의 역할을 합니다.

Download Arduino_1_0/MotionSensor/Game/Game.pde

```
void updateGame() {
  if (ballDropped()) {
    initBall();
    paused = true;
  } else {
    checkBrickCollision();
    checkWallCollision();
    checkPaddleCollision();
    px += vx;
```

6장 움직임 감지 게임 컨트롤러 만들기 **149**

```
    py += vy;
  }
}
```

플레이어가 막대기로 공을 치지 못하고 스크린 밖으로 공이 나가 버렸을 때 게임은 멈춥니다. 버튼을 누른 후 게임을 이어서 계속할 수 있습니다. 마지막으로, 생명 수치를 깎고 이 생명 수치가 0이 되었을 때 "Game Over"라는 메시지를 출력합니다.

공이 날아다니고 있다면, 충돌 체크를 반복적으로 해야 합니다. 공이 한 번 혹은 여러 번 벽돌에 충돌했는지 확인하고, 벽을 쳤는지 혹은 막대기에 충돌했는지 확인해야 합니다. 그런 뒤 공의 새로운 위치를 계산합니다. 충돌 체크는 복잡해 보이지만, 매우 간단합니다. 공의 위치와 스크린상의 다른 객체(벽돌)의 위치를 한 번만 비교하면 됩니다.

Download Arduino_1_0/MotionSensor/Game/Game.pde

```
boolean ballDropped() {
  return py + vy > height - BALL_RADIUS;
}
boolean inXRange(final int row, final int v) {
  return px + v > row * BRICK_WIDTH &&
         px + v < (row + 1) * BRICK_WIDTH + BALL_DIAMETER;
}
boolean inYRange(final int col, final int v) {
  return py + v > col * BRICK_HEIGHT &&
         py + v < (col + 1) * BRICK_HEIGHT + BALL_DIAMETER;
}

void checkBrickCollision() {
  for (int x = 0; x < COLUMNS; x++) {
    for (int y = 0; y < ROWS; y++) {
      if (bricks[x][y] > 0) {
        if (inXRange(x, vx) && inYRange(y, vy)) {
          bricks[x][y] = 0;
          if (inXRange(x, 0)) // Hit top or bottom of brick.
            vy = -vy;
          if (inYRange(y, 0)) // Hit left or right side of brick.
            vx = -vx;
        }
      }
```

```
      }
    }
  }

  void checkWallCollision() {
    if (px + vx < BALL_RADIUS || px + vx > width - BALL_RADIUS)
      vx = -vx;

    if (py + vy < BALL_RADIUS || py + vy > height - BALL_
RADIUS)
      vy = -vy;
  }

  void checkPaddleCollision() {
    final int cx = xpos;
    if (py + vy >= height - (PADDLE_HEIGHT + MARGIN + 6) &&
        px >= cx - PADDLE_WIDTH / 2 &&
        px <= cx + PADDLE_WIDTH / 2)
    {
      vy = -vy;
      vx = int(
          map(
            px - cx,
            -(PADDLE_WIDTH / 2), PADDLE_WIDTH / 2,
            -MAX_VELOCITY,
            MAX_VELOCITY
          )
        );
    }
  }
```

충돌 체크는 필요하다면 공의 가속도를 바꾸는 데도 사용합니다.

이제 공을 움직여 봅시다. 막대기가 움직여야 공정한 게임이 될 수 있습니다. 앞서 얘기했듯이, 게임 컨트롤러를 x축으로 기울이면 막대기를 제어할 수 있습니다. 이제 시리얼 포트를 통해 컨트롤러로부터 데이터를 얻는 코드를 작성해 봅시다.

Download Arduino_1_0/MotionSensor/Game/Game.pde

```
Line 1  void serialEvent(Serial port) {
     -    final String arduinoData = port.readStringUntil(LINE_FEED);
     -
     -    if (arduinoData != null) {
```

```
5       final int[] data = int(split(trim(arduinoData), ' '));
        if (data.length == 4) {
          buttonPressed = (data[3] == 1);
          if (buttonPressed) {
            paused = !paused;
10          if (done) {
              done = false;
              initGame();
            }
          }
15        if (!paused)
            xpos = int(map(data[0], X_AXIS_MIN, X_AXIS_MAX, 0, WIDTH));
        }
      }
    }
```

프로세싱은 시리얼 포트에서 새로운 데이터가 필요할 때마다 serialEvent( ) 함수를 호출합니다. 컨트롤러는 데이터를 한 줄씩 전송합니다. 한 줄마다 x, y, z축과 현재 버튼 상태가 담겨 있습니다. 이 모든 속성이 공백으로 구분되어 있습니다. 그러므로 serialEvent( ) 함수에서는 새로운 줄을 읽고 공백 문자를 기준으로 속성을 나눠 배열에 저장합니다. 그리고

움직임 감지 기술을 이용한 재미있는 예제

움직임(모션) 감지 기술이 대중화되고 저렴해진 이후, 사람들은 믿을 수 없을 만큼 멋지고 재미있는 프로젝트를 만들어냈습니다. 재미있는 예로 Brushduino[a]가 있습니다. 이 작품은 한 아버지가 어린 자식이 올바르게 이를 닦을 수 있도록 독려하기 위해 만들었습니다. Brushduino의 주요 부품은 아두이노와 떨어져 연결된 삼축 가속도 센서입니다. Brushduino는 LED를 이용해 다음에 닦아야 할 입안의 부위를 지시하고, 그 부위를 성공적으로 닦을 때마다 슈퍼마리오의 배경음악을 재생합니다. 멋진 장난감을 만들기 위해 가속도 센서가 꼭 필요한 것은 아닙니다. 일반적인 기울기 센서로도 충분히 인터랙티브한 콩주머니 게임[b]을 만들 수 있습니다. 이 콩주머니는 주머니를 때릴 때마다 깜박임과 함께 소리를 내고 30번 성공적으로 때리면 음악을 재생합니다.

---

a. http://camelpunch.blogspot.com/2010/02/blog-post.html
b. http://blog.makezine.com/archive/2010/03/arduino-powered_hacky-sack_game.html

이렇게 나눈 결과를 int 값으로 변환합니다. 이 모든 것이 코드 5번째 줄에서 이루어집니다.

이제 실제로 4개의 속성을 받았는지 확인합니다. 그리고 나서 플레이어가 컨트롤러의 버튼을 눌렀는지 확인합니다. 눌렀으면, pause의 상태를 변경합니다. 만약 현재 게임이 멈춤 상태라면 게임을 계속하고, 반대라면 게임을 멈춥니다. 또, 게임이 끝났는지도 확인해야 합니다. 그렇다면 새로운 게임을 시작합니다.

마지막으로, 16번째 줄에서 현재 X축 가속도 값을 읽어, 막대기가 있을 수 있는 위치에 x 좌표를 매핑합니다. 이제 게임 컨트롤러를 이용해 막대기를 움직이는 데 필요한 모든 작업을 마쳤습니다. 컨트롤러를 이용해 게임을 컨트롤한다거나 완전히 다른 형태의 소프트웨어를 다룰 때에도 전혀 문제가 없습니다. 여러분은 단지 필요할 때마다 4개의 정수 값을 시리얼 포트로 읽기만 하면 됩니다.

이번 절에서는 아두이노 프로그래밍이나 하드웨어보다 게임 프로그래

아두이노로 게임 만들기

아두이노를 이용해 더욱 멋진 자신만의 게임 컨트롤러를 만들 수 있습니다. 또한 멋진 게임도 만들 수 있습니다. 적당한 확장 실드만 있다면, 강력한 게임기로 아두이노를 둔갑시킬 수 있습니다.[a] 가격이 제법 나가는 편이지만, 아두이노가 320x200픽셀의 OLED 터치 스크린과 아날로그 조이스틱, 두 개의 버튼, 심지어는 포스 피드백을 위한 진동 모터를 갖추게 됩니다.

더 저렴한 방법으로 눈을 돌려보면, 누군가 최소한의 하드웨어 사양으로 만든 슈퍼마리오와 유사한 게임이 있습니다.[b] 아두이노를 한계에서 해방시킨 믿을 수 없을 만큼 창조적인 완벽한 예라고 할 수 있습니다.

a. http://antipastohw.blogspot.com/2009/02/getting-started-with-gamepack-in-3.html
b. http://blog.makezine.com/2010/03/08/super-mario-brothers-with-an-arduin/

밍에 대해 알아보았습니다. 하지만 잘 만들어진 전자기기와 일반적인 소프트웨어를 결합하는 작업이 그리 어렵지 않다는 것을 배웠습니다. 조심스럽게 가속도 센서에서 출력된 아날로그 데이터를 분석하고 불필요하게 튀는 데이터를 제거하였습니다. 이것은 여러분의 아두이노 프로젝트에 자주 사용하게 될 기술이며, 다음 장에서도 활용할 것입니다.

6.7 더 해볼 만한 것들

주위를 둘러보면 가속도 센서를 이용한 응용 제품이 상상한 것 이상으로 많다는 것을 알 수 있습니다. 여기 그 예를 몇 가지 소개합니다.

- 구슬 미로 게임을 만들어 보는 것도 재미 있습니다. 이번 장에서 만든 게임 컨트롤러를 이용해 제어해 보세요. 실제 미로 게임을 만들어 보면 더욱 재미있습니다.
- 이번 장에서는 가속도 센서를 손에 쥐고 움직여 직접 가속도를 측정하였습니다. 하지만 간접적으로 가속도를 측정하는 방법으로, 운전할 때 속도를 측정하는 것과 같은 흥미로운 작품을 만들 수 있습니다.

6.8 작동하지 않을 때

128페이지 5.10에서 제안한 것이 이번 장에도 적용됩니다. 프로토실드와 같은 특별한 부품을 사용하였지만, 아두이노에 정확하게 부착되었는지 확인하기 바랍니다. 커넥터가 소켓에서 빠지진 않았는지 확인합니다. 때로는 헤더가 찌그러져 있는 경우, 고정이 안 될 수도 있습니다.

핀 헤더가 회로 보드에 단단히 납땜되어 있는지 확인하세요. 돋보기를 이용해 모든 납땜 지점을 하나하나 살펴보세요. 충분한 납을 사용했는지, 너무 많이 해서 두 개의 접점이 이어지지 않았는지 확인해 보세요.

6.9 예제

- ADXL335 가속도 센서를 사용해 자신만의 마우스를 만들어 보세요. 공중에서 자유롭게 작동하고, x축과 y축의 현재 가속도를 이용해야 합니다. 그리고 좌, 우 버튼이 있어야 합니다. 프로세싱(혹은 다른 프로그래밍 언어)으로 스크린 위의 마우스 포인터를 제어할 수 있는 코드를 작성해 보세요.

7장 Wii 눈차크 컨트롤러 가지고 놀기

가장 유희적으로 전자 기기를 다루는 활동 중 하나는 팅커링^{Tinkering}입니다. 쉽게 말해, 기존의 전자제품에 변화를 주거나 본래의 용도와는 다른 용도로 사용하는 것입니다. 때때로 제품을 분해해야 하기 때문에, 제조사의 서비스 보증을 받지 못할 수도 있습니다. 한편으로는 여러분이 만들고자 하는 작품을 쉽게 만들 수 있습니다.

이번 장에서는 닌텐도 눈차크 컨트롤러를 다른 용도로 변경하는 방법을 배워봅시다. 눈차크 컨트롤러는 매우 유용한 팅커링 재료입니다. 눈차크에는 3축 가속 센서와 아날로그 조이스틱, 2개의 버튼이 있으며, 저렴하기까지 합니다(약 2만원 내외에 구매 가능). 여기에 더해, 좋은 디자인과 연결하기 쉬운 커넥터 덕분에 여러분의 프로젝트에 아주 쉽게 적용할 수 있습니다.

일반적인 눈차크 컨트롤러를 이용해 컨트롤러가 제공하는 데이터를 아두이노를 통해 컴퓨터로 전송해 보겠습니다. 아두이노에 눈차크를 연결하는 방법과 컨트롤러의 현재 상태를 읽어 들이는 소프트웨어를 작성하고, 스크린에 표현된 삼차원 정육면체를 눈차크를 이용해 움직이거나 돌리고 크기를 줄이거나 늘려 봅니다. 이를 위해 닌텐도 Wii를 구매할 필요는 전혀 없습니다. 단지 눈차크 컨트롤러만 준비하면 됩니다.

7.1 준비물

- 아두이노 우노, 두에밀라노베 또는 디에시밀라 중 하나
- USB 선
- 닌텐도 눈차크 컨트롤러
- 전선 4가닥

그림 57 닌텐도 눈차크 컨트롤러

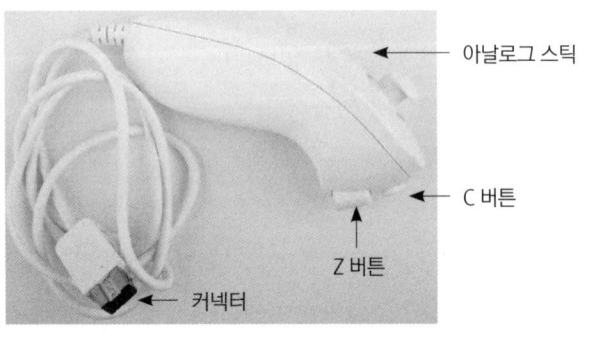

7.2 Wii 눈차크 연결하기

눈차크를 아두이노에 연결하는 것은 식은 죽 먹기입니다. 눈차크를 분해하거나 개조할 필요가 전혀 없습니다. 단지 4가닥의 전선을 커넥터에 연결하고 이 전선을 아두이노에 연결하기만 하면 됩니다. 아래 그림은 눈차크 플러그의 핀 구조입니다.

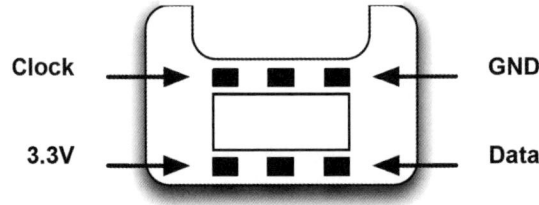

그림 58 눈차크를 아두이노에 연결하는 방법

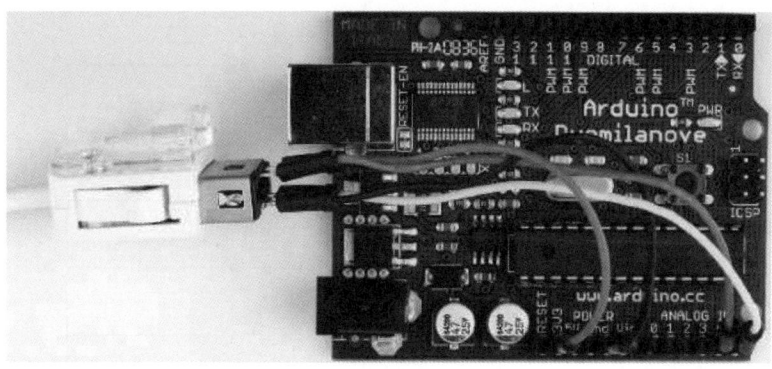

눈차크는 총 6개의 커넥터를 가지고 있지만 이 중 4개—접지, 3.3V, 데이터, 클록—만 사용합니다. 와이어를 각각의 커넥터에 꽂고, 이 커넥터를 아두이노에 연결합니다. 데이터 선은 아날로그 4번 핀에 연결하고, 클록 선은 아날로그 5번 핀에 연결합니다. 그리고 접지선은 아두이노의 접지 핀에, 3.3V 선은 아두이노의 3.3V 핀에 꽂습니다.

이것이 아두이노에 눈차크 컨트롤러를 연결하기 위해 알아야 하는 모든 것입니다. 다음 절에서 아날로그 4번과 5번 핀에 연결하는 두 가닥의 전선이 눈차크 컨트롤러의 인터페이스에 연결하기 위해 필요한 부분이라는 것을 확인할 수 있습니다.

7.3 눈차크에 말 걸기

눈차크가 내부적으로 어떻게 작동하는지에 대해 알려주는 공식 문서는 없습니다. 또 어떻게 Wii 콘솔이 아닌 환경에서 사용하는지에 대한 공식적인 정보도 없습니다. 하지만 인터넷에서 활동하는 몇몇 똑똑한 해커들이 컨트롤러가 내부적으로 어떻게 작동하는지 분석하기 위한 리버스 엔지니어링reverse-engineering에 많은 시간을 할애하였습니다.

그림 59 눈차크는 항상 6바이트의 데이터를 반환합니다.

Bit	7	6	5	4	3	2	1	0
Byte 1	조이스틱 x 위치							
Byte 2	조이스틱 y 위치							
Byte 3	x축 가속도 비트 9..2							
Byte 4	y축 가속도 비트 9..2							
Byte 5	z축 가속도 비트 9..2							
Byte 6	Z accel. bits 1..0		Y accel. bits 1..0		X accel. bits 1..0		C status	Z status

대체로 원리는 간단합니다. 눈차크는 I^{2}C(Inter-Integrated Circuit) 프로토콜이라고도 하는 Two-Wire 인터페이스(TWI)를 사용하기 때문입니다. TWI 통신은 마스터/슬레이브 데이터 버스를 통해 디바이스 간에 통신을 가능하게 해주는 방식입니다. 데이터 선으로 데이터를 전송하는 동안 클록 선을 통해 동기화합니다.

아두이노 IDE는 I^{2}C 프로토콜을 지원하는 Wire라는 이름의 라이브러리를 제공하고 있습니다. 이 라이브러리는 데이터 선을 아날로그 4번 핀에, 클록 선을 아날로그 5번 핀에 연결하여 사용할 수 있습니다. 눈차크와 통신하기 위해 이 라이브러리를 바로 사용해 보겠습니다. 하지만 그 전에 눈차크 컨트롤러를 제어하기 위한 명령어들을 살펴보아야 합니다.

솔직히 말해, 눈차크에서 데이터를 읽어 들일 때 사용하는 명령은 단 한 가지입니다. 컨트롤러가 이 명령을 받을 때마다 다음과 같은 의미를 지닌 6바이트의 데이터를 반환합니다.(데이터 구조는 그림 59 참조)

- 첫 번째 바이트는 아날로그 스틱의 x축 값, 두 번째 바이트는 y축 값입니다. 두 값 모두 8비트 숫자이며 29부터 225 사이의 값을 지닙니다.
- x축, y축, z축의 가속도 값은 3개의 10비트 숫자로 이루어져 있습니다. 세 번째, 네 번째, 다섯 번째 바이트에 가장 중요한 8개의 비트가 포함되어 있습니다. 그리고 각각의 축마다 남은 2개의 비트는 여섯 번째 바이트에 저장되어 있습니다.
- 여섯 번째 바이트는 비트 단위로 분석해야 합니다. 0번 비트는 Z 버튼의 상태를 저장합니다. 이 비트가 0이면 버튼이 눌린 상태이며, 1이면 버튼이 눌리지 않은 상태를 의미합니다. 1번 비트는 C 버튼의 상태를 저장합니다.

남은 6개의 비트는 가속도 값을 표현하는 데 부족했던 비트입니다. 2번과 3번 비트는 X축, 4번과 5번 비트는 Y축, 6번과 7번 비트는 Z축의 데이터입니다.

팅커링으로 삶의 질 향상시키기

대중화된 덕분에 요즘 게임기의 주변 기기는 믿을 수 없을 만큼 저렴합니다. 그뿐만 아니라 전형적인 컨트롤러를 비롯해 스노보드 시뮬레이터나 카메라 같은 컨트롤러도 구입할 수 있습니다. 창조적인 사람이라면 누구나 많은 흥미로운 작품들을 게임을 위해 디자인된 하드웨어를 활용해 만들어냈다는 사실이 그리 놀랍지는 않을 것입니다.

여기 인상적이고 게다가 유용하기까지 한 팅커링 프로젝트인 아이라이터(Eyewriter)[a]를 소개합니다. 이 작품은 플레이스테이션 EYE(플레이스테이션 3을 위한 카메라)를 사용해 사람의 눈동자를 추적합니다.

한 해커 집단에서 전신이 마비된 친구가 그의 눈을 이용해 그라피티를 그릴 수 있게 하기 위해 이 프로젝트를 진행하였습니다. 예술가인 이 친구는 불치병 때문에 몸을 전혀 움직일 수 없고 단지 눈동자만 움직일 수 있었습니다. 하지만 Eyewriter 덕분에 그는 다시 놀라운 작품을 창작할 수 있게 되었습니다.

아두이노 프로젝트는 아니지만 한번 살펴볼 만한 가치가 있는 프로젝트입니다.

a. http://www.eyewriter.org/

> **Wii 장비를 이용한 과학적 응용**
>
> 과학 연구에 사용되는 장비에도 정확성과 저렴한 가격 때문에 Wii 장비가 사용되며, 많은 과학자들은 게임 이외의 연구를 위해 Wii 장비를 사용합니다. 예를 들어, 몸 속의 수분이 얼마나 증발하는지 측정하는 연구에 사용하기도 합니다.[a] 보통 이런 연구를 위해서는 500달러(약 60만원) 이상 나가는 장비가 필요합니다.
>
> 멜버른 대학 의과대학에서는 뇌졸중 환자의 재활을 돕는 데 필요한 저렴한 장치를 찾던 도중, Wii fit 컨트롤러에 관심을 가졌습니다.[b] 그리고 매우 저렴한 이 컨트롤러가 연구실의 전문 장비와 비교해서 임상적으로 쓸만한 데이터를 제공한다는 것을 규명한 논문을 발표하였습니다.
>
> a. http://www.wired.com/wiredscience/2009/12/wiimote-science/
> b. http://www.newscientist.com/article/mg20527435.300-wii-board-helps-physios-strike-a-balance-after-strokes.html

눈차크에서 얻은 데이터를 어떻게 분석하는지 알아보았습니다. 이제 눈차크를 컨트롤하기 위한 클래스를 작성해 봅시다.

7.4 눈차크 클래스 만들기

눈차크 클래스의 인터페이스(와 구현해야 할 중요 부분)은 다음과 같습니다.

Download Arduino_1_0/MotionSensor/NunchukDemo/nunchuk.h

```
Line 1  #ifndef __NUNCHUK_H__
     -  #define __NUNCHUK_H__
     -  #define NUNCHUK_BUFFER_SIZE 6
     -  class Nunchuk {
     5  public:
     -    void initialize();
     -    bool update();
     -
     -    int joystick_x() const { return _buffer[0]; }
    10    int joystick_y() const { return _buffer[1]; }
     -
```

```
        int x_acceleration() const {
            return ((int)(_buffer[2]) << 2) | ((_buffer[5] >> 2) & 0x03);
        }
15
        int y_acceleration() const {
            return ((int)(_buffer[3]) << 2) | ((_buffer[5] >> 4) & 0x03);
        }

20      int z_acceleration() const {
            return ((int)(_buffer[4]) << 2) | ((_buffer[5] >> 6) & 0x03);
        }
        bool z_button() const { return !(_buffer[5] & 0x01); }
        bool c_button() const { return !(_buffer[5] & 0x02); }
25
    private:
        void request_data();
        char decode_byte(const char);

30      unsigned char _buffer[NUNCHUK_BUFFER_SIZE];
    };

    #endif
```

이 C++ 클래스는 아두이노에서 눈차크 컨트롤러를 사용할 때 필요한 모든 기능을 담고 있습니다. 이 클래스는 이중 상속 방지 장치로 시작합니다. __NUNCHUCK_H__ 라는 이름의 전처리 매크로가 이미 정의되었는지 아닌지 #ifndef를 사용하여 확인합니다. 정의되지 않았다면, 이것을 정의하고 눈차크 클래스를 선언합니다. 이미 정의되었다면 전처리 과정에서 클래스 선언을 건너뜁니다. 이렇게 함으로써 안전하게 이 헤더파일을 두 번 이상 응용프로그램에 포함시킬 수 있습니다.

3번째 줄에서 눈차크가 반환하는 데이터를 저장하는 데 필요한 배열의 길이를 상수로 정의합니다. 그리고 이 배열을 31번째 줄에 정의합니다. 이 경우, const 키워드를 사용하는 대신 전처리를 사용하여 상수를 정의합니다. 왜냐하면 배열 상수는 반드시 C++에서 컴파일 처리에 전달되어야 하기 때문입니다.

눈차크 클래스의 실제 기능을 만들어 봅시다. 아두이노와 눈차크 사이의 통신 채널을 초기화하기 위해 반드시 initialize( ) 메서드를 한 번 호출합니다. 그러고 나서 눈차크에서 새로운 데이터를 받기 위해 update( ) 메서드를 호출합니다. 이 두 메서드를 바로 구현해 봅시다.

눈차크가 반환하는 아날로그 스틱의 x와 y값, 버튼 상태, 가속도 센서의 x축, y축, z축 값과 같은 요소들을 얻기 위한 전역 메서드를 선언합니다. 이 모든 메서드는 31번째 줄에서 확인할 수 있는 raw 데이터를 연산하는 메서드입니다. 이 메서드들을 구현하는 것은 대부분 사소하고 코드 한 줄만 있으면 됩니다. 단, 10비트의 가속도 값의 조합을 사용하는 데 조금 복잡한 연산이 필요합니다.(부록 A2.2, '비트 연산자' 참조)

클래스의 마지막에 클래스 구현에 필요한 initialize( )와 update( ) 메서드를 선언합니다.

Download Arduino_1_0/MotionSensor/NunchukDemo/nunchuk.cpp

```
Line  1   #include <Arduino.h>
          #include <Wire.h>
          #include "nunchuk.h"
          #define NUNCHUK_DEVICE_ID 0x52
      5
          void Nunchuk::initialize() {
            Wire.begin();
            Wire.beginTransmission(NUNCHUK_DEVICE_ID);
            Wire.write((byte)0x40);
     10     Wire.write((byte)0x00);
            Wire.endTransmission();
            update();
          }

     15   bool Nunchuk::update() {
            delay(1);
            Wire.requestFrom(NUNCHUK_DEVICE_ID, NUNCHUK_BUFFER_SIZE);
            int byte_counter = 0;
            while (Wire.available() && byte_counter < NUNCHUK_BUFFER_SIZE)
     20       buffer[byte_counter++] = decode_byte(Wire.read());
            request_data();
            return byte_counter == NUNCHUK_BUFFER_SIZE;
          }

     25   void Nunchuk::request_data() {
            Wire.beginTransmission(NUNCHUK_DEVICE_ID);
            Wire.write((byte)0x00);
```

```
-      Wire.endTransmission();
-    }
30
-    char Nunchuk::decode_byte(const char b) {
-      return (b ^ 0x17) + 0x17;
-    }
```

필요한 모든 라이브러리를 코드에 포함시킨 후, NUMCHUK_DEVICE_ID라는 상수를 정의합니다. I²C는 마스터/슬레이브 프로토콜입니다. 이 예제에서 아두이노는 마스터, 눈차크는 슬레이브의 역할을 합니다. 눈차크는 스스로 특정 ID(0×52)를 사용하여 스스로를 데이터 버스에 등록합니다. 이 ID를 통해 필요한 데이터를 얻을 수 있습니다.

initialize( ) 메서드에서는 핸드셰이크 메시지를 전송하여 아두이노와 눈차크를 연결합니다. 7번째 줄을 보면, Wire 클래스의 begin( ) 메서드를 호출하고 있습니다. 이는 아두이노가 I²C 버스에 마스터로서 참여한다는 것을 의미합니다.(만약 begin( ) 메서드에 ID를 전달하면, 이 아이디를 사용하는 슬레이브로서 버스에 참여한다는 것을 의미합니다.) 그런 다음 NUNCHUCK_DEVICE_ID에 의해 식별된 장치인 눈차크와 연결합니다.

눈차크에 0×40과 0×00, 2개의 바이트를 전송하고 통신을 마칩니다. 여기까지가 핸드셰이크 과정입니다. 이제 update( ) 메서드를 호출함으로써

그림 60 아두이노와 눈차크 사이의 메시지 흐름

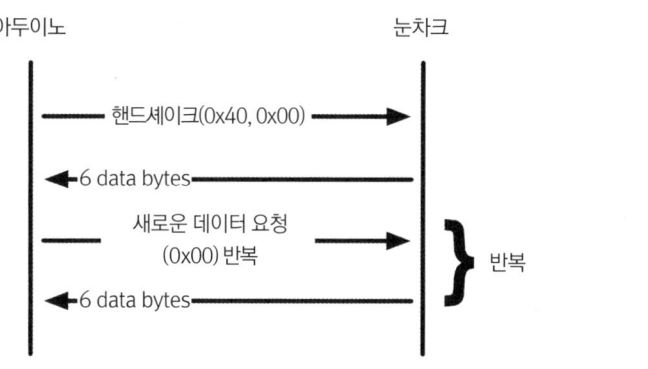

눈차크의 현재 상태를 요청할 수 있습니다. 그림 60은 아두이노와 눈차크 사이의 메시지 흐름을 보여줍니다.

update( ) 메서드는 최초 안정화를 위한 0.001초의 대기시간을 둡니다. 그러고 나서 눈차크로부터 Wire.requestFrom( ) 메서드를 호출하여 6바이트 길이의 데이터를 요청합니다. 이 메서드는 실제로 바이트를 반환하지 않지만 반복적으로 읽어 버퍼에 채워야 합니다. Wire.available( ) 메서드는 데이터 버스에서 이용할 수 있는 바이트의 길이를 반환하고, Wire.receive( ) 메서드는 현재 바이트를 반환합니다. 컨트롤러는 이 데이터를 애매하게 만들어 놓기 때문에, 눈차크에서 얻은 바이트를 바로 사용하지 않습니다. decode_byte( ) 메서드에서 '해독 과정'을 거쳐 이 데이터를 쉽게 읽을 수 있게 만들어줍니다.

마지막으로 request_data( ) 메서드를 호출하여 눈차크가 새로운 데이터를 준비할 수 있도록 합니다. 이 과정에서 바이트 0을 눈차크에 전송하는데, 이는 "다음 6개의 바이트를 준비하라"라는 의미입니다.

다음 절에서 실제로 눈차크를 사용하기 전에 Wire 라이브러리 설명서를 살펴봅시다. 아두이노 IDE의 메뉴에서 Help > Reference를 선택한 후 Libraries Link를 클릭하면 됩니다.

아두이노 1.0 이전의 Wire 라이브러리

아두이노 팀은 아두이노 1.0 Wire 라이브러리의 몇몇 기능의 이름을 변경하였습니다. 아두이노 구 버전 IDE를 이용해 눈차크 클래스를 컴파일하기 위해서는 다음 사항을 따라야 합니다.

- #include 〈Arduino.h〉를 〈WProgram.h〉로 변경합니다.
- Wire.write( ) 함수를 Wire.send( )로 대체하여 사용합니다. 예를 들어 Wire.write((byte)0x40) 대신에 Wire.send(0x40)라고 사용합니다.
- Wire.read( ) 대신에 Wire.receive( )를 사용합니다.

7.5 눈차크 클래스 사용하기

이제 눈차크 클래스를 사용해 실제로 데이터가 어떻게 넘어오는지 확인해 봅시다.

```
Download Arduino_1_0/MotionSensor/NunchukDemo/NunchukDemo.ino

#include <Wire.h>
#include "nunchuk.h"

const unsigned int BAUD_RATE = 19200;

Nunchuk nunchuk;

void setup() {
  Serial.begin(BAUD_RATE);
  nunchuk.initialize();
}

void loop() {
  if (nunchuk.update()) {
    Serial.print(nunchuk.joystick_x());
    Serial.print(" ");
    Serial.print(nunchuk.joystick_y());
    Serial.print(" ");
    Serial.print(nunchuk.x_acceleration());
    Serial.print(" ");
    Serial.print(nunchuk.y_acceleration());
    Serial.print(" ");
    Serial.print(nunchuk.z_acceleration());
    Serial.print(" ");
    Serial.print(nunchuk.z_button());
    Serial.print(" ");
    Serial.println(nunchuk.c_button());
  }
}
```

크게 어려운 것은 전혀 없습니다. 눈차크 객체를 전역으로 정의하고 setup( ) 함수에서 이것을 초기화합니다. loop( ) 메서드에서는 update( ) 메서드를 호출하여 컨트롤러의 현재 상태와 모든 출력 요소를 시리얼 포트로 요청합니다.

프로그램을 컴파일하여 업로드한 후 시리얼 모니터를 열어 눈차크를 조작해 보세요. 아날로그 스틱을 움직여보기도 하고, 컨트롤러를 이리저리 움직여보고, 버튼을 눌러보세요. 그럼 다음과 같은 결과를 얻을 수 있습니다.

```
46 109 428 394 651 1 1
49 132 414 380 656 1 0
46 161 415 390 651 1 0
46 184 429 377 648 1 0
53 199 404 337 654 1 0
53 201 406 359 643 1 0
```

눈차크를 성공적으로 아두이노에 연결했습니다. 다음 절에서는 눈차크를 이용해 스크린 위에 표현된 객체를 제어하는 방법을 배웁니다.

7.6 오색 정육면체 회전시키기

눈차크는 원래 현실 세계의 물리적인 움직임을 컴퓨터 스크린 위의 가상의 움직임으로 변환시켜 비디오 게임을 제어하도록 디자인되었습니다. 그래서 이번 절에서는 스크린에 떠 있는 3차원 육면체를 눈차크로 제어해 보겠습니다.(그림 61 참조)

육면체를 그리고 컨트롤러를 사용하기 전에, 지금까지 언급하지 않았던 요소인 지터^{Jitter}에 대해 반드시 알고 넘어가야 합니다. 6장에서 만들었던 게임 컨트롤러와 마찬가지로, 눈차크 가속도 센서는 데이터 안정화가 필요합니다. 6.4에서 다룬 기술을 동일하게 적용해 보겠습니다. 하지만 이번에는 아두이노 코드가 아닌 프로세싱 코드로 구현해 보겠습니다.(다음 코드를 아두이노 IDE가 아니라 프로세싱 IDE에서 컴파일하세요.)

Download Arduino_1_0/MotionSensor/Cube/SensorDataBuffer.pde

```
Line 1  class SensorDataBuffer {
     -      private int _maxSamples;
     -      private int _bufferIndex;
     -      private int[] _xBuffer;
     5      private int[] _yBuffer;
```

그림 61 눈차크로 정육면체 회전시키기

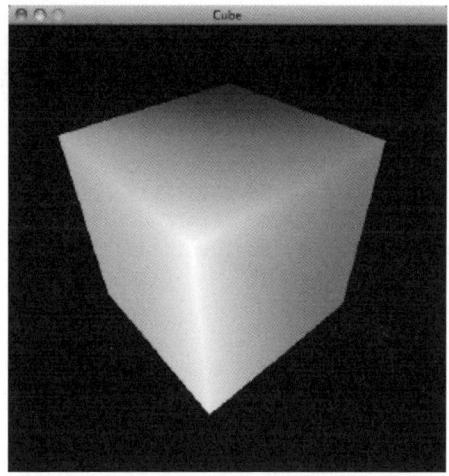

```
         private int[] _zBuffer;

         public SensorDataBuffer(final int maxSamples) {
           _maxSamples = maxSamples;
10         _bufferIndex = 0;
           _xBuffer = new int[_maxSamples];
           _yBuffer = new int[_maxSamples];
           _zBuffer = new int[_maxSamples];
         }
15
         public void addData(final int x, final int y, final int z) {
           if (_bufferIndex >= _maxSamples)
             _bufferIndex = 0;

20         _xBuffer[_bufferIndex] = x;
           _yBuffer[_bufferIndex] = y;
           _zBuffer[_bufferIndex] = z;
           _bufferIndex++;
         }
25
         public int getX() {
           return getAverageValue(_xBuffer);
         }

30       public int getY() {
```

7장 Wii 눈차크 컨트롤러 가지고 놀기

```
       return getAverageValue(_yBuffer);
     }

     public int getZ() {
35     return getAverageValue(_zBuffer);
     }

     private int getAverageValue(final int[] buffer) {
       int sum = 0;
40     for (int i = 0; i < _maxSamples; i++)
         sum += buffer[i];
       return (int)(sum / _maxSamples);
     }
   }
```

SensorDataBuffer 클래스는 3개의 x축, y축, z축 가속도 데이터를 위한 버퍼를 캡슐화합니다. 또한 3개의 버퍼의 현재 위치를 포함하는 버퍼 인덱스를 포함하고 있습니다. 8번째 줄부터 생성자가 시작되며, 샘플의 최대 개수(버퍼 크기)와 버퍼, 인덱스를 초기화합니다.

addData( ) 메서드는 3개의 공간 축에 대한 새로운 값들을 얻어 각 값에 해당하는 버퍼에 추가합니다. 만약 버퍼가 가득 차면, 가장 오래된 버퍼 항목을 제거합니다. getX( ), getY( ), getZ( ) 메서드를 이용해 각 축에 대한 현재 가속도 값을 요청할 수 있습니다. 이 3개의 메서드는 모두 실제 작업을 getAverageValue( ) 메서드에 위임합니다.

그럼 이제 3차원 육면체를 그려봅시다. 먼저 눈차크를 제어하는 아두이노와 시리얼 통신을 연결하기 위한 초기화 작업을 진행합니다.

Download MotionSensor/Cube/Cube.pde

```
import processing.serial.*;

final int LINE_FEED = 10;
final int MAX_SAMPLES = 16;

Serial arduinoPort;
SensorDataBuffer sensorData = new SensorDataBuffer(MAX_SAMPLES);
```

일반적으로 시리얼 통신 라이브러리를 호출하고 전역 시리얼 객체를 초기화합니다. 그리고 드디어 SensorDataBuffer 객체를 생성합니다.

화면 크기, 눈차크 데이터 범위를 정의하기 위한 상수를 몇 개 선언하고 3차원 계산을 위한 상수도 선언합니다.

Download MotionSensor/Cube/Cube.pde

```
final int WIDTH = 500;
final int HEIGHT = 500;
final int BAUD_RATE = 19200;
final int X_AXIS_MIN = 300;
final int X_AXIS_MAX = 700;
final int Y_AXIS_MIN = 300;
final int Y_AXIS_MAX = 700;
final int Z_AXIS_MIN = 300;
final int Z_AXIS_MAX = 700;
final int MIN_SCALE = 5;
final int MAX_SCALE = 128;
final float MX = 2.0 / (X_AXIS_MAX - X_AXIS_MIN);
final float MY = 2.0 / (Y_AXIS_MAX - Y_AXIS_MIN);
final float MZ = 2.0 / (Z_AXIS_MAX - Z_AXIS_MIN);
final float BX = 1.0 - MX * X_AXIS_MAX;
final float BY = 1.0 - MY * Y_AXIS_MAX;
final float BZ = 1.0 - MZ * Z_AXIS_MAX;
```

X_AXIS_MIN와 X_AXIS_MAX는 눈차크가 반환하는 x축 가속도 값의 최솟값, 최댓값을 의미합니다. 다른 축에 대해서도 동일하게 상수를 선언합니다. 가속도를 각도 값으로 변환하기 위해 MX, BX와 같은 상수도 필요합니다. 이것들에 대해서는 크게 걱정하지 않아도 됩니다.

다음으로 위치, 각 면의 각도, 크기와 같은 육면체의 현재 상태를 저장하기 위한 변수를 선언합니다.

Download MotionSensor/Cube/Cube.pde

```
int xpos = WIDTH / 2;
int ypos = HEIGHT / 2;
int scale = 90;

float xrotate = 0.0;
float yrotate = 0.0;
float zrotate = 0.0;
```

setup( ) 메서드는 스크린과 시리얼 포트를 초기화합니다.

Download MotionSensor/Cube/Cube.pde

```
Line  1   void setup( ) {
      -     size(WIDTH, HEIGHT, P3D);
      -     noStroke( );
      -     colorMode(RGB, 1);
      5     background(0);
      -     println(Serial.list( ));
      -     arduinoPort = new Serial(this, Serial.list( )[0], BAUD_
            RATE);
      -     arduinoPort.bufferUntil(LINE_FEED);
      10  }
```

여기서 다루고 넘어가야 할 것은 4번째 줄 colorMode( )를 호출하는 부분입니다. 이 메서드는 0에서 1 사이의 RGB 값을 지정합니다. 이렇게 함으로써 육면체를 형형색색으로 만들어 줍니다.(이 코드의 3차원 그리기 부분은 프로세싱의 기본 예제에서 파생되었습니다.)

이제 프로세싱으로 정육면체를 그려 봅시다.

Download Arduino_1_0/MotionSensor/Cube/Cube.pde

```
Line  1   void draw() {
      -     background(0);
      -     pushMatrix();
      -     translate(xpos, ypos, -30);
      5     rotateX(yrotate);
      -     rotateY(xrotate);
      -     rotateZ(zrotate);
      -     scale(scale);
      -
      10    beginShape(QUADS);
      -     fill(0, 1, 1); vertex(-1,  1,  1);
      -     fill(1, 1, 1); vertex( 1,  1,  1);
      -     fill(1, 0, 1); vertex( 1, -1,  1);
      -     fill(0, 0, 1); vertex(-1, -1,  1);
      15
      -     fill(1, 1, 1); vertex( 1,  1,  1);
      -     fill(1, 1, 0); vertex( 1,  1, -1);
      -     fill(1, 0, 0); vertex( 1, -1, -1);
      -     fill(1, 0, 1); vertex( 1, -1,  1);
      20
      -     fill(1, 1, 0); vertex( 1,  1, -1);
```

```
-      fill(0, 1, 0); vertex(-1,  1, -1);
-      fill(0, 0, 0); vertex(-1, -1, -1);
-      fill(1, 0, 0); vertex( 1, -1, -1);
25
-      fill(0, 1, 0); vertex(-1,  1, -1);
-      fill(0, 1, 1); vertex(-1,  1,  1);
-      fill(0, 0, 1); vertex(-1, -1,  1);
-      fill(0, 0, 0); vertex(-1, -1, -1);
30
-      fill(0, 1, 0); vertex(-1,  1, -1);
-      fill(1, 1, 0); vertex( 1,  1, -1);
-      fill(1, 1, 1); vertex( 1,  1,  1);
-      fill(0, 1, 1); vertex(-1,  1,  1);
35
-      fill(0, 0, 0); vertex(-1, -1, -1);
-      fill(1, 0, 0); vertex( 1, -1, -1);
-      fill(1, 0, 1); vertex( 1, -1,  1);
-      fill(0, 0, 1); vertex(-1, -1,  1);
40     endShape();
-
-      popMatrix();
-    }
```

draw( ) 메서드는 fill( )과 vertex( ) 메서드를 이용해 6개의 면을 그리고 면을 채웁니다. 8번째 줄에서 scale( ) 메서드를 통해 적당한 크기로 육면체를 키우기 때문에 기본 좌표만 이용해 육면체를 그리는 데 필요한 정점들을 정의합니다. 4부터 7번째 줄에서는 육면체를 움직이고 회전시킵니다.

프로세싱의 draw( ) 메서드는 translate( )와 rotate 메서드에 의해 모든 매트릭스의 조작을 초기화하기 때문입니다. pushMatrix( )와 popMatrix( )는 이 매트릭스들을 저장하거나 반환할 때 사용합니다. 마지막으로 눈차크 데이터를 취득하여 벡터 제어 함수를 위한 적당한 인자로 변환합니다.

Download Arduino_1_0/MotionSensor/Cube/Cube.pde

```
Line 1  void serialEvent(Serial port) {
-        final String arduinoData = port.readStringUntil(LINE_FEED);
-        if (arduinoData != null) {
-          final int[] data = int(split(trim(arduinoData), ' '));
5         if (data.length == 7) {
-            xpos = int(map(data[0], 0x1e, 0xe1, 0, WIDTH));
-            ypos = int(map(data[1], 0x1d, 0xdf, HEIGHT, 0));
-
```

```
              if (data[5] == 1) scale++;
10            if (data[6] == 1) scale--;
              if (scale < MIN_SCALE) scale = MIN_SCALE;
              if (scale > MAX_SCALE) scale = MAX_SCALE;

              sensorData.addData(data[2], data[3], data[4]);
15
              final float gx = MX * sensorData.getX() + BX;
              final float gy = MY * sensorData.getY() + BY;
              final float gz = MZ * sensorData.getZ() + BZ;
              xrotate = atan2(gx, sqrt(gy * gy + gz * gz));
20            yrotate = atan2(gy, sqrt(gx * gx + gz * gz));
              zrotate = atan2(sqrt(gx * gx + gy * gy), gz);
          }
      }
  }
```

시리얼 포트에서 읽은 데이터를 읽고, 분해하고, 변환하는 것은 일반적인 작업입니다. 재미있는 부분은 아날로그 스틱의 x 좌표를 육면체의 x 좌표에 매핑하는 6번째 줄부터 시작됩니다. 다음 줄에서 y 좌표에 대해 동일한 작업을 진행합니다.

눈차크 버튼의 상태를 확인하는 부분은 9번째부터 12번째 줄입니다. Z 버튼을 누르면 육면체가 커지고, C 버튼을 누르면 작아집니다.

serialEvent( ) 메서드의 나머지 부분은 컨트롤러의 가속도 값을 각도로 변환하는 작업을 진행합니다. 자세한 수학 공식에 대해서는 복잡할뿐더러 전체 주제에도 적합하지 않으므로, 설명하지 않겠습니다.

프로그램을 구동하여 정육면체를 조작해 봅시다. 정말 간단하지 않나요? 단지 4개의 전선과 간단한 소프트웨어, 탁월한 성능을 지녔지만 저렴한 눈차크만 가지고 소프트웨어와 하드웨어가 조합된 프로젝트를 진행해 보았습니다. 이 예제를 바탕으로 눈차크를 로봇을 제어하는 데 사용할 수도 있습니다. 심지어 어떤 사람들은 음악을 만드는 데 이용하기도 합니다.

다음에는 새로운 하드웨어를 구매하여 어떻게 다른 용도로 사용할 수 있을지 상상해 보세요. 그 일은 생각보다 어렵지 않습니다. 눈차크 클래스와 같은 자신만의 클래스를 만들 때는 여러분의 코드를 라이브러리로 만

들어 인터넷으로 배포하는 것을 고려해 보세요.(4장 참조)

7.7 작동하지 않을 때

제작자의 관점에서 보면 이 프로젝트는 쉬운 편입니다. 하지만 배선과 같은 데서 문제가 발생한다면 잘못될 수 있습니다. 아두이노와 눈차크 사이의 배선이 올바르게 이루어졌는지 확인하세요. 또 눈차크와 아두이노의 소켓에 전선이 단단하게 고정되었는지 확인해야 합니다. 만약 단단하게 고정되지 않으면 직경이 조금 더 큰 전선을 사용하는 것이 좋습니다.

7.8 예제

- 144페이지 6.6에서 만든 게임을 다시 작성하여 눈차크 컨트롤러를 지원하도록 만들어 보세요. 아날로그 스틱과 가속도 센서 모두 적용할 수 있습니다. 눈차크 버튼을 이용해 아날로그 스틱과 가속도 센서를 스위칭 해보는 건 어떨까요?
- 닌텐도의 WiiMotion 컨트롤러를 팅커링하는 것은 조금 더 복잡합니다. 하지만 여러분의 팅커링 기술을 향상시킬 수 있는 훌륭하고 저렴한 도구이니 시도해 보기 바랍니다.

8장 아두이노와 네트워크 구성하기

독립적으로 운용되는 아두이노를 가지고도 셀 수 없이 많은 재미있고 유용한 프로젝트를 창조할 수 있습니다. 하지만 아두이노를 네트워크와 연결하는 순간, 전혀 새로운 세계에 한걸음 내디딜 수 있습니다.

지금은 인터넷을 통해 모든 정보에 접근할 수 있으므로 날씨 예보 시스템으로부터 데이터를 읽어 아두이노를 멋진 기상 관측소로 만들 수 있습니다. 그뿐 아니라 아두이노를 네트워크를 통해 다른 장치나 컴퓨터로 센서 데이터를 제공하는 웹 서버로 만들 수도 있습니다.

이번 장에서는 도난 경보 메일을 발송하는 장치를 구축할 것입니다. 도난 경보 장치는 거실에서 움직임을 감지합니다. 아두이노는 집에 사람이 없는 동안 움직임이 감지될 때마다 메일을 보냅니다. 이것은 어느 정도 고급 과정 프로젝트이기 때문에, 필요한 기술을 익히기 위한 작은 규모의 프로젝트를 먼저 진행해 보겠습니다.

아무런 통신 기능이 없는 '날것' 그대로의 아두이노를 가지고 시작해 봅시다. 아두이노를 PC에 연결하면 인터넷과 연결할 수 있습니다.

두 번째 프로젝트에서는 이더넷 실드를 이용해 상황을 극적으로 향상시킵니다. 이제 아두이노는 본격적인 네트워크 장비로 변모하여 표준시간대 같은 IP 서비스에 바로 접속할 수 있습니다. 이렇게 함으로써 아두이노를 매우 정밀한 시계로 만들 수 있습니다.

일단 IP 서비스에 접속한 후 아두이노에서 이더넷 실드를 이용해 바로 이메일을 보내는 방법을 배워 봅시다. 도난 경보를 위해 수상한 움직임을 감지하는 방법만 배우면 됩니다. 움직임 감지를 위해서는 패시브 타입 적외선 센서(PIR)를 사용할 것입니다. 이번 장에서는 네트워크 기술뿐만 아니라 PIR 센서를 사용하는 방법도 안내할 예정입니다.

마지막으로, 배운 것들을 모두 조합하여 도난 경보를 메일로 전송하는 시스템을 만들어 봅시다. 이 장치가 운영되는 동안에는 안심할 수 있을 겁니다.

8.1 준비물

1. 이더넷 실드
2. TMP36 온도 센서
3. 패시브 타입 적외선 움직임 감지 센서
4. 브레드보드
5. 전선 몇 가닥
6. 아두이노 우노, 두에밀라노베 또는 디에시밀라 중 하나

그림 62 이 장에서 필요한 부품들

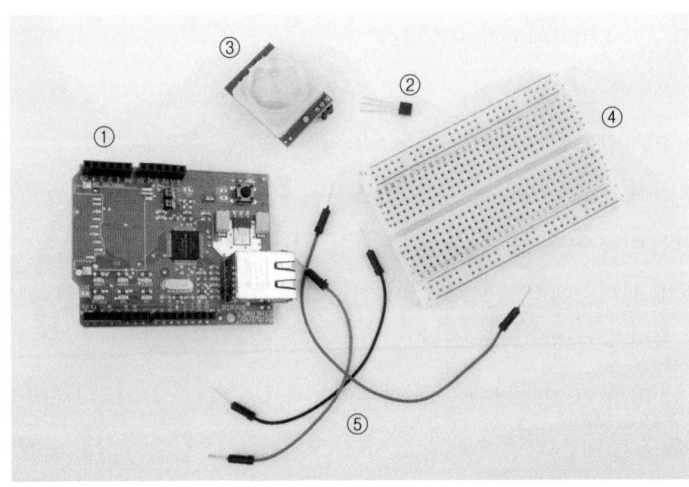

7. 아두이노와 PC를 연결하기 위한 USB 선

8.2 인터넷으로 센서 데이터를 전송하는 데 PC 이용하기

15년 전쯤에 PC로 인터넷에 연결하던 때를 기억하시나요? (한국의 경우) 38,400bps 모뎀과 터미널 프로그램으로 나우누리, 하이텔, 천리안 같은 서비스에 접속했습니다. 오늘날에는 대부분 케이블, 위성, ADSL, VDSL과 같은 광역 통신망에 접속해 WiFi를 통해 집 안 어디서나 인터넷을 이용할 수 있습니다. 그뿐 아니라 현재 사용하고 있는 인터넷 접속망을 사용하여 아두이노로 인터넷에 접속할 수도 있습니다.

그림 63 PC를 이용해 아두이노를 인터넷에 연결하기

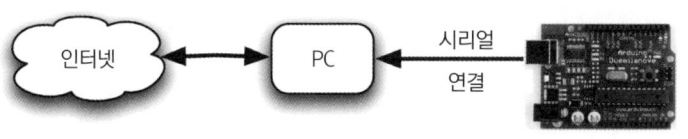

그림 63은 아두이노를 인터넷에 연결하는 일반적인 방법을 보여주고 있습니다. PC상에 실행되고 있는 프로그램이 시리얼 포트를 통해 아두이노와 통신합니다. 아두이노를 인터넷에 연결해야 할 때, PC에서 구동되고 있는 프로그램에서 이 업무를 수행합니다. 이 구조를 이용해 센서 데이터를 필요한 곳으로 전송할 수 있습니다.

이제 방이나 사무실의 실내 기온이 특정 온도, 여기서는 섭씨 32도(화씨 90도)보다 올라가면 즉시 메시지를 전송하는 시스템을 만들어 볼 것입니다. 107페이지 5.4 '온도센서를 이용해 정확한 온도 측정하기'에서 차용하여 다시 온도 센서 예제를 만들어 봅시다.(그림 44를 참조하지 말고 해 보세요.) 그리고 아래 스케치를 아두이노에 업로드합니다.

Download Arduino_1_0/Ethernet/TwitterTemperature/TwitterTemperature.ino

```
Line   1   #define CELSIUS
       -   const unsigned int TEMP_SENSOR_PIN = 0;
       -   const unsigned int BAUD_RATE = 9600;
       -   const float SUPPLY_VOLTAGE = 5.0;
       5   void setup() {
       -     Serial.begin(BAUD_RATE);
       -   }
       -
       -   void loop() {
      10     const int sensor_voltage = analogRead(TEMP_SENSOR_PIN);
       -     const float voltage = sensor_voltage * SUPPLY_VOLTAGE / 1024;
       -     const float celsius = (voltage * 1000 - 500) / 10;
       -   #ifdef CELSIUS
       -     Serial.print(celsius);
      15     Serial.println(" C");
       -   #else
       -     Serial.print(9.0 / 5.0 * celsius + 32.0);
       -     Serial.println(" F");
       -   #endif
      20     delay(5000);
       -   }
```

앞에서 사용했던 스케치와 거의 유사합니다. 만약 아두이노가 5V가 아닌 3.3V에서 작동하고 있다면 4번째 줄의 상수 SUPPLY_VOLTAGE를 3.3으로 설정해야 합니다.

여기서는 섭씨와 화씨를 모두 지원합니다. 이때 전처리 상수를 가지고 사용될 단위를 제어할 수 있습니다. 만약 첫째 줄을 상수 CELSIUS로 설정한다면, 섭씨로 온도를 출력합니다. 첫째 라인을 삭제하거나 변경하면 화씨가 출력됩니다.

이 응용프로그램의 동작을 변경하려면 #ifdef 전처리 지시어를 사용합니다. 이 지시어는 특정 전처리 상수가 설정되었는지 확인하고, 상수에 따라 컴파일을 합니다. 이 경우 섭씨 상수가 설정되지 않았을 때에만 17번째 줄에서 섭씨를 화씨로 변경하는 공식을 컴파일합니다.

이제 스케치를 업로드하면, 매 5초마다 시리얼 포트로 현재 온도를 출력합니다. 그 결과는 다음과 같이 출력됩니다.

```
27.15 C
26.66 C
27.15 C
```

이제 필요한 것은 출력된 결과를 읽어 섭씨 32도(화씨 90도) 이상 온도가 올라갈 때 즉시 메시지를 전송하는 프로그램입니다. 시리얼 포트 연결을 지원하고, 트위터를 지원한다면 어떤 프로그램 언어를 사용해도 상관없습니다. 하지만 앞선 예제에서 프로세싱을 사용했으므로, 여기서도 프로세싱을 사용하겠습니다.

8.3 트위터에 애플리케이션 등록하기

코딩을 시작하기 전에 애플리케이션을 트위터에 등록하여 OAuth[Open Authorization], 즉 공개 인증 접속 토큰을 획득해야 합니다. OAuth는 특정 애플리케이션이 다른 애플리케이션의 자원을 사용할 수 있도록 허락해주는 인증 제도입니다. 이 경우, 여러분이 만든 애플리케이션에 트위터 사용자 아이디와 패스워드 없이 트위터 피드를 업로드할 수 있는 권리를 제공합

센서 데이터 출력을 위한 웹 서비스

값싼 오픈 소스 하드웨어와 센서의 출현과 함께 센서 데이터를 공개하기 위한 웹 서비스가 지난 몇 년 동안 인기를 끌었습니다. 이런 서비스는 센서 데이터를 읽고 분석하고 공표할 수 있게 해줍니다. 전 세계의 개인 기상 관측기, 환경 관측 센서로부터 데이터를 게시하고 인터넷을 통해 이 데이터를 무료로 사용할 수 있도록 해줍니다.

가장 대중적인 서비스는 Pachube[a]와 Sensorpedia[b]입니다. 원칙적으로 이 서비스들의 사용 방법은 동일합니다. 계정을 만들고 API 키를 받은 뒤 이 키를 이용해 서비스 이용 권한에 대한 인증을 받고 센서 데이터를 업로드합니다.

a. http://pachube.com
b. http://sensorpedia.com

니다.

트위터는 오랫동안 HTTP 기반의 인증을 지원했습니다. 이 자동화된 서비스는 트위터 피드를 요청하거나 업데이트하기 위해 사용자 아이디와 비밀번호만 요구했습니다. 하지만 2010년 8월 이후로 트위터는 기존 인증 방식을 버리고 OAuth를 사용하고 있습니다.

OAuth 접속 토큰을 얻기 위해서는 트위터 웹사이트의 개발자 섹션에 여러분의 애플리케이션을 등록해야 합니다. 먼저 로그인을 한 후 "Create an app" 링크를 클릭합니다. 그리고 그림 64와 같이 양식을 작성합니다.

새로운 애플리케이션을 성공적으로 생성하면 소비자 키$^{Consumer\ Key}$와 소비자 암호$^{Consumer\ Secret}$를 받을 수 있습니다. 이것을 OAuth 토큰$^{Oauth\ token}$과 OAuth 암호 토큰$^{OAuth\ secret\ token}$에 넣으면 여러분이 만든 애플리케이션이 여러분의 트위터 상황을 수정할 수 있는 권한을 얻을 수 있습니다. OAuth 토큰과 OAuth 시크릿을 생성하기 위해 먼저 "Create my access token" 버튼을 클릭하세요. 다음으로 OAuth 도구$^{OAuth\ tool}$ 링크를 클릭하면 OAuth 자격

그림 64 먼저 자신의 트위터 클라이언트 애플리케이션을 등록하세요.

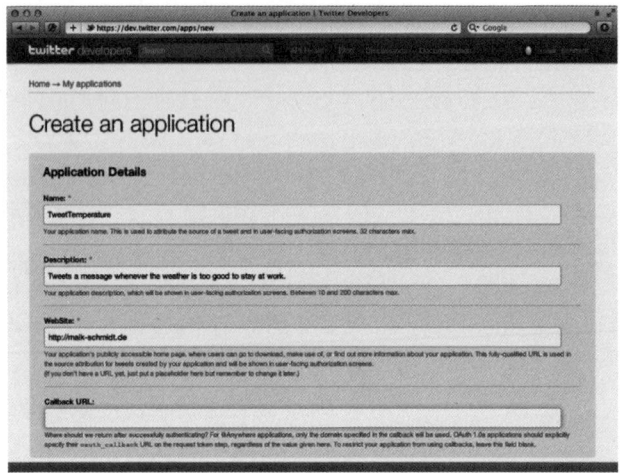

그림 65 사용자 자격 증명은 설정 페이지에 있습니다.

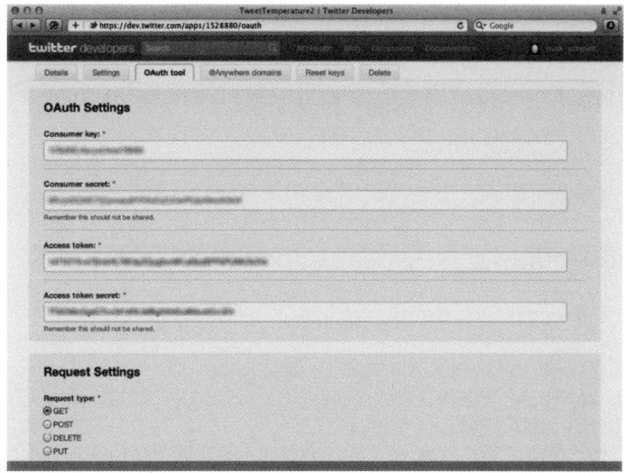

을 확인할 수 있습니다.(그림 65 참조)

소비자 키와 소비자 암호, 접속 토큰, 접속 토큰 암호를 복사해 둡니다. 프로세싱을 통해 메시지를 트윗할 때 복사해 둔 요소들이 필요합니다. 마지막으로, 'Settings(설정)' 페이지로 들어가서 애플리케이션 종류를 'Read & Write'로 설정합니다.

8.4 프로세싱으로 메시지 트윗하기

프로세싱은 트위터를 지원하지 않지만, 프로세싱 언어는 자바 라이브러리를 바로 사용할 수 있습니다. 그리고 자바를 위한 좋은 트위터 라이브러리가 많습니다. 그중 하나가 twitter4j입니다. twitter4j는 매우 잘 만들어진 라이브러리이며, OAuth에 대한 지원이 훌륭합니다.

웹사이트에서 라이브러리를 다운로드받아 임의의 폴더에 압축을 풉니다. 다운로드한 라이브러리의 버전에 따라 twitter4j-core-x.y.z.jar 혹은

twitter4j-core-x.y.z-SNAPSHOT.jar라는 파일이 폴더에 저장됩니다. 프로세싱 IDE를 실행하여 새로운 스케치를 생성하고 jar 파일을 IDE로 드래그 앤 드롭합니다.(.jar 파일은 자동으로 코드와 동일한 이름의 폴더에 복사됩니다.) 이 과정만 거치면 앞으로 만들 애플리케이션에서 twitter4j 라이브러리를 사용할 수 있습니다.

몇 가지 표준 코드를 가지고 작업을 진행합니다.

Download Arduino_1_0/Ethernet/TweetTemperature/TweetTemperature.pde

```
import processing.serial.*;

final float MAX_WORKING_TEMP = 32.0;
final int LINE_FEED = 10;
final int BAUD_RATE = 9600;
final String CONSUMER_KEY = "<YOUR CONSUMER KEY>";
final String CONSUMER_SECRET = "<YOUR CONSUMER SECRET>";
final String ACCESS_TOKEN = "<YOUR ACCESS TOKEN>";
final String ACCESS_TOKEN_SECRET = "<YOUR ACCESS TOKEN SECRET>";

Serial arduinoPort;

void setup() {
  println(Serial.list());
  arduinoPort = new Serial(this, Serial.list()[0], BAUD_RATE);
  arduinoPort.bufferUntil(LINE_FEED);
}

void draw() {}
```

일반적으로, 아두이노와 통신을 하기 위해 시리얼 라이브러리를 불러옵니다. 그리고 나중에 필요한 몇 가지 상수를 선언합니다. 대부분의 상수는 트위터 서비스에 접속하기 위한 자격 증명을 포함하고 있습니다. MAX_WORKING_TEMP 상수는 애플리케이션이 트윗을 시작하는 온도를 정의합니다. 이 상수의 단위는 섭씨 혹은 화씨로 설정할 수 있습니다.

setup( ) 메서드에서는 이용할 수 있는 시리얼 장치의 리스트를 출력합니다. 가장 먼저 발견한 시리얼 포트가 아두이노에 연결된 포트이기를 기대하며, 이 포트를 초기화합니다. 자동으로 리스트를 검색하면서 아두이노와 연결된 포트 명과 같은 것을 검색할 수 있지만, 이 역시 연결이 끊어지기 쉽습니다. 이 애플리케이션은 그래픽을 이용한 출력이 전혀 필요 없기 때문에 draw( ) 메서드를 채울 필요는 없습니다.

이제 "나를 해변으로 데려가줘!"라는 알람을 출력할 실제 프로그램을 구현해 봅시다.

```
Download Arduino_1_0/Ethernet/TweetTemperature/TweetTemperature.pde
```

```
void serialEvent(Serial port) {
  final String arduinoData = port.readStringUntil(LINE_FEED);
  if (arduinoData != null) {
    final String[] data = split(trim(arduinoData), ' ');
    if (data.length == 2 &&
        (data[1].equals("C") || data[1].equals("F")))
    {
      float temperature = float(data[0]);
      println(temperature);
      int sleepTime = 5 * 60 * 1000;
      if (temperature > MAX_WORKING_TEMP) {
        tweetAlarm();
        sleepTime = 120 * 60 * 1000;
      }
      try {
        Thread.sleep(sleepTime);
      }
      catch(InterruptedException ignoreMe) {}
    }
  }
}

void tweetAlarm() {
  TwitterFactory factory = new TwitterFactory();
  Twitter twitter = factory.getInstance();
  twitter.setOAuthConsumer(CONSUMER_KEY, CONSUMER_SECRET);
  AccessToken accessToken = new AccessToken(
    ACCESS_TOKEN,
    ACCESS_TOKEN_SECRET
  );
  twitter.setOAuthAccessToken(accessToken);
  try {
    Status status = twitter.updateStatus(
      "Someone, please, take me to the beach!"
    );
    println(
```

8장 아두이노와 네트워크 구성하기 185

```
      "Successfully updated status to '" + status.getText() + "'."
    );
  }
  catch (TwitterException e) {
    e.printStackTrace();
  }
}
```

　123페이지 5.8에서 '프로세싱에서 시리얼 통신 구현' 방법을 배웠습니다. 시리얼 포트가 새로운 데이터를 수신할 때마다 런타임 환경은 serialEvent( ) 메서드를 호출합니다. 이제 텍스트 라인을 읽어 봅시다. 그리고 공백과 C 또는 F 문자 뒤에 진수가 포함되어 있는지 확인합니다. 이렇게 함으로써 쓸데없는 값이 아니라 실제 온도 값을 읽을 수 있습니다.

　만약 정확한 온도 데이터를 획득한다면, 이 데이터를 실수 데이터로 변환하여 MAX_WORKING_TEMP보다 큰지 확인합니다. 만약 그렇다면, tweetAlarm( ) 메서드를 호출하여 팔로워들에게 구조 요청을 날립니다. 그리고 나서 다음 온도 확인을 위해 2시간 동안 대기합니다. 만약 MAX_WORKING_TEMP보다 온도가 낮다면 5분 후에 온도를 다시 확인합니다.

　tweetAlarm( ) 메서드는 간단하게 트위터 채널을 업데이트합니다. 오래된 훌륭한 자바의 전통에 따라, TwitterFactory 클래스를 이용해 새로운 트위터 인스턴스를 생성합니다. setOAuthConsumer( ) 메서드를 호출하여 사용자 권한을 설정합니다. 그리고 나서 setOAuthAccessToken( ) 메서드를 호출하여 OAuth 권한을 설정합니다. 마지막으로 updateStatus( ) 메서드를 실행합니다. 만약 앞선 과정에 문제가 없었다면, 성공 메시지를 출력합니다. 반대로 인증 과정에 문제가 발생하면 updateStatus( )에 오류가 발생하여 디버그를 위한 스택을 출력합니다.

　코딩이 끝났습니다. 이제 아두이노를 PC에 연결하여 구동해 봅시다. 그림 66은 방 안의 온도가 32도 이상으로 올라갔을 때 트위터에 어떤 일이 발생하는지 보여주고 있습니다.(테스트를 위해 32.0보다는 낮은 값으로 설정하는 것이 좋습니다. 만약 이 값을 굳이 바꾸지 않아도 테스트가 가능하다

그림 66 누군가가 당신의 구조 요청을 확인하길 기대합니다.

면, 여태 해변에 가지 않고 뭐하고 있는 거죠?)

성능이 뛰어난 PC를 아두이노를 위한 인터넷 연결 장치로 사용하는 것은 편리하지만, 이는 아두이노 애플리케이션에는 과분한 사양입니다. 다음 절에서는 아두이노를 진정한 네트워크 장치로 바꾸어 사용해 봅시다.

8.5 이더넷 실드를 이용해 네트워크 통신하기

앞 절에서는 PC의 네트워크 연결을 이용해 아두이노와 통신을 할 수 있는 애플리케이션을 만들어 보았습니다. 이 방법은 작동하기는 하지만 몇 가지 단점이 있습니다. 가장 큰 문제는 아두이노의 하드웨어 기능이 여러 애플리케이션을 소화하기에 충분하지만, PC를 사용했다는 것입니다. 이번 절에서는 이더넷 실드를 이용해 이 문제를 해결해 봅시다.

아두이노만 가지고는 네트워크에 연결할 수 없습니다. 하드웨어 기능이 매우 제한적일 뿐만 아니라 이더넷 포트가 없기 때문입니다. 이것은 이더넷 케이블을 꽂을 수 없다는 것을 의미하며 이 한계를 극복하기 위해 이더넷 실드를 사용해야만 합니다. 이더넷 실드는 이더넷 칩과 이더넷 커넥터

그림 67 아두이노용 이더넷 실드

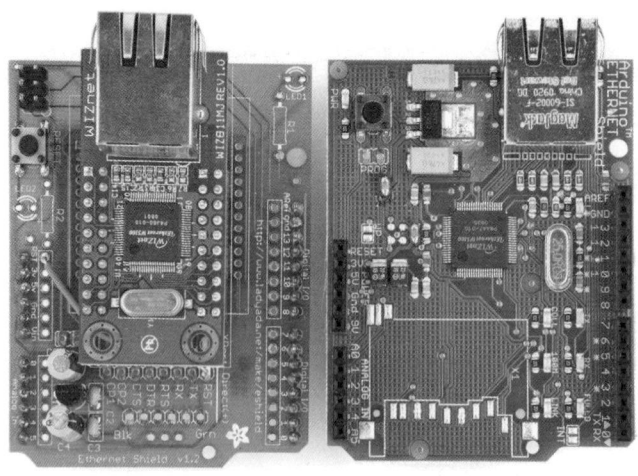

를 통해 아두이노를 바로 네트워크 장치로 탈바꿈시킵니다. 이 실드를 아두이노에 꽂기만 하면 됩니다.

여러 가지 제품 중 하나를 선택할 수 있는데 이 제품 모두 목적에 부합하는 성능을 보여줍니다. 프로토타이핑이 목적이라면 공식 실드를 추천합니다. 아두이노에 꼭 맞는 형태이기 때문입니다.(그림 67 왼쪽) 그 밖에 아두이노 이더넷을 사용할 수 있는데 아두이노 이더넷은 이더넷 포트를 탑재하고 있어 별도의 실드가 필요없습니다.

하드웨어는 아두이노를 네트워크 장치로 바꾸는 데 필요한 하나의 요소에 불과합니다. 네트워크 통신을 위한 소프트웨어 또한 반드시 필요합니다. 아두이노 IDE는 네트워크 작업과 관련된 다수의 클래스를 포함하는 편리한 이더넷 라이브러리를 제공하고 있습니다. 이 라이브러리를 이용해 인터넷 표준시 서비스에 접속해 봅시다.

표준시 서비스는 현재 날짜와 시간을 ASCII 문자로 제공합니다. 시간 안내 서버는 TCP 혹은 UDP 13번 포트로 연결됩니다. 인터넷에는 수많은 표

> **트위터 하는 아두이노**
>
> 네트워크를 이용하는 하드웨어 키트 중 널리 알려진 것은 보타니콜(Botanicall)[a] 입니다. 보타니콜은 기르는 식물에 물이 필요할 때, 이를 상기시켜주는 메시지를 트위터를 통해 발송합니다. 그리고 식물에 물을 주면, 예의 바르게 바로 "Thank You"라는 감사 인사를 트위터를 통해 발송합니다. 보타이콜의 공식 하드웨어는 특별하게 제작되었지만, 아두이노를 이용해 동일하게 구성할 수 있습니다.[b]
>
> 보타니콜은 여러분의 삶을 조금 더 편리하게 해줍니다. 반면에 트위티(Twitwee) 시계는 취미에 가까운 프로젝트입니다. 트위티 시계는 개조된 뻐꾸기 시계로 무선 인터넷 연결을 통해 트위터의 업데이트 상황을 체크합니다. 미리 프로그래밍된 검색어를 발견할 때마다 디스플레이를 통해 트윗을 보여주고, 뻐꾸기가 튀어나와 소리를 냅니다. 이 프로젝트를 거실에 설치하기 전에는 반드시 가족의 동의를 구하는 게 좋겠죠?
>
> a. http://www.botanicalls.com/
> b. http://www.botanicalls.com/archived_kits/twitter/
> c. http://www.haroonbaig.com/projects/TwitweeClock/

준시 서비스가 있는데 그중 하나인 time.nist.gov을 사용해 봅시다. 아두이노를 이용해 프로그램 방식으로 서비스를 이용하기 전에, 텔넷 명령으로 어떻게 작동하는지 확인해 봅시다.[*]

```
maik> telnet time.nist.gov 13
Trying 192.43.244.18...
Connected to time.nist.gov.
Escape character is '^]'.
55480 10-10-11 13:25:35 28 0 0 138.5 UTC(NIST) *
Connection closed by foreign host.
```

텔넷 명령으로 표준시 서버에 접속하자마자 현재 시간과 날짜를 반환합니다. 그리고 서비스 접속은 바로 끊깁니다.

이와 동일한 작동을 이더넷 실드를 장착한 아두이노에서 구현해 보겠습니다.

---

* (옮긴이) 윈도7에서 텔넷을 이용하는 방법은 http://www.insightbook.co.kr/21464를 참고하세요.

Download Arduino_1_0/Ethernet/TimeServer/TimeServer.ino

```
#include <SPI.h>
#include <Ethernet.h>
const unsigned int DAYTIME_PORT = 13;
const unsigned int BAUD_RATE = 9600;

byte mac[] = { 0xDE, 0xAD, 0xBE, 0xEF, 0xFE, 0xED };
IPAddress my_ip(192, 168, 2, 120);
IPAddress time_server(192, 43, 244, 18); // time.nist.gov
EthernetClient client;

void setup() {
  Serial.begin(BAUD_RATE);
  Ethernet.begin(mac, my_ip);
}

void loop() {
  delay(1000);
  Serial.print("Connecting...");

  if (client.connect(time_server, DAYTIME_PORT) <= 0) {
    Serial.println("connection failed.");
  } else {
    Serial.println("connected.");
    delay(300);
    while (client.available()) {
      char c = client.read();
      Serial.print(c);
    }

    Serial.println("Disconnecting.");
    client.stop();
  }
}
```

먼저 이더넷 라이브러리를 불러온 뒤 표준시 서비스 포트를 상수로 정의합니다.(SPI 라이브러리 역시 불러옵니다. 이더넷 라이브러리는 SPI 통신을 사용하기 때문입니다). 그리고 나서 3바이트 배열을 선언합니다.

- 배열 mac은 이더넷 실드에 사용할 맥 어드레스를 저장합니다. 맥 어드레스는 48비트 숫자로 네트워크 장치의 고유 식별 번호입니다. 보통 생

산자가 이 식별 번호를 설정하지만 이더넷 실드는 맥 어드레스를 사용자가 직접 설정해야 합니다. 여기서는 임의의 번호를 사용하였습니다.
중요 사항: 맥 어드레스는 네트워크상에서 구별되어야 합니다. 만약 2개 이상의 아두이노를 이용해 네트워크에 접속한다면, 서로 다른 맥 어드레스를 사용해야 합니다!(아두이노 이더넷 실드의 뒤에 부착된 스티커에 기재된 맥 어드레스를 사용하세요.-옮긴이)

- PC를 인터넷에 연결할 때마다 DHCP$^{Dynamic\ Host\ Configuration\ Protocol,\ 동적\ 호스트\ 구성\ 프로토콜}$을 사용하여 새로운 IP 주소를 취득합니다. 대부분 아두이노 애플리케이션에서 DHCP를 구현하는 것이 쉽지는 않습니다. 그래서 보통 IP 주소를 수동으로 할당해 줍니다. 대부분의 경우 192.168.x.y 범위에서 로컬 주소를 설정합니다. 이 주소는 IP Address 클래스를 사용해 my_ip 배열에 저장합니다.(구 버전 아두이노 IDE는 IP Address 클래스 대신 배열을 이용해 IP 주소를 저장합니다. 이 배열을 자동으로 IP Address 개체로 바꿔주기 때문에 배열에 IP 주소를 저장해도 무방합니다.-옮긴이)

- time.nist.gov와 같은 도메인 이름을 IP 주소로 변환하기 위해서는 DNS$^{Domain\ Name\ System,\ 도메인\ 네임\ 시스템}$에 접속해야 합니다. 아두이노 공식 라이브러리는 DNS를 지원하지 않으므로, IP 주소를 직접 입력해야 합니다.(DNS 사용법은 8.6 DHCP와 DNS 사용하기를 참조하세요.-옮긴이) 이 IP 주소를 time_server 배열에 저장합니다. 앞서 텔넷 명령을 통해 이미 시간 안내 서비스의 도메인 명을 IP 주소로 변환하여 획득하였습니다. 또는 다음 명령 중 하나를 사용하여 도메인 명의 IP 주소를 획득할 수 있습니다.

```
maik> host time.nist.gov
time.nist.gov has address 192.43.244.18
maik> dig +short time.nist.gov
192.43.244.18
maik> resolveip time.nist.gov
IP address of time.nist.gov is 192.43.244.18
maik> ping -c 1 time.nist.gov
PING time.nist.gov (192.43.244.18): 56 data bytes
64 bytes from 192.43.244.18: icmp_seq=0 ttl=48 time=173.598 ms
```

```
--- time.nist.gov ping statistics ---
1 packets transmitted, 1 packets received, 0.0% packet loss
round-trip min/avg/max/stddev = 173.598/173.598/173.598/0.000 ms
```

9번째 줄을 보면, 새로운 클라이언트 객체를 생성한 것을 확인할 수 있습니다. 이 클래스는 이더넷 라이브러리의 하나로 지정된 IP 주소와 포트에 접속하는 네트워크 클라이언트를 생성합니다.(이전 버전 아두이노 IDE에서는 이 클래스의 이름이 client였습니다.-옮긴이)

이제 이더넷 실드를 초기화해야 합니다. 13번째 줄 setup( ) 함수에서 초기화 작업을 진행합니다. 초기화를 위한 MAC 주소와 IP 주소를 전달하기 위해 Ethernet.begin( ) 메서드를 실행합니다. 그러고 나서 디버그 메시지를 출력하기 위한 시리얼 포트를 초기화합니다. 여기까지 필요한 모든 컴포넌트를 초기화하였습니다. 이제 시간 안내 서버에 접속하여 결과를 확인할 수 있습니다.

IP 주소가 속한 네트워크의 게이트웨이와 서브넷 마스크 역시 Ethernet.begin( ) 메서드에 입력해야 합니다. 아두이노를 바로 인터넷에 연결하지 않고 라우터나 케이블 모뎀을 대신 사용하는 경우 반드시 필요한 조건입니다. 이러한 경우에는 게이트웨이 주소를 다음과 같이 입력해야 합니다.

```
// ...
byte mac[ ] = { 0xDE, 0xAD, 0xBE, 0xEF, 0xFE, 0xED };
byte my_ip[ ] = { 192, 168, 2, 120 };
byte time_server[ ] = { 192, 43, 244, 18 }; // time.nist.gov
// Insert IP address of your cable or DSL router below:
byte gateway[ ] = { 192, 168, 13, 254 };

Client client(time_server, DAYTIME_PORT);

void setup( ) {
    Ethernet.begin(mac, my_ip, gateway);
    Serial.begin(BAUD_RATE);
}
// ...
```

loop( ) 함수가 시작할 때 모든 요소들이 올바르게 초기화될 수 있도록 짧은 대기시간을 줍니다. 이 과정은 이더넷 실드가 독립적인 장치로 아두이노와 병렬적으로 작동하기 때문에 반드시 필요합니다. 20번째 라인에서 시간 안내 서비스에 접속을 시도합니다. 만약 접속이 이루어지지 않으면 오류 메시지를 출력합니다. 접속이 이루어지면, 서비스에 준비 시간을 1초 간 부여합니다. 그런 다음 출력된 결과를 한 자씩 읽어 출력합니다.

> ### 아두이노 1.0 이전의 이더넷 라이브러리
>
> 아두이노 1.0 버전에서 아두이노 팀은 이더넷 라이브러리를 조금 수정하였습니다. 이번 장의 코드를 아두이노 IDE 구 버전에서 컴파일하기 위해서는 몇 가지를 수정해야 합니다.
> - #include ⟨Arduino.h⟩을 #include ⟨WProgram.h⟩로 교체하세요.
> - EthernetClient를 Client로 교체합니다. 그리고 EthernetServer를 Server로 교체합니다.
> - 서버 주소와 포트를 클라이언트의 connect( ) 함수에 전달하는 대신에, Client 클래스의 생성자에 전달합니다. 또한 connect( ) 함수의 결과가 에러 코드가 아닌 boolean 변수로 반환됩니다. 그러므로 다음과 같이 작성합니다.
>
> ```
> Client client(ip_address, port);
> if (client.connect( )) {
> ...
> }
>
> instead of
>
> EthernetClient client;
> if (client.connect(ip_address, port) > 0) {
> ...
> }
> ```
>
> IPAdress 객체를 바이트 어레이로 교체합니다. 예를 들어, IPAddress ip_address(192, 169, 1, 1); 대신에 byte[ ] ip_address = { 192, 168, 1, 1 }; 을 사용합니다.
> DNS와 DHCP를 지원하기 위해 별도의 외부 라이브러리를 사용해야 합니다.[a] 이 API는 아두이노 1.0에 내장된 라이브러리보다 편리하지는 않지만 원활하게 작동합니다.
>
> ---
> a. http://gkaindl.com/software/arduino-ethernet

이 프로그램이 완벽하게 견고하지 않다는 것을 유념하세요. 만약 서버에서 데이터가 반환되기까지 300밀리초 이상 소요된다면, 이 프로그램은 그 값을 읽지 못합니다. 이런 경우 큰 문제가 되진 않지만, 더욱 견고한 애플리케이션을 만들기 위해 데이터를 받을 때까지 기다릴 수 있는 시간 제한 메커니즘을 추가하는 것이 좋습니다.

이제 프로그램을 컴파일하고, 아두이노로 업로드합니다. 그리고 나서 시리얼 모니터를 열어 다음과 같은 메시지를 확인합니다.

```
Connecting...connected.

55934 13-01-12 13:32:23 28 0 0 579.9 UTC(NIST) *
Disconnecting.
Connecting...connected.

55934 13-01-12 13:32:26 28 0 0 34.5 UTC(NIST) *
Disconnecting.
```

해냈습니다! 아두이노가 인터넷에 바로 접속되었고, 이제 아두이노를 매우 정교한 시계로 만들 수 있게 되었습니다.

대체로 이더넷 실드를 사용해 아두이노로 네트워크를 이용하는 것은 PC로 이용하는 것과 여러 면에서 차이가 납니다. 다음 절에서는 아두이노로 DHCP와 DNS 같은 서비스를 이용하는 방법을 배워봅시다.

8.6 DHCP와 DNS 사용하기

이전 절에서 IP 서비스에 '어렵게' 접속해 보았습니다. 왜냐하면, 자신의 IP 주소와 서비스의 IP 주소를 알아야 접속이 가능하기 때문입니다. 이제 좀 더 세련된 방법을 사용해 봅시다. 도메인명 서비스(DNS)를 사용해 서비스 주소를 정의하고, 동적 호스트 구성 프로토콜(DHCP)를 이용해 아두이노의 IP 주소를 취득합니다.

이제 DHCP와 DNS를 이용한 시간 서버 예제를 작성해 봅시다.

Download Arduino_1_0/Ethernet/TimeServerDnsDhcp/TimeServerDnsDhcp.ino

```
Line  1  #include <SPI.h>
      -  #include <Ethernet.h>
      -
      -  const unsigned int BAUD_RATE = 9600;
      5  const unsigned int DAYTIME_PORT = 13;
      -
      -  byte mac[] = { 0xDE, 0xAD, 0xBE, 0xEF, 0xFE, 0xED };
      -  char* time_server = "time.nist.gov";
      -  EthernetClient client;
     10
      -  void setup() {
      -    Serial.begin(BAUD_RATE);
      -    if (Ethernet.begin(mac) == 0) {
      -      for (;;) {
     15       Serial.println("Could not obtain an IP address using DHCP.");
      -       delay(1000);
      -      }
      -    } else {
      -      print_ip_address(Ethernet.localIP());
     20   }
      -  }
      -
      -  void loop() {
      -    delay(1000);
     25   Serial.print("Connecting...");
      -    if (client.connect(time_server, DAYTIME_PORT) <= 0) {
      -      Serial.println("connection failed.");
      -    } else {
      -      Serial.println("connected.");
     30     delay(300);
      -
      -      while (client.available()) {
      -        char c = client.read();
      -        Serial.print(c);
     35     }
      -
      -      Serial.println("Disconnecting.");
      -      client.stop();
      -    }
     40  }
      -
      -  void print_ip_address(IPAddress ip) {
      -    const unsigned int OCTETS = 4;
      -    Serial.print("We've got the following IP address: ");
```

```
45      for (unsigned int i = 0; i < OCTETS; i++) {
-         Serial.print(ip[i]);
-         if (i != OCTETS - 1)
-           Serial.print(".");
-       }
50      Serial.println();
-     }
```

이 프로그램은 직전에 작성한 프로그램과 기능적으로는 동일합니다. 하지만 IP 주소를 명시적으로 기재하지 않습니다. 이 부분을 제외하면 이전 프로그램과 크게 다른 점이 없습니다. 첫 번째 다른 점은 8번째 줄입니다. 여기에서는 더 이상 time_server 변수를 IP Address 개체로 선언하지 않습니다. 대신 문자열로 접속하고자 하는 서버의 이름을 선언하고 있습니다.

13번째 줄을 보면 더 이상 이더넷의 begin( ) 함수에 IP 주소를 전달하지 않습니다. 이런 경우 begin( ) 함수는 DHCP 서버를 이용해 로컬 네트워크에서 취득한 IP 주소를 이용합니다.

마지막으로, 26번째 줄에 time_server 문자열 변수를 connect( ) 함수에 전달합니다. time_server 변수의 자료형만 변경했을 뿐 내용을 바꾼 것은 아닙니다. 만약 connect( ) 함수가 IP Address 개체가 아닌 문자열을 전달받으면, DNS를 이용한 문자열로 저장된 서버명에 포함된 IP 주소를 검색합니다.

프로그램을 구동하면 다음과 유사한 결과를 출력할 수 있습니다.

```
We've got the following IP address: 192.168.2.113
Connecting...connected.

55934 12-01-08 18:50:56 00 0 0 202.1 UTC(NIST) *
Disconnecting.
```

어쩌면 여러분은 왜 항상 이 편리한 DHCP와 DNS를 사용할 수 없을까 궁금해할지 모릅니다. 먼저, DHCP와 DNS는 자칫 오동작을 일으킬 두 가지 가능성을 지니고 있습니다. 알다시피, 임베디드 시스템을 디버깅하는 작업은 매우 어렵습니다. 그러므로 절대적으로 필요하지 않은 한 DHCP와

DNS를 사용함으로써 작업을 더 어렵게 만들 수도 있습니다. 대부분 애플리케이션에서 미리 작성된 IP 주소를 사용해 업무를 수행합니다.

또 다른 문제는 프로그램의 크기입니다. DHCP와 DNS를 사용하면 바이너리 파일의 사이즈가 현격히 증가합니다. 예를 들어, DHCP 지원을 표준 시 서비스 프로그램에 추가할 경우 사이즈가 2,000바이트 이상 증가합니다. 하지만 DHCP와 DNS는 네트워크 애플리케이션에서 유용하게 사용할 수 있으며, 훌륭한 아두이노 표준 라이브러리의 하나입니다.

다음 절에서는 또 다른 중요한 네트워크 프로토콜을 다루는 법을 배우고자 합니다. 아두이노로 이메일을 보내는 방법입니다.

네트워크에 연결된 아두이노를 좀 더 즐기는 방법

입는 형태의 웨어러블 PC나 전자적인 성격이 가미된 섬유인 e텍스타일이 점점 보편화되고 있는데, 이러한 것들은 여러분의 동료나 친구들에게 깊은 인상을 남겨줄 수 있는 방법이기도 합니다. 여러 종류의 재미있는 물건을 모아 파는 상점에서 인터랙티브 티셔츠를 판매하기도 합니다. 몇몇 티셔츠는 주변의 와이파이 강도를 보여주거나, 주변의 소음을 이퀄라이저로 표현해 주기도 합니다.

아두이노 릴리패드[a]와 블루투스 동글, 안드로이드 휴대폰을 가지고 메일함의 읽지 않은 메일의 개수를 알려주는 티셔츠를 만들 수도 있습니다.[b]

읽지 않은 e메일의 수를 티셔츠에 표시하는 것 외에 메신저에서 나누는 대화 내용을 아두이노로 모니터링하여 현재의 기분을 가리키는 장치도 만들 수 있습니다.[c]

비록 아두이노로 만든 작품은 아니지만, 루미넷(Luminet) 프로젝트[d]는 큰 놀라움을 선사합니다. 루미넷은 상호 연결된 지능형 LED 모듈이 결합된 형태로, 멋진 인터랙티브 재킷입니다.

---

a. http://arduino.cc/en/Main/ArduinoBoardLilyPad
b. http://blog.makezine.com/archive/2010/03/email-counting_t-shirt.html
c. http://blog.makezine.com/archive/2010/01/arduino_powered_mood_meter.html
d. http://luminet.cc

8.7 명령어로 이메일 보내기

지금까지 네트워크 서비스에 접속하는 방법을 배웠습니다. 이제 조금 더 난도를 높여 자동 도난 경보 장치를 만들어 보겠습니다. 거실에서 움직임이 감지되면, 이 상황을 이메일로 발송하는 장치입니다. 이를 위해 아두이노로 이메일을 보내는 방법을 배워야 합니다.

이메일은 익숙한 서비스지만 어떤 방식으로 서비스가 이루어지는지 아는 사람은 드뭅니다. 아두이노에서 이메일을 보내기 위한 쉬운 방법도 있습니다. 8.4에서 프로세싱을 이용해 트위터 메시지를 업로드했던 것처럼, 아두이노는 이메일을 보낼 시점을 PC에 알려주고 PC에서 이메일을 보내는 것입니다. 해커처럼 더 정교한 방법을 통해 SMTP$^{\text{Simple Mail Transfer Protocol, 간이 전자우편 전송 프로토콜}}$을 구현해 보겠습니다.

SMTP는 전형적인 인터넷 프로토콜입니다. 이 프로토콜은 텍스트만을 사용해 라인 기반으로 이루어져 있어, 한 줄씩 정보 교환이 이루어집니다. 표준 이메일은 몇 개 안 되는 요소로 이루어져 있는데, 그 요소는 발송자, 수신자, 제목, 본문입니다. 이메일을 보내기 위해서는 SMTP 서버에 먼저 요청을 해야만 합니다. 이 요청은 SMTP 규격을 준수해야 합니다.

아두이노와 이더넷 실드를 이용해 이메일을 발송하기 전에, 텔넷 명령을 이용해 이메일을 보내는 방법을 알아야 합니다.* 메일을 보내기 위해서는 먼저 SMTP 서버 주소를 반드시 알아야 합니다. 아래 예제는 구글 메일 계정(http://gmail.com)을 사용하고 있다는 것을 가정하였습니다. 만약 다른 메일 서비스를 사용하고 있다면 도메인 명을 서비스에 맞게 수정해야 합니다. 어떤 경우에도 서비스를 남용해서는 안 되며, 의심이 든다면 사용 약관을 자세히 살펴보기 바랍니다.

---

* (옮긴이) 윈도에서 퍼티putty를 이용해 텔넷으로 메일을 보내는 방법은 http://www.insightbook.co.kr/44435를 참고하세요.

터미널을 열어서 다음과 같이 입력합니다.

```
maik> nslookup
> set type=mx
> gmail.com
Server: 192.168.2.1
Address: 192.168.2.1#53
Non-authoritative answer:
gmail.com mail exchanger = 5 gmail-smtp-in.l.google.com.
gmail.com mail exchanger = 10 alt1.gmail-smtp-in.l.google.com.
gmail.com mail exchanger = 20 alt2.gmail-smtp-in.
> exit
```

이 명령은 네트워크상에서 이용 가능한 모든 G메일 교환 서버(MX)의 목록을 반환합니다. 첫 번째 서버 명을 취득하여 SMTP 표준 포트인 25번 포트로 연결을 시도합니다.(서버 명을 gmail-smtp-in.l.google.com으로 변경하고 이 메일 주소를 여러분이 사용하고자 하는 주소로 변경하세요.)

```
⇒  maik> telnet gmail-smtp-in.l.google.com 25
⇐  Trying 74.125.77.27...
   Connected to gmail-smtp-in.l.google.com.
   Escape character is '^]'.
   220 mx.google.com ESMTP q43si10820020eeh.100
⇒  HELO
⟨  250 mx.google.com at your service
⇒  MAIL FROM: <arduino@example.com>
⟨  250 2.1.0 OK q43si10820020eeh.100
⇒  RCPT TO: <info@example.com>
⟨  250 2.1.5 OK q43si10820020eeh.100
⇒  DATA
⟨  354 Go ahead q43si10820020eeh.100
⇒  from: arduino@example.com
⇒  to: info@example.com
⇒  subject: This is a test
⇒
⇒  Really, this is a test!
⇒  .
⟨  250 2.0.0 OK 1286819789 q43si10820020eeh.100
⇒  QUIT
⟨  221 2.0.0 closing connection q43si10820020eeh.100
   Connection closed by foreign host.
```

비록 과정은 더 복잡하지만, 이번 예제는 표준시 서비스 예제와 유사합니다. 단지 조금 더 복잡한 명령어를 사용할 뿐입니다.(참고로 텔넷 명령어는 대문자로 작성할 필요가 없습니다.) 먼저 SMTP 서버와 세션 설정을 하기 위해 HELO 명령어를 발송합니다. 그리고 나서 MAIL FROM: 명령을 사용해 메일을 보내겠다는 의사를 서버에 밝힙니다. 이 명령어에 사용된 이메일 주소는 메일 서버가 메일을 반송하는 경우에 사용됩니다. 서버가 모든 요청에 대해 응답 메시지를 제공하는 것에 주의하세요. 이 응답은 항상 세 자리 숫자로 된 상태 코드를 포함합니다.

RCPT TO: 명령은 받는 사람의 메일 주소를 설정합니다. 만약 다수의 사람에게 이메일을 보내고 싶다면 이 명령을 받는 사람 수만큼 반복해야 합니다.

DATA 명령은 서버에 이제 이메일의 속성을 전송하기 시작한다는 것을 알립니다. 이메일 속성은 주로 콜론으로 키와 키값으로 짝지어져 있으며, 키와 키값은 콜론으로 구분됩니다. 첫째 줄부터 세 번째 줄까지는 "from", "to", "subject"라는 속성으로 보내는 사람, 받는 사람, 제목을 설정합니다. 이 속성들은 이메일을 보낼 때 일반적으로 필요한 것이기도 합니다.

이메일의 본문을 속성과 분리하기 위해 빈 줄을 입력합니다. 그리고 본문이 끝났음을 표시하기 위해 마침표 하나가 찍힌 라인을 발송합니다. 마지막으로 QUIT 명령을 사용하여 SMTP 서버와의 세션을 종료합니다.

이제 메일 박스에서 새로 수신된 메일을 볼 수 있습니다. 만약 메일이 도착하지 않았다면, 먼저 다른 MX 서버를 사용해 메일을 다시 발송해 보세요. 여전히 메일이 발송되지 않을 수도 있습니다. 이론적으로는 간단하지만, SMTP 서버는 경우에 따라 까다롭게 굴기도 합니다. SMTP 서버는 자주 도움이 될 만한 에러 메시지를 반환하는데, 이 메시지가 문제를 신속히 해결하는 데 도움을 줄 수 있습니다.

명령어를 이용해 메일 전송을 성공하기 전까지 다음 단계로 넘어가면 안 됩니다. 이 단계가 아두이노를 이용해 메일을 보내는 방법을 배우기 위한 기초 과정이기 때문입니다.

8.8 아두이노를 이용해 바로 메일 발송하기

아두이노로 메일을 보내기 위해서 한 줄 한 줄 입력하는 텔넷 명령어를 이용해 보았습니다. 네트워킹 코드로 이메일의 속성을 작성하는 대신 좀 더 편리한 형태로 프로그램을 작성해 보겠습니다.

먼저 이메일 클래스를 작성해 봅시다.

```
Download Arduino_1_0/Ethernet/Email/email.h
#ifndef __EMAIL__H_
#define __EMAIL__H_

class Email {
  String _from, _to, _subject, _body;

  public:

  Email(
    const String& from,
    const String& to,
    const String& subject,
    const String& body
  ) : _from(from), _to(to), _subject(subject), _body(body) {}

  const String& getFrom() const { return _from; }
  const String& getTo() const { return _to; }
  const String& getSubject() const { return _subject; }
  const String& getBody() const { return _body; }
};

#endif
```

이 클래스는 이메일을 보내는 데 필요한 네 가지 중요한 속성인 보내는 사람과 받는 사람의 이메일 주소, 제목, 본문을 캡슐화하였습니다. 이 모든 속성을 String(문자열) 객체에 저장합니다.

참고로 String 클래스는 아두이노 IDE 버전 19부터 지원하기 시작했습니다. C++나 자바의 String 클래스만큼 다양한 기능을 제공하지는 않지만 char 포인터를 다루는 것보다는 편리합니다. 문자열 클래스의 사용 방법은 매우 간단합니다.

이메일 클래스의 나머지 부분은 매우 단순합니다. 생성자에서 모든 객체 변수들을 초기화하고, 각각의 속성을 반환받기 위한 메서드들을 선언합니다. 이제 이메일 객체를 발송하기 위한 SmtpService 클래스를 작성할 차례입니다.

Download Arduino_1_0/Ethernet/Email/smtp_service.h

```
Line 1  #ifndef __SMTP_SERVICE__H_
        #define __SMTP_SERVICE__H_

        #include "email.h"
     5
        class SmtpService {
          IPAddress _smtp_server;
          unsigned int _port;

    10    void read_response(EthernetClient& client) {
            delay(4000);
            while (client.available()) {
              const char c = client.read();
              Serial.print(c);
    15      }
          }

          void send_line(EthernetClient& client, String line) {
            const unsigned int MAX_LINE = 256;
    20      char buffer[MAX_LINE];
            line.toCharArray(buffer, MAX_LINE);
            Serial.println(buffer);
            client.println(buffer);
            read_response(client);
    25    }

        public:

          SmtpService(
    30      const IPAddress& smtp_server,
            const unsigned int port) : _smtp_server(smtp_server),
                                        _port(port) {}

          void send_email(const Email& email) {
    35      EthernetClient client;
            Serial.print("Connecting...");
```

```
        if (client.connect(_smtp_server, _port) <= 0) {
          Serial.println("connection failed.");
40      } else {
          Serial.println("connected.");
          read_response(client);
          send_line(client, String("helo"));
          send_line(
45           client,
             String("mail from: <") + email.getFrom() + String(">")
          );
          send_line(
             client,
50           String("rcpt to: <") + email.getTo() + String(">")
          );
          send_line(client, String("data"));
          send_line(client, String("from: ") + email.getFrom());
          send_line(client, String("to: ") + email.getTo());
55        send_line(client, String("subject: ") + email.getSubject());
          send_line(client, String(""));
          send_line(client, email.getBody());
          send_line(client, String("."));
          send_line(client, String("quit"));
60        client.println("Disconnecting.");
          client.stop();
        }
      }
    };
65
    #endif
```

보다시피 코드의 양은 많지만 어렵지 않습니다. 먼저, SmtpService 클래스는 SMTP 서버의 IP 주소와 포트를 캡슐화합니다.

SMTP 서버와 통신하기 위해 서버가 반환한 메시지를 읽어야 합니다. 이 작업은 10번째 줄부터 시작하는 read_response( ) 메서드를 이용해 이루어집니다. 우선 4초 동안 대기합니다.(SMTP 서버는 보통 많은 양의 스팸을 처리하느라 늘 분주합니다.) 그리고 나서 서버에서 반환된 모든 데이터를 읽고 디버깅을 위해 시리얼 포트로 출력합니다.

이 응답을 처리하기 전에 서버에 요청 메시지를 보내야 합니다. 18번째 줄부터 시작하는 send_line( ) 메서드는 SMTP 서버로 명령어를 전달합니다. 클라이언트 인스턴스로 이 연결을 서버에 전달합니다. 보내고자 하는 내용은 반드시 문자열 개체여야 합니다.

   스트링 객체에 저장된 데이터를 발송하기 위해 참조할 문자 데이터에 접근해야 합니다. 이 글을 쓰는 시점에 아두이노 공식 참고 문서에서 이 정보를 검색할 수 있는 toCharArray( ) 메서드와 getBytes( ) 메서드의 사용법을 안내하고 있습니다. 하지만 안타깝게도 이 문서에 적힌 대로 작동하지 않습니다. 다시 말해, 이 두 메서드는 포인터를 반환하지 않습니다. 대신, 이 메서드는 충분한 크기의 **char** 배열과 배열의 크기를 제공해야 합니다. 그래서 시리얼 포트와 이더넷 포트로 내용을 출력하기 전에 버퍼에 라인의 내용을 복사할 필요가 있습니다. 데이터를 전송한 후에는 서버의 응답을 읽어 시리얼 포트로 이 내용을 출력합니다.

   public 인터페이스는 어려울 게 전혀 없습니다. 생성자는 SMTP 서버의 IP 주소와 포트 번호를 필요로 합니다. send_email( ) 메서드는 이 클래스에서 가장 큰 비중을 차지합니다. 하지만 가장 단순한 메서드이기도 합니다. 앞서 작성했던 텔넷 명령을 그대로 반복합니다. 여기서 언급할 만한 것은 문자열을 다루는 방법입니다. 여기서는 아두이노의 새로운 String 클래스를 사용하여 문자열을 다룹니다. 결합 연산자(+)를 사용하기 위해서는 모든 문자열을 String 객체로 변환해야 합니다.

   이제 실제로 메일을 보내는 데 이 클래스를 사용해 봅시다.

Download Arduino_1_0/Ethernet/Email/Email.ino

```
Line 1  #include <SPI.h>
     -  #include <Ethernet.h>
     -  #include "smtp_service.h"
     -
     5  const unsigned int SMTP_PORT = 25;
     -  const unsigned int BAUD_RATE = 9600;
     -
     -  byte mac[] = { 0xDE, 0xAD, 0xBE, 0xEF, 0xFE, 0xED };
     -  IPAddress my_ip(192, 168, 0, 211);
    10
     -     // SMTP 서버 아이피를 입력해 주세요. 현재 IP는 Gmail SMTP 서버입니다.
     -  IPAddress smtp_server(173,194,79,27);
     -
```

```
-      SmtpService smtp_service(smtp_server, SMTP_PORT);
15
-    void setup() {
-      Ethernet.begin(mac, my_ip);
-      Serial.begin(BAUD_RATE);
-      delay(1000);
20     Email email(
-        "arduino@example.com",
-        "info@example.net",
-        "Yet another subject",
-        "Yet another body"
25     );
-      smtp_service.send_email(email);
-    }
-
-    void loop() {}
```

특별히 어려운 것은 없습니다. 맥 주소 등을 상수로 선언하고 SmtpService 인스턴스를 생성합니다. setup( ) 함수는 시리얼 포트와 이더넷 실드를 초기화하고 안정화시키기 위한 대기시간을 1초가량 줍니다. 20번째 라인을 보면, 새로운 이메일 객체를 생성하여 send_email( ) 메서드를 호출합니다.

지금까지 아두이노로 어떻게 이메일을 보내는지 알아보았습니다. 하지만 무인 경보기를 만들기 위해서는 움직임을 감지하는 방법을 익혀야 합니다.

8.9 패시브 타입 적외선 센서로 움직임 감지하기

움직임을 감지하는 것은 매우 유용한 기술입니다. 이미 현관에 누군가 접근했을 때 조명을 켜주는 장치에 익숙할 겁니다. 대부분 이러한 장치에는 패시브 타입 적외선 센서(PIR)가 움직임을 감지하기 위해 사용됩니다.

거의 모든 물체가 적외선을 방출하며 PIR 센서(그림 68 참조)는 정확히 이 적외선의 일부를 측정합니다. 만약 센서의 감지 범위 내에 존재하는 물체에서 방출된 적외선을 수신할 준비가 되었다면 움직임을 감지하는 것은 비교적 쉽습니다. 예를 들어, 만약 센서가 벽에서 방출된 적외선을 감지하

그림 68 패시브 타입 적외선 센서의 앞과 뒤

고 있을 때 갑자기 사람이나 동물이 벽 앞에 나타난다면 적외선 신호가 바뀔 것입니다.

센서를 실제로 사용할 때에는 이러한 것은 신경 쓰지 않아도 됩니다. 센서의 감지 범위 내에서 움직임이 있는지 없는지 확인할 수 있는 디지털 출력 핀을 확인하기만 하면 됩니다. Parallax사의 PIR 센서는 이러한 센서 장치의 좋은 예이며, 지금부터 만들 도난 경보 장치에 사용할 것입니다.

PIR 센서에는 전원, 접지, 신호로 이루어진 3개의 핀이 있습니다. 아두이노의 5V 출력 핀에 전원을 연결하고, 접지 핀에 접지를 연결합니다. 그리고 디지털 2번 핀에 신호를 연결합니다.(그림 69 참조) PIR 센서에는 점퍼 핀이 있는데, 이 점퍼 핀을 이용해 센서 동작을 변경할 수 있습니다. 이 프로젝트에서는 점퍼 핀을 H에 맞춰 사용합니다.(Lady Ada에 PIR 센서에 대한 자세한 강의가 나와 있습니다. http://www.ladyada.net/learn/sensors/pir.html 참고)

이제 아두이노 IDE에서 다음 코드를 작성해 봅시다.

```
Download Arduino_1_0/Ethernet/MotionDetector/MotionDetector.ino
```

```
Line 1   const unsigned int PIR_INPUT_PIN = 2;
     -   const unsigned int BAUD_RATE = 9600;
     -
```

그림 69 PIR 센서 회로도

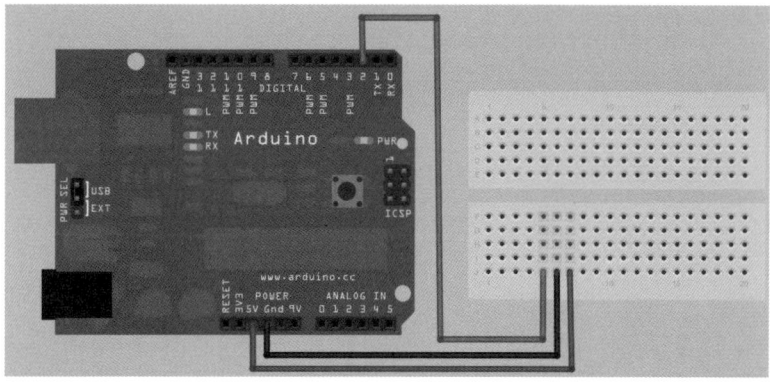

```
     class PassiveInfraredSensor {
  5    int _input_pin;

     public:
     PassiveInfraredSensor(const int input_pin) {
       _input_pin = input_pin;
 10    pinMode(_input_pin, INPUT);
     }
     const bool motion_detected() const {
       return digitalRead(_input_pin) == HIGH;
     }
 15  };

     PassiveInfraredSensor pir(PIR_INPUT_PIN);

     void setup() {
 20    Serial.begin(BAUD_RATE);
     }

     void loop() {
       if (pir.motion_detected()) {
 25      Serial.println("Motion detected");
       } else {
         Serial.println("No motion detected");
       }
       delay(200);
 30  }
```

그림 70 PIR 센서의 일반적인 출력 형태

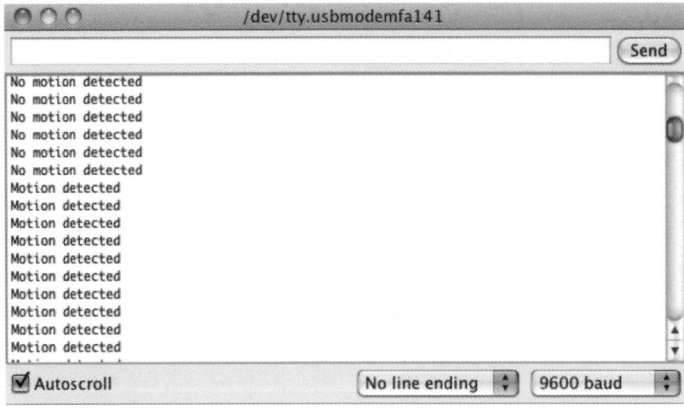

상수 PIR_INPUT_PIN에서 PIR 센서를 연결한 디지털 핀을 정의합니다. 4번째 줄부터 PIR 센서와 관련한 기능들을 캡슐화하고 있는 PassiveInfraredSensor 클래스에 대한 정의를 시작합니다.

센서가 연결된 디지털 핀의 번호를 저장할 _input_pin이라는 멤버 변수를 선언합니다. 그런 뒤 생성자를 선언하여 센서가 연결된 디지털 핀을 인

그림 71 이메일로 도난 경보 알리기

자로 받아 멤버 변수에 할당합니다.

여기에 선언할 유일한 메서드는 motion_detected( )입니다. 이 메서드는 모션이 감지되면 '참(true)'을 반환하고, 아니면 '거짓(false)'을 반환합니다. 이를 위해 센서의 디지털 핀의 상태가 HIGH인지 LOW인지 확인해야 합니다.

스케치를 컴파일하여 아두이노에 업로드한 다음 센서 앞에서 이리저리 손을 흔들면 그림 70과 유사한 결과를 확인할 수 있습니다.

도난 경보기에 필요한 두 가지 중요한 요소를 완성하였습니다. 이제 이 둘을 하나로 합치기만 합니다. 다음 절에서 이 작업을 진행할 것입니다.

8.10 프로젝트 마무리 짓기

PassiveInfraredSensor와 SmtpService 클래스를 가지고 이메일로 경보를 전송하는 도난 경보 장치를 만드는 것은 식은 죽 먹기입니다. 그림 71에서처럼 PIR 센서를 이더넷 실드에 연결하고 아래 코드를 아두이노에 업로드합니다.

```
Download Arduino_1_0/Ethernet/BurglarAlarm/burglar_alarm.h
```

```
Line 1  #ifndef __BURGLAR_ALARM_H__
     -  #define __BURGLAR_ALARM_H__
     -  #include "pir_sensor.h"
     -  #include "smtp_service.h"
     5
     -  class BurglarAlarm {
     -    PassiveInfraredSensor _pir_sensor;
     -    SmtpService _smtp_service;
     -    void send_alarm() {
    10      Email email(
     -        "arduino@example.com",
     -        "info@example.net",
     -        "Intruder Alert!",
     -        "Someone's moving in your living room!"
    15      );
     -      _smtp_service.send_email(email);
```

```
          }

        public:
 20       BurglarAlarm(
            const PassiveInfraredSensor& pir_sensor,
            const SmtpService& smtp_service) :
              _pir_sensor(pir_sensor),
              _smtp_service(smtp_service)
 25       {
          }

          void check() {
            Serial.println("Checking");
 30         if (_pir_sensor.motion_detected()) {
              Serial.println("Intruder detected!");
              send_alarm();
            }
          }
 35     };
        #endif
```

BurglarAlarm은 앞서 작성한 모든 코드를 종합한 클래스입니다. 이 클래스는 SmtpService 인스턴스와 PassiveInfraredSensor 객체를 캡슐화하고 있습니다. 이 클래스에서 가장 복잡한 메서드는 미리 작성된 이메일을 발송하는 send_alarm( )입니다.

BurglarAlarm 클래스의 나머지 부분은 매우 간단합니다. 20번째 줄부터 시작하는 생성자는 모든 private 객체를 초기화합니다. check( ) 메서드는 PIR 센서에서 움직임이 감지되었는지 아닌지 확인하여, 움직임이 감지되면 이메일을 발송합니다.

BurglarAlarm 클래스를 사용해 봅시다.

> Download Arduino_1_0/Ethernet/BurglarAlarm/BurglarAlarm.ino

```
#include <SPI.h>
#include <Ethernet.h>
#include "burglar_alarm.h"
const unsigned int PIR_INPUT_PIN = 2;
const unsigned int SMTP_PORT = 25;
const unsigned int BAUD_RATE = 9600;
byte mac[] = { 0xDE, 0xAD, 0xBE, 0xEF, 0xFE, 0xED };
IPAddress my_ip(192, 168, 0, 211);
```

그림 72 도난 경보 알람 출력

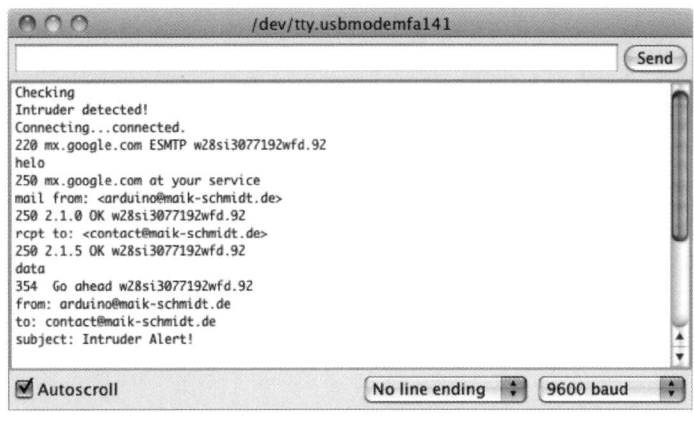

```
// SMTP 서버 아이피를 입력해 주세요. 현재 IP는 Gmail SMTP 서버입니다.
IPAddress smtp_server(173,194,79,27);
PassiveInfraredSensor pir_sensor(PIR_INPUT_PIN);
SmtpService  smtp_service(smtp_server, SMTP_PORT);
BurglarAlarm burglar_alarm(pir_sensor, smtp_service);

void setup() {
  Ethernet.begin(mac, my_ip);
  Serial.begin(BAUD_RATE);
  delay(20 * 1000);
}

void loop() {
  burglar_alarm.check();
  delay(3000);
}
```

가장 먼저, 필요한 라이브러리를 모두 정의한 다음 PIR 센서를 연결하는 데 사용하는 핀 번호와 맥 주소를 상수로 선언합니다. 그다음 SmtpService와 PassiveInfraredSensor 객체를 정의하고, BurglarAlarm 인스턴스를 선언하는 데 이 객체를 사용합니다.

setup( ) 메서드에서 시리얼 포트와 이더넷 실드를 시작합니다. 여기에

8장 아두이노와 네트워크 구성하기 211

> ### 대안 네트워크 기술
>
> 이더넷은 가장 대중적이고 강력한 통신 기술입니다. 이더넷 실드를 사용해 아두이노를 인터넷에 쉽게 연결할 수 있으며, 클라이언트 또는 서버로도 사용할 수 있습니다.
>
> 프로젝트에 따라 무선 통신을 사용하는 것이 더욱 용이할 때가 있습니다. WiFi 실드[a]를 사용해 아두이노를 쉽게 무선 네트워크 장치로 만들 수 있습니다.
>
> 하지만 모든 프로젝트에서 이더넷 통신이 필요한 것은 아닙니다. 개인적인 공간에서 짧은 거리에서만 통신이 필요한 경우도 발생합니다. 다양한 선택 사항 중 블루투스와 지그비(ZigBee) 통신[b]이 가장 널리 알려져 있습니다. 둘 다 아두이노에서 사용할 수 있는 강력한 솔루션입니다.
>
> 마지막으로 휴대전화에 사용되는 셀룰러 통신을 아두이노에서 사용할 수 있습니다. GSM 실드[c]를 꽂고 SIM 카드를 장착하기만 하면 됩니다.[d]
>
> ---
> a. WiShield(http://www.asynclabs.com/)와 WiFly(http://www.sparkfun.com/commerce/product_info.php?products_id=9954)
> b. http://en.wikipedia.org/wiki/Zigbee
> c. http://www.hwkitchen.com/products/gsm-playground/
> d. (옮긴이) 하지만 아쉽게도 IME 화이트리스트 제도 국가인 한국에서는 절차가 조금 복잡합니다.

delay( ) 메서드를 사용해 알람이 작동하기 전까지 필요한 작업을 수행할 수 있는 충분한 여유를 주기 위해 20초 정도 대기시간을 둡니다.

loop( ) 함수 역시 단순합니다. 필요한 모든 작업을 BuglarAlarm 클래스의 check( ) 메서드에 위임하기만 하면 됩니다. 그림 72를 보면 도난 경보기가 어떻게 침입자를 감지하는지 알 수 있습니다.

어떻게 하면 임베디드 장치에 객체지향 프로그래밍을 쉽게 적용할 수 있을까요? 여기서 알 수 있듯이 email과 PIR 센서와 관련된 복잡한 코드들을 두 개의 클래스로 나눠 작성하였습니다. 그리고 도난 방지 애플리케이션을 만들기 위해 이 두 코드를 잇는 접착 코드를 작성하기만 하면 됩니다.

한 가지 첨언하자면, 이러한 기술에 대해 전혀 지식이 없는 사람들을 감시하는 데 이 기술을 남용하지 말기 바랍니다. 비윤리적일 뿐 아니라 대다

수 국가에서 불법입니다.

이번 장에서는 아두이노를 인터넷에 연결할 수 있는 다양한 방법을 시도해 보았습니다. 별도의 PC를 이용해 연결하거나, 이더넷 실드를 이용해 연결하는 방법에 대해 알아보았습니다. 서로 다르지만 이 두 가지 방법 모두 임베디드 컴퓨팅 애플리케이션에 새로운 지평을 열어주었습니다.

네트워킹은 외부 세상에 직접적으로 영향을 줄 수 있는 방법 중 하나입니다. 다음 장에서는 이와 유사한 효과를 지니고 있는 장치를 원격으로 제어하는 방법을 배울 것입니다.

8.11 작동하지 않을 때

네크워크는 복잡하디복잡합니다. 이번 장에서는 많은 것들로 인해 오동작이 발생할 수 있습니다. 이 중 가장 일반적인 오류는 다음과 같습니다.

- 프로세싱 애플리케이션에서 잘못된 시리얼 포트를 선택할 수 있습니다. 기본적으로 애플리케이션은 검색에서 가장 먼저 발견된 시리얼 포트를 사용합니다. 하지만 아두이노가 다른 시리얼 포트에 연결되었을 수도 있습니다. 이런 경우 arduinoPort = new Serial(this, Serial.list( )[0], BAUD_RATE) 구문에서 index 0 값을 알맞게 변경해 주어야 합니다.
- 이더넷 실드에 이더넷 케이블이 연결되었는지 확인합니다.
- 네트워크 공유기는 특정 맥 주소에 대해서만 네트워크 연결을 허용하는 MAC 어드레스 허용 목록을 가지고 있습니다. 아두이노 스케치에서 사용하고 있는 맥 주소가 이 허용 리스트에 포함되었는지 확인하세요. 자세한 방법은 공유기 매뉴얼을 찾아보기 바랍니다.
- 네트워크상에서 중복된 맥 주소를 사용하지 않았는지 확인합니다.
- 사용 중인 네트워크에서 허용하지 않는 IP 주소를 사용하거나 다른 장치에서 점유하고 있는 IP 주소를 사용하고 있는지 확인합니다.

- 트위터와 같은 서비스에 접속하기 위해 사용한 자격 증명을 제대로 기재하였는지 확인합니다. 올바른 OAuth 토큰을 사용했는지 확인합니다.
- 트위터는 중복 트윗을 허용하지 않습니다. 그러므로 메시지를 트윗하는 데 실패할 때마다 이전에 트윗한 메시지가 아닌지 확인합니다.
- 네트워크는 수십 년 동안 신뢰를 쌓아왔지만 여전히 때때로 문제가 발생하곤 합니다. 그러므로 연결이 실패하거나 시간 초과에 진입할 수 있습니다. 이럴 때는 아두이노 스케치의 대기시간을 이에 맞게 늘립니다.

8.12 예제

- 이더넷 실드를 이용한 다른 프로젝트를 검색해 보고 이 프로젝트 중 하나를 따라해 보세요. 예를 들어 아두이노를 위한 채팅 프로그램이 있습니다.
- 다른 종류의 센서를 사용해 도난 경보기를 만들어 보세요. 인터넷에는 영감을 주는 수많은 예제들이 있습니다.
- 도난 경보기에서 발송된 이메일에 현재 시간을 추가해 보세요. 시간은 앞선 예제에서 사용한 시간 안내 서비스를 사용해 기록하면 됩니다.
- 이메일 예제에 DHCP와 DNS를 추가해 보세요.

9장 자신만의 범용 리모컨 만들기

리모컨은 우리 생활에 많은 편의를 제공합니다. 하지만 편리한 리모컨에도 불편한 점들이 있습니다. 때때로 리모컨은 자동 꺼짐 기능과 같이 사용자가 원하는 부가 기능을 가지고 있지 않은 경우가 있습니다. 더군다나 집집마다 보유하는 리모컨의 개수는 나날이 늘어납니다. 리모컨을 사용하는 건 주말에 스포츠 중계를 볼 때뿐인데 사용하지 않을 때에도 배터리를 계속 소모하고, 불필요하게 공간을 차지합니다. 범용 리모컨은 가장 비싼 제품도 만족시키지 못하는 불편을 조금이나마 덜어줍니다.

리모컨을 매일 사용하지만, 어떻게 작동하는지 리모컨의 원리를 아는 사람은 극히 드뭅니다. 이번 장에서는 리모컨의 작동 원리를 샅샅이 살펴보고, 전자제품 가게에서 구입한 제품보다 편리한 자신만의 범용 리모컨을 만들어볼 것입니다. 범용 리모컨이 편리한 것은 자신의 필요에 따라 기능을 변경할 수 있기 때문입니다. 쉽게 선호하는 기능을 추가할 수 있고, 다른 리모컨이 할 수 없는 기능도 척척 해낼 수 있습니다. 상용 리모컨의 경우, 리모컨이 지원하지 않는 제조업체의 제품은 작동시킬 수 없습니다. 하지만 지금부터 우리가 만들 리모컨은 쉽게 새로운 제품을 추가할 수 있습니다. 심지어 적외선뿐 아니라 블루투스나 무선랜[WiFi] 같은 통신 방법을 추가할 수도 있습니다.

먼저 적외선 신호에 대한 기초 지식을 알아보고 이를 바탕으로 적외선 센서를 이용해 여러분이 가지고 있는 어떤 리모컨으로부터 제어 코드를 복제할 수 있는 프로젝트를 진행해 볼 것입니다. 이 제어 신호를 한 번 복제하기만 하면, 적외선 LED를 이용해 자신만의 범용 리모컨을 만들 준비가 된 것입니다.

그런 다음 리모컨을 한 단계 더 발전시켜 보겠습니다. 일단 이 만능 리모컨을 가지고 이더넷 연결 또는 시리얼 포트를 사용해 아두이노를 제어합니다. 이 방법으로 아두이노를 웹 브라우저에서 제어할 수 있고 TV나 DVD 플레이어를 인터넷으로 제어할 수도 있습니다.(그림 73 참조)

그림 73 적외선 프록시 구조

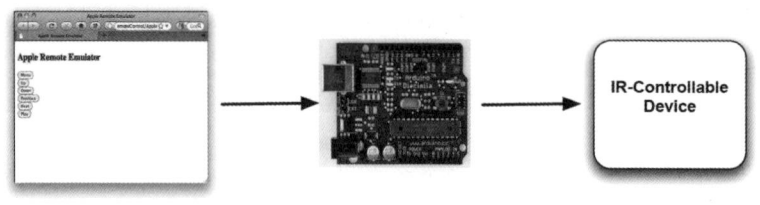

9.1 준비물

1. 아두이노 이더넷 실드
2. 브레드보드
3. PNA4602 적외선 수신 장치
4. 100Ω 저항 1개
5. 적외선 LED
6. 전선
7. TV, DVD, Mac 등 기기에 상관없이 1개 이상의 적외선 리모컨. 이번 장의 예제를 진행하려면 Mac과 Apple 리모컨을 구비하는 것이 가장 좋습니다. 하지만 필수는 아닙니다. 애플 리모컨이 없다면, 예제를 따라서 프로토콜 이름과 비트의 길이(개수) 그리고 제어 코드를 적용하기만 하면 됩니다. 예를 들어 만약 소니 TV에 딸린 리모컨을 사용하고 있다면, SONY 라는 이름의 프로토콜을 정의하면 됩니다.(9.3 '리모컨 제어 코드 읽기'

그림 74 이번 장에 필요한 부품

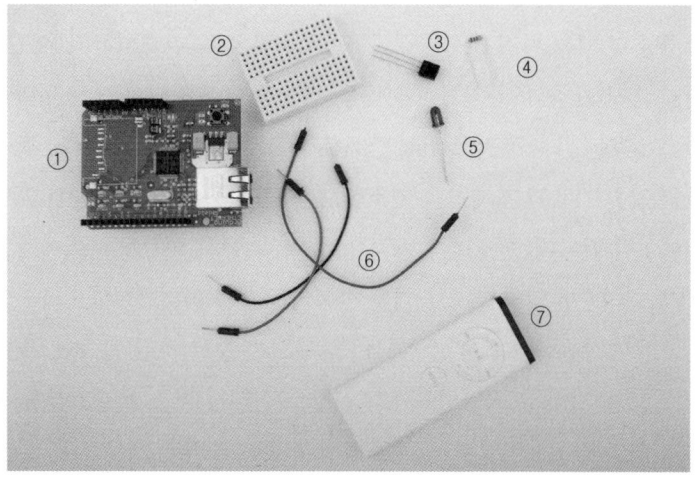

참조)
8. 아두이노 우노, 두에밀라노베 혹은 디에시밀라 중 하나
9. USB 선

9.2 리모컨의 내부 구조 이해하기

TV와 같은 장치를 무선으로 제어하기 위해서는 송신기와 수신기가 필요합니다. 수신기는 보통 제어가 필요한 장치에 장착됩니다. 반대로 송신기는 리모컨의 부품으로 사용합니다. 블루투스나 무선랜과 같은 다양한 기술을 선택할 수 있지만, 대부분 일반적인 리모컨은 여전히 적외선 통신을 이용합니다.

신호 송출을 위해 적외선을 사용하는 것에는 여러 가지 장점이 있습니다. 일단 적외선은 사람의 눈에 보이지 않으므로 시각적인 불편함이 없습니다. 또 적외선 LED는 매우 값싸고 쉽게 전자회로에 적용할 수 있는 부품입니다. 그래서 일반적으로 가정에서 여러 가전제품을 제어하는 목적으로 사용하기에는 최선의 선택입니다.

하지만 몇 가지 단점이 있습니다. 벽이나 문을 뚫고 제어할 수 없고, 리모컨과 수신 기기 사이의 거리가 매우 제한적입니다. 더 치명적인 약점은 적외선 신호는 다른 광원에 의해 방해를 받을 수 있다는 것입니다.

다른 광원으로 인한 왜곡을 최소한으로 줄이기 위해 적외선 신호는 변조되어야만 합니다. 변조란 일반적으로 36KHz에서 40KHz 사이에서 LED를 특정 주파수에 맞춰 켜고 끄기를 반복하는 것을 의미합니다.

견고하게 작동하는 적외선 리모컨을 만드는 것은 조금 복잡합니다. 가장 큰 문제는 수많은 제조업체에서 서로 호환되지 않는 프로토콜을 무한대로 만들어냈다는 것입니다. 제조업체와 제품에 따라 서로 다른 주파수를 사용하고 이 데이터를 다른 방법으로 해석합니다. 몇몇 제조업체에서는 '전원 켬'을 1비트로 사용하지만, 몇몇 업체는 0을 '전원 켬' 명령으로 사용합니다. 게다가 제조업체마다 서로 다른 길이의 명령어를 사용하기도 합니다. 그러므로 서로 다른 리모컨 프로토콜을 제대로 작동시키기 위해 제각각인 리모컨의 속성을 획득하는 방법을 알아야만 합니다.

이 정보를 얻기 위해 실용적인 접근법을 취해 보겠습니다. 다음 두 절에서는 적외선 신호를 상용 리모컨으로부터 읽어오는 방법과 이 신호를 복제하여 송출하는 방법을 배워 봅시다.

9.3 리모컨 제어 코드 읽기

제조사가 달라도 드물게 동일한 프로토콜, 심지어는 동일한 명령을 사용하는 경우도 있으므로 리모컨 제어 코드를 송신하기 전에 송신된 신호가 어떤 결과를 발생시키는지 알아야만 합니다. 복제하고자 하는 리모컨에 대해 가능한 한 많은 정보를 획득해야 합니다.

특정 장치를 제어하기 위한 리모컨 신호를 얻는 방법에는 두 가지가 있

그림 75 적외선 수신기를 아두이노에 장착하는 것은 간단합니다.

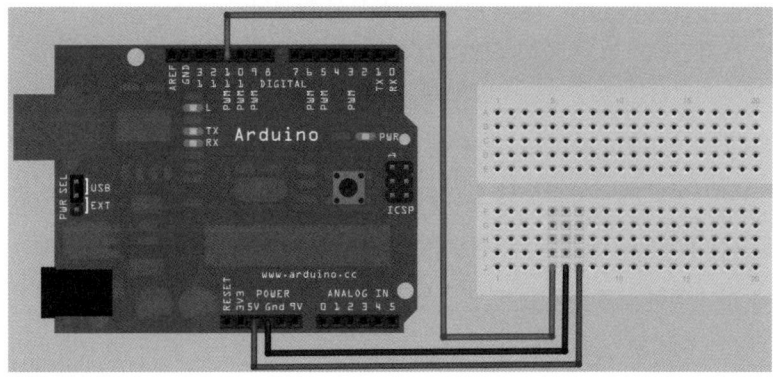

습니다. 리눅스 적외선 리모컨 프로젝트와 같은 곳에서 리모컨 데이터베이스를 검색하거나 적외선 수신기를 사용해 복제하고자 하는 리모컨으로부터 신호를 바로 읽는 것입니다. 여기서는 실습을 통해 더 많은 것을 배울 수 있는 두 번째 방법을 사용합니다.

적외선 수신기의 내부 구조는 매우 복잡합니다. 하지만 사용 방법은 간단합니다. 적외선 수신기는 특정 주파수대(보통 36KHz에서 40KHz 사이)의 적외선 스펙트럼을 알아서 관찰합니다. 그리고 관찰 결과를 하나의 핀을 사용해 제공합니다. 그러므로 이러한 수신기를 사용할 때에는 복잡한 통신 과정은 고려하지 않아도 됩니다. 단순히 수신된 신호를 읽고 해석하는 것에만 집중하면 됩니다.

아래 사진이 바로 PNA4602 적외선 센서입니다.

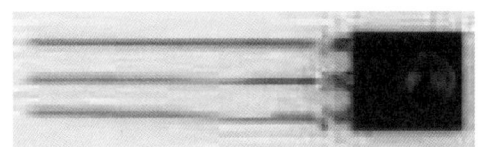

그림 75는 PNA4602 수신기를 아두이노에 연결하는 방법을 보여주고 있습니다. 이 센서는 값싸고, 사용하기 쉽습니다. 그리고 38KHz 주파수 대에서 작동하므로 다양한 장치로부터 신호를 감지할 수 있습니다. 먼저 센서의 접지 커넥터를 아두이노의 접지 핀에 연결하고, 전원 커넥터를 아두이노의 5V 핀에 연결합니다. 신호 핀은 디지털 11번 핀에 연결합니다.

아마 여러분은 11번으로 들어오는 출력을 읽는 스케치를 작성해야 한다고 생각할지 모릅니다. 말리지는 않겠습니다. digitalRead( ) 함수를 loop( ) 메서드에서 호출하여 결과 값을 시리얼 포트로 출력해 보세요. 그리고 TV 리모컨을 수신기에 대고 리모컨을 눌러 어떤 일이 일어나는지 확인해 봅시다.

아마 출력된 데이터를 보고 혼란에 빠졌을 겁니다. 입력 데이터를 해석하는 것은 쉽지 않습니다. 심지어 수신기가 미리 데이터를 가공했어도 몇 가지 복잡한 공식에 따라 변형하여 해석해야만 합니다. 이뿐만 아니라 아두이노의 digitalRead( ) 함수는 모든 종류의 입력 신호를 항상 정밀하게 처리할 수 없습니다. 최상의 결과를 얻기 위해서는 마이크로컨트롤러에 직접 접속해야 합니다.

다행히 이 작업을 여러분이 직접 수행할 필요는 없습니다. 왜냐하면 IRremote 라이브러리가 이러한 복잡한 과정을 대신 처리해 주기 때문입니다. 이 라이브러리는 수신, 송신 데이터에 대해 거의 모든 적외선 프로토콜을 지원합니다. 현재 시점에서 이 라이브러리를 사용하는 것은 Arduino 1.0에는 적용되지 않습니다. 하지만 쉽게 패치하여 사용할 수 있습니다.

라이브러리 파일(http://arcfn.com/files/IRremote.zip)을 다운로드하여 ZIP 파일 압축을 풉니다. IRemote폴더의 IRemoteInt.h 파일을 열어서 #include 〈WProgram.h〉 구문이 선언되어 있는지 확인합니다. 만약 선언되어 있다면 이 구문을 #include 〈Arduino.h〉로 교체합니다. IRremote 디렉터리를 ~/ Documents/Arduino/libraries(맥) 또는 내문서\Arduino\libraries(윈도)에 복사합니다. 그런 다음 아두이노 IDE를 다시 시작합니다.

다음 스케치는 IRremote 라이브러리가 지원하는 인코딩 양식이라면 수신된 적외선 신호를 해독할 수 있습니다.

ownload Arduino_1_0/RemoteControl/InfraredDumper/InfraredDumper.ino

```
#include <IRremote.h>

const unsigned int IR_RECEIVER_PIN = 11;
const unsigned int BAUD_RATE = 9600;

IRrecv ir_receiver(IR_RECEIVER_PIN);
decode_results results;

void setup() {
  Serial.begin(BAUD_RATE);
  ir_receiver.enableIRIn();
}

void dump(const decode_results* results) {
  const int protocol = results->decode_type;
  Serial.print("Protocol: ");
  if (protocol == UNKNOWN) {
    Serial.println("not recognized.");
  } else {
    if (protocol == NEC) {
      Serial.println("NEC");
    } else if (protocol == SONY) {
      Serial.println("SONY");
    } else if (protocol == RC5) {
      Serial.println("RC5");
    } else if (protocol == RC6) {
      Serial.println("RC6");
    }
    Serial.print("Value: ");
    Serial.print(results->value, HEX);
    Serial.print(" (");
    Serial.print(results->bits, DEC);
    Serial.println(" bits)");
  }
}

void loop() {
  if (ir_receiver.decode(&results)) {
    dump(&results);
    ir_receiver.resume();
  }
}
```

먼저 IRrecv 객체를 ir_receiver라는 이름으로 정의하고 11번 핀을 입력 핀으로 설정합니다. 입력된 적외선 신호를 저장하는 속성으로 사용할 decode_result 객체를 선언합니다. setup( ) 메서드에서 시리얼 포트를 초기화하고 enableIRIn( ) 함수를 호출하여 적외선 수신기를 초기화합니다.

다음으로 decode_result 객체의 내용을 잘 다듬고 시리얼 통신을 통해 출력하는 dump( )라는 이름의 메서드를 선언합니다. decode_result는 IRremote 라이브러리의 핵심 데이터 형식 중 하나입니다. 이 객체는 프로토콜 형식, 명령어의 길이, 명령어와 같은 데이터를 캡슐화합니다. 15번째 줄에서 입력된 신호를 인코딩하는 데 사용한 프로토콜 형식을 읽습니다. 새로운 신호를 수신할 때마다 이 모든 속성을 시리얼 포트를 통해 출력합니다.

loop( ) 메서드는 간단합니다. decode( ) 함수를 호출하여 새로운 신호가 수신되었는지 아닌지 확인합니다. 만약 새로운 신호가 수신되었다면, dump( ) 함수를 호출하여 이 신호를 시리얼 포트로 출력합니다. 그다음

그림 76 애플 리모컨의 IR 코드 획득하기

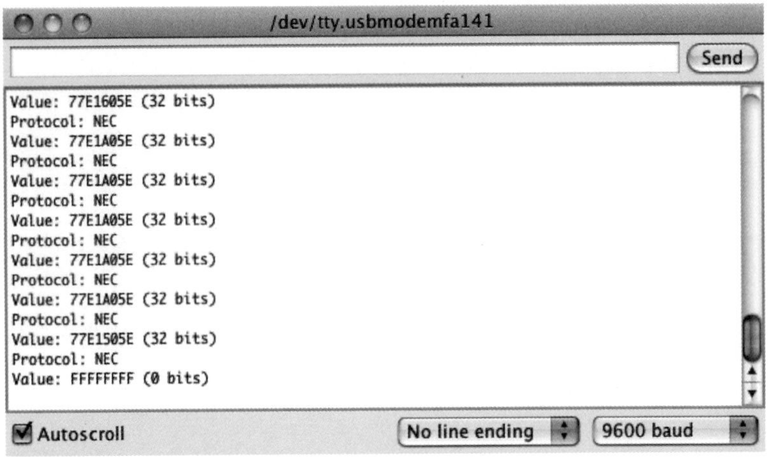

```
/dev/tty.usbmodemfa141

Value: 77E1605E (32 bits)
Protocol: NEC
Value: 77E1A05E (32 bits)
Protocol: NEC
Value: 77E1A05E (32 bits)
Protocol: NEC
Value: 77E1A05E (32 bits)
Protocol: NEC
Value: 77E1A05E (32 bits)
Protocol: NEC
Value: 77E1A05E (32 bits)
Protocol: NEC
Value: 77E1505E (32 bits)
Protocol: NEC
Value: FFFFFFFF (0 bits)

☑ Autoscroll          No line ending   9600 baud
```

resume( ) 함수를 호출하여 다음 신호를 기다립니다.

　스케치를 컴파일하고 아두이노로 업로드합니다. 그런 뒤 시리얼 모니터를 시작합니다. 리모컨을 수신기를 향하게 한 후, 리모컨의 아무 버튼이나 눌러 어떤 결과가 출력되는지 확인해 봅시다. 예를 들어 애플 리모컨의 메뉴, 위, 아래, 이전, 다음, 재생 버튼을 수신기를 향해 눌렀을 때 그림 76과 같은 결과를 확인할 수 있습니다.(애플 리모컨의 버튼을 너무 오래 누르면 0xffffffff 코드를 반복적으로 출력합니다. 이 코드는 마지막 명령이 반복되고 있다는 것을 가리키는 '반복 코드'입니다.)

　리모컨 제어 코드를 읽었으면 이제 자신만의 리모컨을 만드는 데 이 코드를 사용할 수 있습니다. 다음 절에서 이 코드의 사용법을 배워 봅시다.

9.4 자신만의 애플 리모컨 만들기

이제 애플 리모컨이 맥으로 송신하는 프로토콜과 명령어 코드를 획득하였습니다. 이 코드를 이용해 자신만의 애플 리모컨을 만들 수 있습니다. 이전에 사용했던 LED와 크게 다르지 않은 적외선 LED만 있으면 됩니다. 유일한 차이는 '보이지 않는' 빛을 방출한다는 것입니다. 그림 77은 아두이노의 3번 핀에 적외선 LED를 연결하는 방법을 보여주고 있습니다.(여기서 사용하는 라이브러리는 적외선 LED를 3번 핀에 연결하는 것이 좋습니다.) LED는 반드시 저항을 사용해야 한다는 것을 잊지 마세요.(부록 A1.1 참고)

　적외선 신호를 직접 만들 수 있습니다. 하지만 이 작업은 자칫 지루하고 오류가 발생하기 쉽습니다. IRremote 라이브러리에 이미 구현된 기능을 사용하는 것이 훨씬 간단하고 견고합니다. 이 라이브러리를 사용해 복잡한 프로토콜 내용을 캡슐화하고 있는 AppleRemote 클래스를 만들어 보겠습니다. 클래스는 다음과 같습니다.

그림 77 IR LED를 아두이노에 연결하기

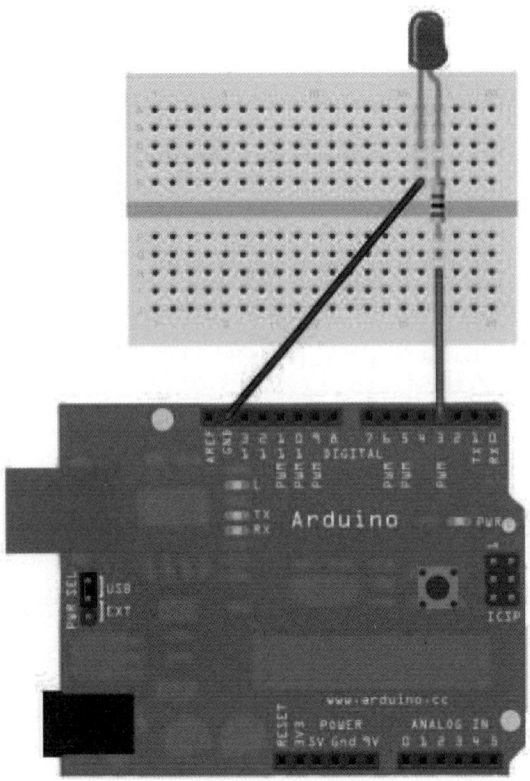

Download Arduino_1_0/RemoteControl/AppleRemote/AppleRemote.ino

```
#include <IRremote.h>

class AppleRemote {

  enum {
    CMD_LEN = 32,
    UP = 0x77E15061,
    DOWN = 0x77E13061,
    PLAY = 0x77E1A05E,
    PREV = 0x77E1905E,
    NEXT = 0x77E1605E,
    MENU = 0x77E1C05E
```

```
  };

  IRsend mac;

  void send_command(const long command) {
    mac.sendNEC(command, CMD_LEN);
  }

  public:

  void menu() { send_command(MENU); }
  void play() { send_command(PLAY); }
  void prev() { send_command(PREV); }
  void next() { send_command(NEXT); }
  void up() { send_command(UP); }
  void down() { send_command(DOWN); }
};
```

코드는 필요한 각 제어 코드의 길이와 제어 코드로 이루어진 모든 상수를 열거하는 것으로 시작합니다. 그런 다음 mac이라고 이름 지어진 IRsend 객체를 정의합니다. 이 객체는 send_comand( ) 메서드로 명령을 보내는 데 사용합니다. send_command( ) 메서드는 IRsend 객체의 sendNEC( ) 메서드를 사용합니다. 애플 리모컨은 NEC 프로토콜을 따르기 때문입니다.

기초 작업을 마무리한 후, 한 줄로 이루어진 함수를 호출하는 것으로 모든 명령을 구현할 수 있습니다. 이렇게 menu( ), play( )와 같은 함수를 아주 쉽게 구현합니다.

AppleRemote 클래스를 사용하는 것 역시 간단합니다. 이제 다음 스케치를 이용해 아두이노의 시리얼 모니터로 맥을 제어합니다.

Download Arduino_1_0/RemoteControl/AppleRemote/AppleRemote.ino

```
AppleRemote apple_remote;
const unsigned int BAUD_RATE = 9600;

void setup() {
  Serial.begin(BAUD_RATE);
}

void loop() {
  if (Serial.available()) {
```

```
      const char command = Serial.read();
      switch(command) {
        case 'm':
          apple_remote.menu();
          break;
        case 'u':
          apple_remote.up();
          break;
        case 'd':
          apple_remote.down();
          break;
        case 'l':
          apple_remote.prev();
          break;
        case 'r':
          apple_remote.next();
          break;
        case 'p':
          apple_remote.play();
          break;
        default:
          break;
      }
    }
  }
```

먼저 apple_remote라는 이름으로 AppleRemote 객체를 전역으로 선언합니다. 그리고 setup( ) 함수에서 시리얼 포트를 초기화합니다. loop( ) 함수에서는 시리얼 포트로 새로운 데이터를 기다립니다. 새로운 바이트가 도착할 때마다 문자 m, u, d, l, r, p 중 하나인지 아닌지 확인합니다. 수신된 문자에 따라 메뉴, 위, 아래, 이전, 다음, 재생에 해당하는 제어 코드를 전송합니다.

이 스케치를 컴파일하고 아두이노로 업로드합니다. 이제 시리얼 모니터를 이용해 그럴싸하게 맥을 제어할 수 있습니다. 인터페이스는 여전히 어색합니다. 그래서 다음 절에서는 사용자 친화적인 인터페이스를 만들어보겠습니다.

9.5 웹 브라우저에서 원격으로 장치 제어하기

시리얼 모니터를 이용해 제어할 수 있는 다양한 프로젝트를 이미 여러 번 만들어 보았습니다. 프로그래머에게 시리얼 모니터는 편리한 인터페이스지만 기술에 대한 지식이 없는 친구나 배우자에게 여러분의 프로젝트를 소개하고 싶다면, 사용자 친화적이고 화려한 인터페이스가 필요합니다.

Seriality 플러그인은 이것을 가능하게 해줍니다. 이 플러그인은 웹 브라우저의 자바 스크립트 엔진과 시리얼 통신을 지원합니다.

현재 이 플러그인은 맥용 파이어폭스와 사파리, 크롬에서만 사용이 가능하며 윈도용은 개발 중에 있습니다. Seriality는 디스크 이미지로 이용할 수 있으며 이 파일을 다운로드받아 인스톨할 수 있습니다.

Seriality를 인스톨하면 웹 브라우저를 HTML과 JavaScript 코드로 작성한 애플 리모컨 시뮬레이터로 사용할 수 있습니다.

```
Download Arduino_1_0/RemoteControl/AppleRemoteUI/ui.html
```

```
Line  1   <html>
      -     <title>Apple Remote Emulator</title>
      -     <head>
      -       <script type="text/javascript">
      5         var serial;

      -         function setup() {
      -           serial = (document.getElementById("seriality")).
      -                     Seriality();
     10           alert(serial.ports.join("\n"));
      -           serial.begin(serial.ports[0], 9600);
      -         }
      -       </script>
      -     </head>
     15
      -     <body onload="setup();">
      -       <object type="application/Seriality"
      -               id="seriality"
      -           width="0"
     20           height="0">
      -       </object>
      -       <h2>Apple Remote Emulator</h2>
```

```
         <form>
           <button type="button" onclick="serial.write('m');">
25           Menu
           </button>
           <br/>
           <button type="button" onclick="serial.write('u');">
             Up
30         </button>
           <br/>
           <button type="button" onclick="serial.write('d');">
             Down
           </button>
35         <br/>
           <button type="button" onclick="serial.write('l');">
             Previous
           </button>
           <br/>
40         <button type="button" onclick="serial.write('n');">
             Next
           </button>
           <br/>
           <button type="button" onclick="serial.write('p');">
45           Play
           </button>
           <br/>
         </form>
       </body>
50     </html>
```

    매우 단순한 HTML 페이지지만 자바스크립트 부분을 살펴볼 필요가 있습니다. 4번째부터 12번째 줄에서는 serial이라는 이름의 전역 변수와 setup( )이라는 이름의 함수를 선언합니다. setup( ) 함수는 시리얼을 초기화하고 이 시리얼 객체를 Seriality 객체에 할당합니다. 〈object〉 태그를 사용해 Seriality 객체를 웹페이지에 포함시킵니다. 이 객체의 ID는 'seriality'입니다. getElementById( ) 함수를 사용해 이 객체에 접근할 수 있습니다.

    이 객체에 대한 참조를 가지고 있는 한, 자바스크립트의 alert( ) 함수를 호출해 연결된 모든 시리얼 포트에 출력할 수 있습니다. 아두이노가 연결된 시리얼 포트의 인덱스를 찾아야 합니다. 이어서 이 인덱스를 begin( ) 메서드를 호출하는 데 사용합니다. 단순화하기 위해, 항상 먼저 발견한 장치를 전송 속도 9,600으로 연결합니다. 첫 번째 시리얼 장치를 사용하는 것은 단지 추측에 불과하며 인덱스 값을 조정해야 할 수도 있습니다. 앞에서 다룬 프로세싱 예제에서 이 패턴을 이미 익혔습니다.

〈body〉 요소의 onload 이벤트 핸들러가 setup( ) 메서드를 호출하도록 설정합니다. 이렇게 하면 6개의 〈button〉 요소의 onclick 핸들러에서 Seriality 객체에 접근할 수 있습니다.

9.4 '자신만의 애플 리모컨 만들기'에서 작성한 스케치를 업로드하고, 앞서 브라우저에서 작성한 HTML 페이지를 엽니다. 모든 시리얼 포트를 보여주는 경고 상자의 확인 버튼을 클릭하면, 그림 78과 같은 웹페이지를 볼 수 있습니다. 아무 버튼이나 누르면 해당하는 기능이 작동합니다. 할머니도 사용할 수 있을 만큼 쉽지 않나요?

Seriality를 이용해 바로 아두이노에 접근할 수 없다는 것에 유의해야 합니다. 시리얼 포트로만 접근할 수 있으므로 아두이노를 조작하기 위해서는 반드시 시리얼 통신을 통해야만 합니다. 시리얼 통신을 사용하는 것은 필수 불가결한 조건이므로, Seriality가 프로젝트의 인터페이스를 향상시킬 수 있는 유용한 도구라는 사실에는 이견의 여지가 없습니다.

웹 브라우저를 이용해 아두이노를 제어하기 위해서는 아두이노를 컴퓨터의 시리얼 포트에 연결해야 합니다. 다음 절에서는 이 한계를 극복하는 방법과 시리얼 통신의 도움 없이 아두이노를 제어하는 방법을 알아볼 것입니다.

9.6 적외선 프록시 만들기

지금까지 진행한 리모컨 작업은 한 가지 큰 단점이 있습니다. 모든 제어를 PC와 시리얼 연결에 의존한다는 것입니다. 이번 절에서는 이 연결을 이더넷으로 교체하여 PC 없이 인터넷 연결만을 이용하여 제어해 보겠습니다. 이더넷 케이블을 아두이노에 장착된 이더넷 실드에 연결하여 네트워크상

그림 78 애플 리모컨 에뮬레이터 시연

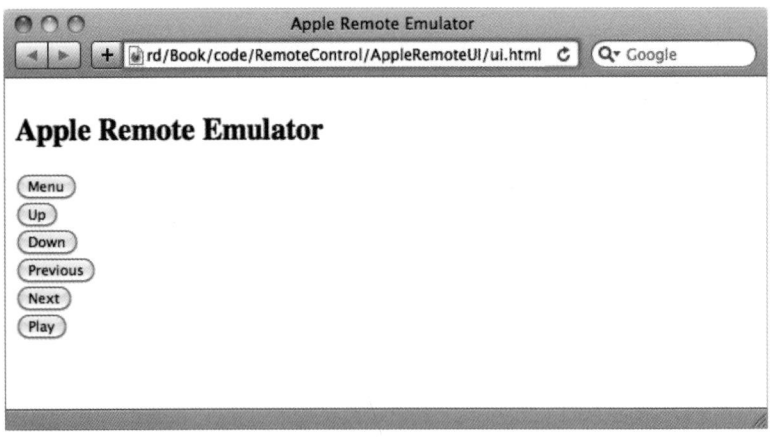

에서 이용할 수 있습니다.(그림 78 참조)

이렇게 함으로써 아두이노에 접속하기 위해 PC의 웹 브라우저를 이용할 필요가 없습니다. 휴대용 게임기인 PSP나 아이폰, 또는 닌텐도 DS와 같이 브라우저를 가지고 있는 기기라면 어디서나 이용이 가능합니다. 다시 말해, 게임 콘솔과 스마트폰을 이용해 TV를 제어할 수 있습니다. 그뿐만 아니라 이더넷 실드를 WiFi 실드로 교체하기만 하면 아두이노를 물리적으로 공유기에 연결할 필요도 없습니다.

코드를 작성하기 전에, 앞으로 수행하고자 하는 것에 대해 명확하게 계획을 짤 필요가 있습니다. 여러분은 적외선 프록시를 만들 예정입니다. 적외선 프록시는 이더넷을 통해 명령을 받아 적외선 신호로 바꾸어주는 장치입니다.(216페이지 그림 73 참조) 이 장치에 네트워크를 쉽게 접목하기 위해, HTTP에 접근이 가능하도록 만들어야 합니다. 이 방법을 이용해 아두이노를 일반적인 웹 브라우저에서 제어할 수 있습니다.

아두이노에 HTTP 표준의 매우 작은 부분만을 구현할 뿐입니다. 단순히 일반적인 URL 형식을 지원하기만 합니다. 여기서 지원할 URL은 다음과 같습니다.

http://«arduino-ip»/«protocol-name»/«command-length»/«command-code»

여기서 «arduino-ip»는 실제로는 아두이노 이더넷 실드의 IP 주소를 가리킵니다. «protocol-name»은 'NEC', 'SONY', 'RC5', 'RC6'과 같은 리모컨 프로토콜 중 하나를 적습니다. «command-length»는 비트 단위의 명령어 길이를 지칭합니다. 마지막으로 «command-code»는 십진수 숫자로 된 명령어를 포함합니다.

아두이노의 IP 주소가 192.168.2.42이고, 애플 리모컨의 메뉴 키를 눌렀다고 가정해 봅시다. 그러면 웹 브라우저는 다음과 같은 URL을 가리켜야 합니다.

http://192.168.2.42/NEC/32/2011283550

이 경우 프로토콜의 이름은 NEC, 명령어 길이는 32비트, 명령어 코드는 2011283550(16진수 숫자 0x77E1C05E의 10진수 표현)라고 해석할 수 있습니다.

8장 '아두이노와 네트워크 구성하기'에서 이미 아두이노를 웹 클라이언트로 사용해 보았습니다. 하지만 이번에는 아두이노를 웹 서버로 사용해야 합니다. 서버는 앞서 제시했던 형식의 HTTP 요청을 받아, 이 URL을 분석하여 해당되는 적외선 신호를 방출합니다.

이 모든 세부 사항을 InfraredProxy라는 클래스에 숨기고, Ethernet과 IRremote 라이브러리를 사용하여 가능한 한 쉽고 간결하게 만들어 보겠습니다. InfraredProxy 클래스는 이 책에서 제시하는 가장 정교한 아두이노 코드 중 하나입니다. 이제 코드를 작성해 봅시다.

Download Arduino_1_0/RemoteControl/InfraredProxy/InfraredProxy.ino

```
Line 1  #include <SPI.h>
     -  #include <Ethernet.h>
     -  #include <IRremote.h>
     -
```

```
 5   class InfraredProxy {
       IRsend _infrared_sender;

       void read_line(EthernetClient& client, char* buffer, const
     int buffer_length) {
         int buffer_pos = 0;
10       while (client.available() && (buffer_pos < buffer_length - 1)) {
           const char c = client.read();
           if (c == '\n')
             break;
           if (c != '\r')
             buffer[buffer_pos++] = c;
15       }
         buffer[buffer_pos] = '\0';
       }

       bool send_ir_data(const char* protocol, const int bits,
20     const long value) {
         bool result = true;
         if (!strcasecmp(protocol, "NEC"))
           _infrared_sender.sendNEC(value, bits);
         else if (!strcasecmp(protocol, "SONY"))
           _infrared_sender.sendSony(value, bits);
25       else if (!strcasecmp(protocol, "RC5"))
           _infrared_sender.sendRC5(value, bits);
         else if (!strcasecmp(protocol, "RC6"))
           _infrared_sender.sendRC6(value, bits);
         else
30         result = false;
         return result;
       }

       bool handle_command(char* line) {
35       strsep(&line, " ");
         char* path = strsep(&line, " ");

         char* args[3];
         for (char** ap = args; (*ap = strsep(&path, "/")) != NULL;)
40         if (**ap != '\0')
             if (++ap >= &args[3])
               break;
         const int bits = atoi(args[1]);
         const long value = atol(args[2]);
45       return send_ir_data(args[0], bits, value);
       }

       public:

50     void receive_from_server(EthernetServer server) {
```

```
        const int MAX_LINE = 256;
        char line[MAX_LINE];
        EthernetClient client = server.available();
        if (client) {
55        while (client.connected()) {
            if (client.available()) {
              read_line(client, line, MAX_LINE);
              Serial.println(line);
              if (line[0] == 'G' && line[1] == 'E' && line[2] == 'T')
60              handle_command(line);
              if (!strcmp(line, "")) {
                client.println("HTTP/1.1 200 OK\n");
                break;
              }
65          }
          }
          delay(1);
          client.stop();
        }
70    }
    };
```

필요한 모든 라이브러리를 포함시킨 후 InfraredProxy 클래스를 선언합니다. 적외선 제어 코드를 방출하는 데 필요한 IRsend 객체를 저장하는 _infrared_sender라는 멤버 변수를 선언합니다.

8번째 줄에서 read_line( ) 메서드는 클라이언트에서 전송된 데이터를 한 줄씩 읽습니다. 데이터의 한 줄이 끝났다는 것은 줄내림 문자(\n) 또는 줄바꿈 문자 다음에 따라오는 캐리지 리턴 문자(\r\n)로 확인합니다. read_line( ) 메서드는 데이터를 읽어 들일 이더넷 클라이언트 객체, 데이터를 저장할 문자 형식의 버퍼(buffer), 캐릭터 버퍼의 최대 길이(buffer_length)를 요구합니다. read_line( ) 메서드는 모든 줄내림 문자와 캐리지 리턴 문자를 무시합니다. 그리고 각 줄의 마지막 문자를 '\0'으로 변경합니다. 이렇게 함으로써 항상 null 문자로 끝나는 문자열로 버퍼가 채워집니다.

20번째 줄에서 시작하는 send_ir_data( ) 메서드는 프로토콜 형식(protocol), 명령어 코드의 길이(bits), 수신한 명령 값(value)에 따라 적외선 명령을 방출합니다. 프로토콜의 이름에 따라, send_ir_data( ) 메서드는

IRsend 인스턴스에 실제 작업을 위임합니다.

handle_command( ) 메서드는 InfraredProxy 클래스에서 가장 어려운 부분을 담당합니다. HTTP 요청이 가리키는 URL을 분석합니다. 이 메서드가 어떤 작업을 하는지 이해하기 위해서는 HTTP 요청이 어떻게 작동하는지 알아야 합니다. 웹 브라우저의 주소창에 http://192.168.2.42/NEC/32/2011283550이라고 입력하면, 브라우저는 아래와 같은 HTTP 요청을 전송합니다.

```
GET /NEC/32/2011283550 HTTP/1.1
host: 192.168.2.42
```

첫 줄은 GET 요청입니다. handle_command( ) 메서드는 이러한 요청을 포함하고 있는 문자열을 필요로 합니다. 이 메서드는 하나의 경로(/NEC/32/2011283550)로 압축된 정보를 풀어, 이 정보를 적외선 신호를 송신하는 데 사용합니다. 이 정보를 분석하는 것은 조금 까다롭습니다. 하지만 C언어의 strsep( ) 함수를 사용하면 어렵지 않게 해결할 수 있습니다. strsep( ) 함수는 특정한 문자로 문자열을 분리해 줍니다.

strsep( ) 메서드는 두 가지 용도로 사용합니다. 하나는 GET 명령으로부터 경로를 추출합니다. 먼저, 문자열 'GET'과 문자열 'HTTP/1.1'을 제거합니다. 공백 문자를 통해 분리됩니다. 이 모든 작업은 36, 37번째 줄에서 이뤄집니다. 예를 들어, URL http://192.168.2.42/NEC/32/2011283550을 handle_command( )에 전달하면 /NEC/32/2011283550을 얻게 됩니다.

이 단계에서 슬래시(/) 문자로 구분되는 3개의 문자열로 이루어진 긴 문자열을 얻습니다. 다시 strsep( ) 메서드를 사용해야 합니다. 만약 40번째부터 43번째 줄까지 일어나는 일련의 기능을 이해한다면, C언어와 strsep( ) 함수에 모두 익숙한 사용자라 할 수 있습니다. 결국, 배열 args에 3개의 인자가 저장됩니다. 프로토콜 명은 바로 send_ir_data( ) 메서드에 전달할 수 있지만, 비트 수와 코드 값은 **int** 형과 **long** 형으로 변경하여 전달해야 합니다. int 형과 long 형으로 변경하기 위해 atoi( )와 atol( ) 함수를 사용합니다.

필요한 모든 메서드를 정의하였습니다. 이제 InfraredProxy 클래스의 전역 인터페이스만 구현하면 됩니다. 전역 인터페이스는 receive_from_server( )라는 메서드 하나만 보유합니다. 이 메서드는 InfraredProxy 클래스의 코어 로직을 구현하며, Ethernet 라이브러리에 포함되어 있는 Server 클래스의 인스턴스를 필요로 합니다. 54번째 줄을 보면 Server 클래스의 available( ) 메서드를 사용해 클라이언트가 접속하기를 기다립니다. 클라이언트가 서버에 접속하면, 57번째 줄에서 Client 클래스의 available( ) 메서드를 사용해 클라이언트가 새로운 데이터를 가지고 있는지 아닌지 확인합니다.

receive_from_server( ) 메서드는 클라이언트에서 보낸 데이터를 read_line( ) 메서드를 호출하여 한 줄 한 줄 읽습니다. 그리고 읽은 데이터를 디버깅하기 위해 다시 시리얼 포트로 한 줄씩 출력합니다. 매 줄마다 'GET.'이라는 문자열로 시작하는지 확인합니다. 만약 그렇다면, handle_command( ) 메서드를 호출합니다. 그렇지 않다면, 해당 줄이 비어 있는지 확인합니다. 모든 HTTP 메시지는 빈 줄로 마감되기 때문입니다. 빈 줄로 끝난 경우 receive_from_server( )는 'OK'를 반환합니다. 이 반환 과정을 위해 클라이언트에 1밀리초 정도 대기시간을 줍니다. 그런 다음 클라이언트의 stop( ) 메서드를 호출하여 연결을 끊습니다.

이전보다 분량이 상당한 코드지만 그럴만한 가치가 있습니다. 이제부터 InfraredProxy 클래스를 사용하는 것은 정말 간단합니다.

Download Arduino_1_0/RemoteControl/InfraredProxy/InfraredProxy.ino

```
const unsigned int PROXY_PORT = 80;
const unsigned int BAUD_RATE = 9600;

byte mac[] = { 0xDE, 0xAD, 0xBE, 0xEF, 0xFE, 0xED };
IPAddress ip(192, 168, 2, 42);

EthernetServer server(PROXY_PORT);
InfraredProxy ir_proxy;
```

```
void setup() {
  Serial.begin(BAUD_RATE);
  Ethernet.begin(mac, ip);
  server.begin();
}

void loop() {
  ir_proxy.receive_from_server(server);
}
```

마찬가지 방법으로 사용하고자 하는 MAC 주소와 IP 주소를 정의합니다. 그리고 서버가 열어야 할 포트 번호인 80(표준 HTTP 포트)으로 서버 객체를 선언합니다. 여기에 더해 새로운 InfraredProxy 객체를 초기화합니다.

setup( ) 메서드는 디버그를 위해 시리얼 포트를 초기화합니다. 이더넷 실드를 초기화하고, 서버 클래스의 begin( ) 메서드를 호출하여 서버의 리스너를 구동시킵니다. loop( ) 메서드는 InfraredProxy의 receive_from_server( ) 메서드를 호출하여 EthernetServer 클래스의 인스턴스를 전달하는 동작만 수행합니다.

그림 79 이더넷 제어를 지원하는 리모컨

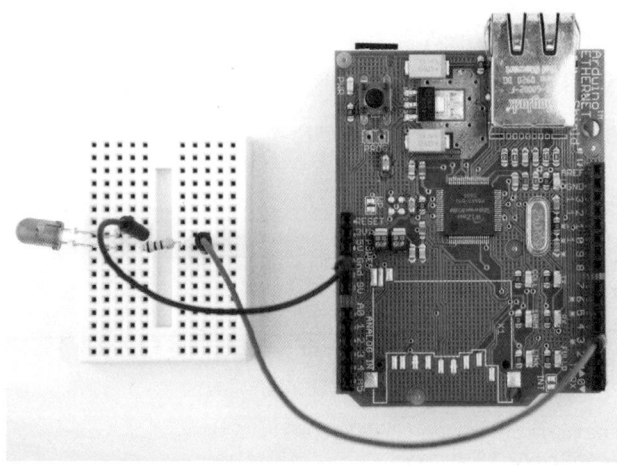

이제 마지막으로 코드를 테스트해 봅시다. 아두이노에 이더넷 실드를 장착하고, 적외선 LED 회로를 실드에 연결합니다. 맥 주소와 IP 주소를 설정하고 컴파일한 후 아두이노에 업로드합니다. 그런 다음 웹 브라우저를 열어 http://192.168.2.42/NEC/32/2011283550을 주소창에 넣습니다.(URL은 아두이노의 IP 설정에 따라 변경될 수 있습니다.) 이제 여러분의 Mac 또는 제어하고자 하는 장치에 어떤 일이 발생하는지 확인해봅니다.(그림 80은 전형적인 적외선 프록시의 출력 결과입니다.)

비록 최소한의 하드웨어(싸고 간단한 적외선 LED)만 사용했지만, 이번 프로젝트는 적어도 소프트웨어 개발이라는 관점에서는 매우 유용하고 정교하기까지 합니다. 적외선 신호를 받아들일 수 있는 장치라면 어떠한 장치라도 제어할 수 있을 뿐만 아니라, 시리얼 포트 또는 웹 브라우저에서 이러한 장치들을 제어할 수 있습니다.

그뿐만 아니라 더 이상 아두이노를 USB 포트를 이용해 컴퓨터에 연결할 필요가 없습니다. 예를 들어 적외선 프록시는 단순히 전원 공급원으로서 USB 포트를 사용하기 때문입니다. 아두이노에 AC 전원 장치를 꽂고, USB

그림 80 파이어폭스로 적외선 프록시 접속하기

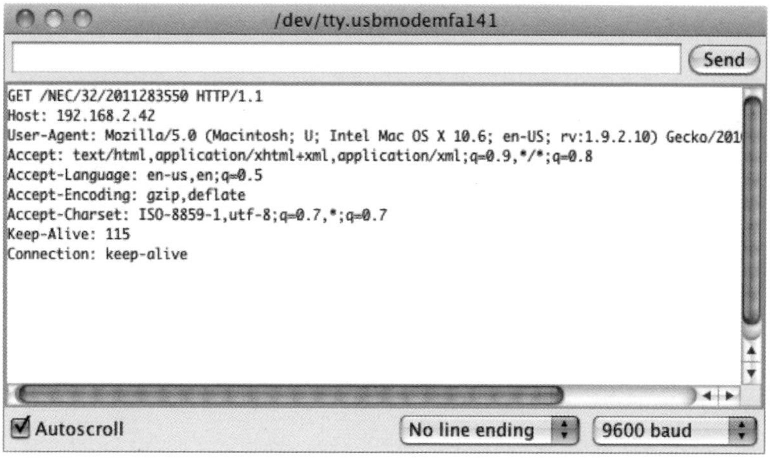

선은 뽑아 주세요.

처음으로 아두이노를 이용해 우리 주변에서 접할 수 있는 장치들을 제어해 보았습니다. 다음 장에서는 모터를 제어하는 방법을 배워 봅시다.

9.7 작동하지 않을 때

이번 장에서는 주로 LED와 이더넷 실드를 사용했습니다. 이와 관련된 도움말은 3장 '이진 주사위 만들기'와 8장 '아두이노로 네트워크 구성하기'에서 얻을 수 있습니다.

여기에 더해 몇 가지 조심해야 할 것이 있습니다. 예를 들어, 적외선 LED와 수신기 사이의 거리에 유의해야 합니다.

디버깅을 위해 적외선 LED를 일반 LED로 임시로 교체하는 것도 유용합니다. 이렇게 하면 회로가 제대로 동작하는지 눈으로 확인할 수 있습니다.

Mac 컴퓨터를 제어하고 싶다면, 맥의 시스템 설정, 보안 영역에서 다른 리모컨과 연결을 해제해야 합니다.

마지막으로, IRremote 라이브러리가 지원하지 않는 프로토콜을 사용하는 장치를 이용할 수 있습니다. 이 경우 직접 프로토콜을 추가해야 합니다. 어렵긴 하지만, IRremote 라이브러리는 오픈 소스이므로 불가능한 것은

모든 가전제품 제어하기

이번 장에 소개된 모든 프로젝트는 이미 적외선 리모컨을 가지고 제어할 수 있는 장치에 기반합니다. 하지만 아무 장치에나 적외선 송신기를 장착할 수 있기도 하고 적외선 송신기를 가지고 완전히 새로운 장치를 개발할 수도 있습니다.

원칙적으로 냉장고나 전자레인지 같은 제품도 리모컨으로 제어할 수 있습니다. 리모컨으로 작동하는 제초기[a]를 상상해보셨나요? 아마 전혀 예상하지 못했을 겁니다.

a. http://www.instructables.com/id/Arduino-RC-Lawnmower/

아닙니다.

9.8 예제

- 집에 있는 아무 리모컨이나 에뮬레이터를 만들어 보세요. 시리얼 통신과 이더넷을 통해 이 리모컨에 명령을 내려 보세요.
- 시리얼 모니터나 웹 브라우저를 통해 아두이노를 제어하는 대신 닌텐도 눈차크를 이용해 제어해 보세요. 예를 들어, 아날로그 스틱을 위아래로 움직였을 때 TV의 볼륨을 제어한다거나, 좌우로 움직였을 때 채널을 변경해 보세요.
- 아두이노 기반으로 실제 제품과 같은 범용 리모컨을 디자인해 보세요. 터치스크린이나 버튼 패드, SD 카드 실드, 블루투스 모듈 등을 이용해 보세요. 이런 장치들을 사용할 수 없다고 생각할지 모르지만 이제 여러분은 자신이 필요한 모든 것을 사용할 준비가 되었습니다.

10장

아두이노로 모터 제어하기

지금까지는 현실 세계와 맞닿은 프로젝트를 만들어 보았습니다. LED를 반짝이게 하거나, 적외선을 이용해 여러 장치를 제어해 보았습니다. 이번 장에서는 더 강렬한 경험을 할 수 있습니다. 실제로 무언가를 움직일 수 있도록 모터를 제어하는 것입니다. 물론 완벽하게 자동화된 로봇을 만드는 것은 무리지만, 뭔가 유용하고 재미있는 자그마한 장치들을 만들 수 있습니다.

먼저 실습에 앞서, 모터의 종류와 각각의 장단점을 살펴보겠습니다. 프로젝트를 위해 다양한 모터를 사용할 수 있습니다. 이번 장에서는 간단한 특징과 차이점을 훑어보는 것으로 시작합니다.

서보모터를 집중적으로 다룰 것입니다. 서보모터는 다양한 용도로 사용할 수 있는 데 비해, 값이 저렴하고 사용하기도 쉽기 때문입니다. 아두이노 서보 라이브러리를 사용하는 방법과 시리얼 포트를 이용해 서보모터를 제어하는 방법을 익혀 봅시다.

이 첫걸음을 바탕으로 더 복잡한 작품을 만듭니다. 첫 번째 프로젝트에서 사용한 하드웨어를 거의 그대로 사용해 쉬워 보이지만, 훨씬 정교한 소프트웨어가 필요합니다. 아마 사무실에서 여러모로 활용할 수 있을 것입니다.

10.1 준비물

1. Hitec HS-322HD와 같은 서보모터

2. 전선

3. TMP36 온도 센서(예제에서만 필요하므로 반드시 준비할 필요는 없음.)

4. 아두이노 우노, 두에밀라노베, 디에시밀라 중 하나

5. USB 선

그림 81 이번 장에 필요한 부품

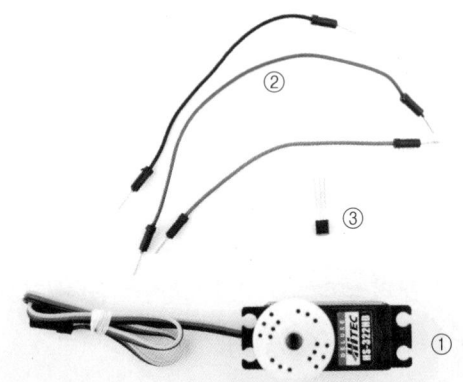

10.2 모터의 종류

프로젝트에 따라 다양한 모터를 선택할 수 있습니다. 취미 활동에는 보통 DC모터, 서보모터, 스테핑모터를 사용합니다.(그림 82에서 몇 가지 모터 종류를 확인할 수 있습니다.) 각 모터의 주된 차이점은 속도, 정밀성, 전력 소모량, 신뢰성, 가격입니다.

DC모터는 가장 빠르고 효율적입니다. 그래서 드릴, 전기 자전거, RC자동차 등에 사용합니다. DC모터는 커넥터가 2개뿐이므로 간편하게 사용할 수 있습니다. 하나는 전원, 하나는 접지에 연결하면 모터가 회전하기 시작합니다. 전원과 접지의 위치를 바꾸면 모터는 반대 방향으로 회전합니다.

큰 전압을 가할수록 모터는 빠르게 회전하고, 작은 전압을 가할수록 느리게 회전합니다.

DC모터는 정밀한 제어에는 적합하지 않습니다. 이런 경우 360도 정밀한 제어를 제공하는 스테핑모터가 적합합니다. 눈치채기 어렵지만, 이미 우리 주변에는 많은 스테핑모터가 사용되고 있습니다. 사무실의 프린터나 스캐너, 디스크 드라이브에서 이 모터가 회전하는 소리를 들을 수 있습니다. 스테핑모터를 제어하는 것은 로켓만큼은 아니지만 DC모터나 서보모터를 제어하는 것보다는 복잡합니다.

그림 82 (왼쪽부터) 일반 서보모터, 연속 회전 서보모터, 스테핑모터

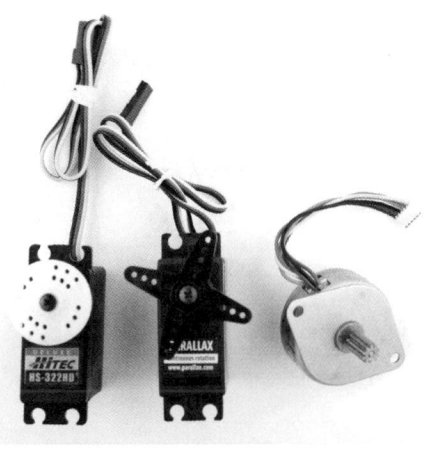

서보모터는 취미 활동에 가장 널리 사용되는 모터입니다. DC모터와 스테핑모터의 장점을 두루 갖추고 있기 때문인데 저렴하고 신뢰할 만하며, 쉽게 사용할 수 있습니다. 일반적인 서보는 180도 범위 안에서만 조작이 가능합니다. 하지만 이 정도면 활용하는 데 충분합니다. 연속 회전 서보는 360도 범위에서 회전이 가능하지만 제어하기가 쉽지 않습니다.

다음 절에서는 일반적인 서보모터를 아두이노에서 쉽게 제어하는 방법

을 익혀 봅시다.

10.3 서보모터와 첫걸음

아두이노 IDE는 첫 번째 실험에 사용하기에 적합한 서보모터를 위한 라이브러리를 제공하고 있습니다. 그림 83은 아두이노와 서보모터를 연결한 기본 회로입니다. 접지선을 아두이노의 GND 핀에, 전원선을 아두이노의 5V 핀에, 제어선을 9번 핀에 연결합니다.

그림 83 5V 서보모터 연결 회로

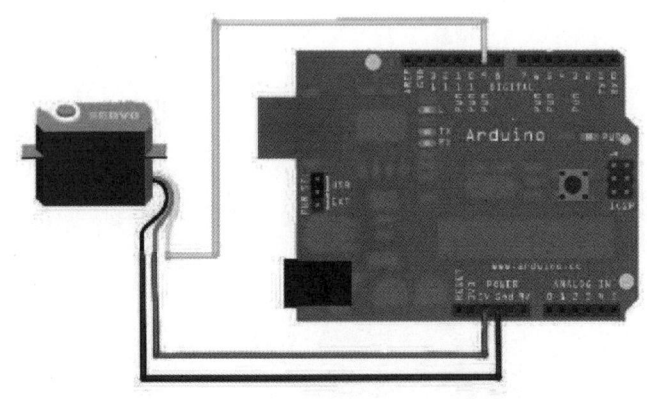

이 작업은 5V 전원을 사용하는 서보모터에만 적용이 가능합니다. 대부분의 저렴한 서보는 9V를 사용합니다. 이 경우 서보를 아두이노의 5V 핀에 연결할 수 없으며, 외부 전원 공급기를 사용해야만 합니다. 만약 9V 서보를 보유하고 있다면 DC 어댑터 또는 DC 전원 공급기 같은 외부 전원 공급 장치를 아두이노의 전원 잭에 연결하기 바랍니다. 이제 서보를 Vin 핀에 연결합니다. 여기서 반드시 아두이노 보드의 종류를 확인해야 합니다. 예를 들어, 아두이노 BT는 모터를 제어하는 데 사용할 수 없습니다. 아두이노 BT는 최대 5.5V의 전원만 다루기 때문입니다.

그림 84는 서보모터와 아두이노를 전선을 이용해 연결하는 방법을 보여주고 있습니다. 핀 헤더를 사용할 수 있지만 전선이 더 유용합니다.

모터의 샤프트 각도를 0도에서 180도 사이에서 설정할 수 있기 때문에 서보모터를 제어하는 것은 편리합니다. 다음 스케치는 시리얼 포트를 통해 각도를 전송하고, 이에 따라 서보모터가 움직이도록 만드는 예제입니다.

그림 84 세 가닥의 전선을 서보모터의 커넥터에 꽂아 아두이노에 연결합니다.

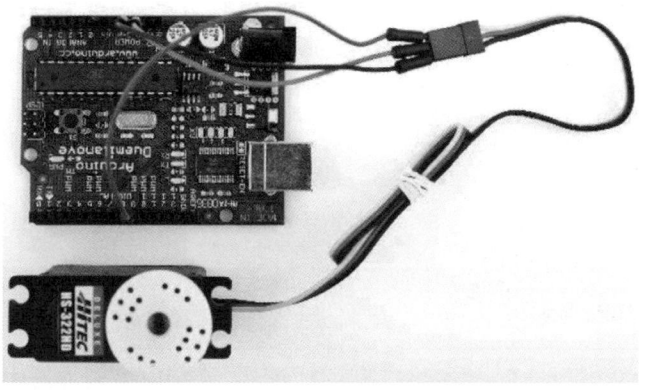

Download Arduino_1_0/Motors/SerialServo/SerialServo.ino

```
Line  1   #include <Servo.h>
      -
      -   const unsigned int MOTOR_PIN = 9;
      -   const unsigned int MOTOR_DELAY = 15;
      5   const unsigned int SERIAL_DELAY = 5;
      -   const unsigned int BAUD_RATE = 9600;
      -
      -   Servo servo;
      -
     10   void setup() {
      -     Serial.begin(BAUD_RATE);
      -     servo.attach(MOTOR_PIN);
      -     delay(MOTOR_DELAY);
      -     servo.write(1);
```

```
15      delay(MOTOR_DELAY);
      }

    void loop() {
      const int MAX_ANGLE = 3;
20
      char degrees[MAX_ANGLE + 1];

      if (Serial.available()) {
        int i = 0;
25      while (Serial.available() && i < MAX_ANGLE) {
          const char c = Serial.read();
          if (c != -1 && c != '\n')
            degrees[i++] = c;
          delay(SERIAL_DELAY);
30      }
        degrees[i] = 0;
        Serial.print(degrees);
        Serial.println(" degrees.");
        servo.write(atoi(degrees));
35      delay(MOTOR_DELAY);
      }
    }
```

아두이노 예술

아두이노를 단순히 유용하거나 재미있는 프로젝트에 활용하는 데 국한하지 않고, 예술적인 용도로도 활용할 수 있습니다. 특히 미디어아트 분야에서 아두이노를 이용한 수많은 놀라운 작품을 찾아볼 수 있습니다. 그중 하나가 바로 안드로스(Anthros)[a]입니다. 안드로스는 웹캠을 이용해 좁은 영역을 관찰하고 사용자의 움직임에 반응하는 환경을 구축하였습니다. 여기에는 몇 개의 '촉수'가 세워져 있고, 사람이 이 장소를 지날 때면 이 촉수들이 사람의 방향에 따라 움직입니다. 여기서 서보모터가 촉수를 움직이고, 이 서보모터를 아두이노가 제어합니다.

많은 사람이 미디어아트에 관심을 가지고 있는 만큼, 알리시아 깁(Alicia Gibb)의 논문 〈뉴 미디어아트, 디자인 그리고 아두이노: 유연한 도구〉[b]를 반드시 읽어보기 바랍니다.

a. http://www.richgilbank.ca/anthros
b. http://aliciagibb.com/thesis/

서보 라이브러리를 불러온 다음 8번째 줄에서 새로운 Servo 객체를 만듭니다. setup( ) 함수는 시리얼 포트를 초기화하고 Servo 객체의 attach( ) 함수에 MOTOR_PIN 상수에서 정의한 핀 번호를 할당합니다. 다음으로 서보 모터가 명령을 충분히 수행하게 하기 위해 15밀리초의 대기시간을 부여합니다. 그리고 나서 write( ) 함수를 호출하여 서보를 1도 정도 이동시킵니다. 물론 다시 0도로 돌릴 수도 있습니다. 하지만 몇몇 서보는 0도에서 노이즈를 발생시키기도 합니다.

loop( ) 함수의 주된 목적은 시리얼 포트에서 새로운 각도 값을 읽는 것입니다. 이 값은 0에서 180 사이여야 하며, ASCII 값으로 읽어 들입니다. 따라서 4개의 캐릭터를 저장할 문자열이 필요합니다.(C에서는 문자열이 Null 문자로 끝난다는 것에 유의하세요.) 이것이 21번째 줄에서 선언한 각도를 저장하는 문자열의 길이가 4인 이유입니다.

그런 다음 새로운 데이터가 시리얼 포트에 도착하기를 기다리고 더 이상 이용 가능한 데이터가 없을 때까지 문자 단위로 데이터를 읽기만 하면 됩니다. 0바이트가 들어올 때마다 문자열에 저장하는 것을 마치고 시리얼 포트에서 읽은 값을 출력합니다. 마지막으로 이 문자열을 atoi( ) 메서드를 이용해 정수로 변환하고, 34번째 줄에서 서보 객체의 write( ) 함수에 이 값을 전달합니다. 그리고 나서 다시 서보모터가 이 작업을 수행하기를 기다립니다.

이제 스케치를 컴파일하고 업로드한 후, 시리얼 모니터를 엽니다. 서보모터가 초기화된 후 45, 180, 10과 같은 각도 값을 전송해 보고 어떻게 모터가 정해진 값에 따라 움직이는지 확인합니다. 조금 더 효과적으로 결과를 확인하기 위해, 전선을 구부리거나 종이를 접어 화살표를 만들어 모터의 기어에 부착해 보세요.

시리얼 포트를 통해 서보모터를 제어하는 것은 어렵지 않습니다. 여기서 구현한 회로는 많은 재미있고 유용한 프로젝트의 기초가 됩니다. 다음 절에서는 이 회로를 이용해 자동으로 누군가를 비난하는 장치를 만들어 봅시다.

10.4 비난기계 만들기

손가락질은 좋지 못한 행동이지만, 한편으로 어떤 사람들은 이 행동을 통해 만족을 느끼기도 합니다. 이번 절에서는 '비난기계'라고 이름 붙인 장치를 만들어 보겠습니다. 누군가를 직접 비난하는 대신 비난기계가 이 행동을 할 수 있도록 명령할 수 있습니다. 그림 85에서 이 장치가 어떻게 움직이는지 확인할 수 있습니다. 나를 비난하라고 명령하면, 화살표가 'Maik'를 가리킵니다.

비난기계는 여러 상황에서 사무실에서 가지고 놀 수 있는 훌륭한 장난감입니다. 개발자들에게 통합관리$^{Continous\ Intergration,\ CI}$ 시스템과 결합하여 좋은 아이디어를 제공해주는 아이템입니다. CruiseControl.rb3또는 Luntbuild4와 같은 지속적인 통합 시스템은 소프트웨어가 좋은 형태를 갖추고 있는지 아닌지 지속적으로 확인할 수 있는 프로그램입니다.

개발자가 소프트웨어의 변화를 확인할 때마다 CI는 자동으로 소프트웨

그림 85 비난기계: 비난하는 건 쉬운 일이 아니에요

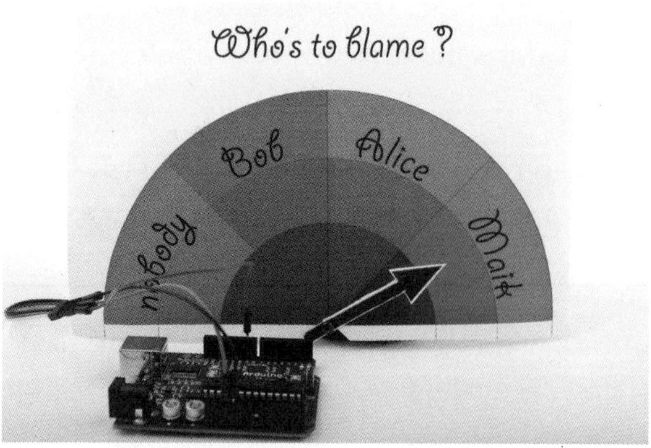

어를 컴파일하고 모든 테스트를 수행합니다. 그러고 나서 결과를 메일이나 RSS 피드로 제공합니다. 이 피드를 통해 구독하고 있는 소프트웨어의 일부분을 쉽게 작성할 수 있습니다. 누군가 새롭게 빌드할 때마다 피드를 통해 알림을 받고, 누가 마지막으로 코드를 수정했는지 개발자의 이름을 가리키는 데 비난기계를 사용할 수 있습니다.

앞 절에서 비난기계를 만드는 데 필요한 서보모터에 대해 배웠습니다. 이제 장치의 표지판을 만들기 위해 창의력을 조금 발휘하면 됩니다. 그리고 더 정교한 소프트웨어가 필요합니다. 이제 자신이 속한 팀의 구성원— 잠재적으로 비난 받을 소지가 있는—을 나타내는 Team이라는 클래스를 만들어 보겠습니다.

Download Arduino_1_0/Motors/Blaminatr/Blaminatr.ino

```
Line 1  const unsigned int MAX_MEMBERS = 10;
     -
     -  class Team {
     -    const char** _members;
     5    unsigned int _num_members;
     -    unsigned int _positions[MAX_MEMBERS];
     -    public:
     -    Team(const char** members) {
     -      _members = members;
    10      _num_members = 0;
     -      const char** member = _members;
     -      while (*member++)
     -        _num_members++;
     -
    15      const unsigned int share = 180 / _num_members;
     -      unsigned int pos = share / 2;
     -      for (unsigned int i = 0; i < _num_members; i++) {
     -        _positions[i] = pos;
     -        pos += share;
    20      }
     -    }
     -
     -    int get_position(const char* name) const {
     -      int position = 0;
    25      for (unsigned int i = 0; i < _num_members; i++) {
     -        if (!strcmp(_members[i], name)) {
     -          position = _positions[i];
```

```
-            break;
-        }
30   }
-    return position;
- }
- };
```

먼저 몇 가지 멤버 변수를 선언합니다. _members는 최대 10명의 팀 멤버 이름의 목록을 저장합니다. _num_members는 팀의 실재 인원수를 저장합니다. 그리고 비난기계가 가리켜야 할 팀 멤버 이름의 각도를 _positions에 저장합니다.

생성자는 팀 멤버의 이름을 포함하고 있는 문자열 배열을 필요로 합니다. 이 문자열은 NULL 포인터로 끝납니다. 목록에 대한 참조를 저장하고, 그 후 팀 멤버의 수를 계산합니다. NULL 포인터를 찾을 때까지 배열을 반복하여 계산합니다. 이 모든 작업이 10부터 13번째 줄 사이에서 이루어집니다.

비난기계의 표지판에 각 팀 구성원의 이름 위치를 계산합니다. 모든 팀 멤버의 인원에 맞게 180도 표지판을 나눕니다. 비난기계는 나눠진 공간의 가운데를 가리킵니다. 이 위치를 _members 배열에 해당하는 _positions 배열에 저장합니다. 쉽게 말해 배열 _positions의 첫 번째 항목은 첫 번째 팀원의 위치를 저장합니다.

get_position( ) 메서드는 각 이름에 해당하는 위치를 반환합니다. _members 배열을 검색하여 strcmp( ) 함수를 사용해 올바른 멤버를 찾았는지 확인합니다. 올바른 멤버가 확인되면, _positions 배열의 해당 항목을 반환합니다. 만약 입력된 이름에 해당되는 팀 멤버가 없으면 0을 반환합니다.

Blaminatr 클래스를 간단하게 구현해 봅시다.

Download Arduino_1_0/Motors/Blaminatr/Blaminatr.ino

```
#include <Servo.h>
const unsigned int MOTOR_PIN = 9;
const unsigned int MOTOR_DELAY = 15;
```

```
class Blaminatr {
  Team _team;
  Servo _servo;

public:

Blaminatr(const Team& team) : _team(team) {}

void attach(const int sensor_pin) {
  _servo.attach(sensor_pin);
  delay(MOTOR_DELAY);
}

void blame(const char* name) {
  _servo.write(_team.get_position(name));
  delay(MOTOR_DELAY);
  }
};
```

Blaminatr 객체는 Team 객체와 Servo 객체를 결합합니다. attach( ) 메서드를 호출하여 Servo 인스턴스를 초기화하는 동안 생성자는 Team 인스턴스를 초기화합니다. 가장 흥미로운 것은 blame( ) 메서드입니다. blame( ) 메서드는 비난받을 팀원의 이름을 필요로 하며, 이 이름을 이용해 각 이름에 해당하는 위치를 계산하고, 서보를 이 위치로 이동시킵니다. 이제 이 모든 것을 구현해 봅시다.

Download Arduino_1_0/Motors/Blaminatr/Blaminatr.ino

```
Line  1  const unsigned int MAX_NAME = 30;
      -  const unsigned int BAUD_RATE = 9600;
      -  const unsigned int SERIAL_DELAY = 5;
      -
      5  const char* members[] = { "nobody", "Bob", "Alice", "Maik",
         NULL };
      -  Team team(members);
      -  Blaminatr blaminatr(team);
      -
      -  void setup() {
     10    Serial.begin(BAUD_RATE);
      -    blaminatr.attach(MOTOR_PIN);
      -    blaminatr.blame("nobody");
      -  }
      -
```

```
15  void loop() {
      char name[MAX_NAME + 1];
      if (Serial.available()) {
        unsigned int i = 0;
        while (Serial.available() && i < MAX_NAME) {
20        const char c = Serial.read();
          if (c != -1 && c != '\n')
            name[i++] = c;
          delay(SERIAL_DELAY);
        }
25      name[i] = 0;
        Serial.print(name);
        Serial.println(" is to blame.");
        blaminatr.blame(name);
      }
30  }
```

NULL 포인터로 멤버 이름 리스트의 끝을 표시합니다. 리스트의 첫 번째 항목은 "nobody"입니다. 드물지만 비난할 사람이 아무도 없을 때 상황을 따로 고민할 필요가 없습니다. 그러고 나서 새로운 팀 오브젝트를 초기화

많은 모터를 사용한 예

모터는 매력적인 소재입니다. 인터넷에서 검색해 보면 아두이노와 모터를 이용한 수많은 프로젝트를 찾을 수 있습니다. 그중 흥미로운 예제로 아두이노 '최면 원반(Hypnodisk)'[a] 프로젝트가 있습니다. 서보모터를 이용해 최면 효과가 있는 나선이 그려진 원반을 회전시키는 장치입니다. 적외선 거리 센서가 모터의 속도를 제어해 가까이 다가가면 회전이 빨라집니다.

또 다른 유용한 프로젝트로는 USB 모래시계[b]가 있습니다. 아두이노와 서보모터를 이용해 모래시계를 돌리는 작품입니다. 광학 센서를 이용해 떨어지는 모래를 관찰하다가 모래가 전부 바닥으로 떨어지면 자동으로 모래시계를 돌리는 장치입니다.

훌륭한 장치이지만 이 장치의 주요 목적은 진정한 난수를 생성하는 것입니다. 떨어지는 모래는 진정한 난수를 생성하기 위한 완벽한 기초를 제공합니다. USB 모래시계는 난수를 생성하는 광학 센서로부터 신호를 받아들이고, 이 난수를 시리얼 포트를 통해 전송합니다.

a. http://www.flickr.com/photos/kevino/4583084700/in/pool-make
b. http://home.comcast.net/~hourglass/

하는 데 멤버 배열을 사용합니다. 이렇게 생성된 팀 객체를 Blaminatr 클래스의 생성자에 전달합니다.

setup( ) 함수에서 시리얼 포트를 초기화하고 MOTOR_PIN 상수에서 정의한 핀 번호를 전달하여 Blaminatr 클래스에 서보모터를 첨부합니다. 그리고 "nobody"를 가리키도록 Blaminatr를 초기화합니다.

loop( ) 함수는 244페이지 10.3 '서보모터와 첫걸음'의 예제와 거의 유사합니다. 유일한 차이는 28번째 줄에서 서보모터를 직접 제어하지 않고 blame( ) 메서드를 호출하여 제어한다는 것입니다.

끝났습니다! 이제 자신만의 표지판과 화살표를 만들기만 하면 됩니다. 서보모터에 직접 붙이거나 조금 더 그럴싸하게 상자 같은 것으로 포장해도 좋습니다. 소프트웨어를 컴파일하고 업로드하여 작동시켜 봅시다.

물론, 모터를 더 진지한 프로젝트에 사용할 수 있습니다. 예를 들어 트랙을 달리는 로봇 등을 만들 수 있습니다. 하지만 너무 많은 모터를 아두이노에 장착할 수는 없습니다. 매우 많은 전기 용량이 필요하기 때문입니다. 그러므로 많은 수의 모터를 제어해야 한다면, 모터 실드나 로보두이노 (Roboduino) 같은 특수한 실드를 사용하는 것을 추천합니다.

10.5 작동하지 않을 때

모터를 다루는 것은 쉽습니다. 하지만 여전히 잘못 작동할 가능성이 많습니다. 가장 큰 문제는 모터가 많은 전기를 소모한다는 것입니다. 그러므로 모든 모터를 아두이노에 간단하게 부착할 수 없습니다. 하나 이상의 모터를 제어하기란 쉽지만은 않습니다. 특히 USB 포트에서 제공하는 적은 양의 전력으로는 더욱 그렇습니다. 예상한 대로 모터가 작동하지 않는다면, 모터의 사양을 확인한 후 AC 또는 DC 어댑터를 아두이노에 연결해야 합니다.

모터에 너무 큰 하중을 가할 수 없습니다. 종이로 만든 화살표는 문제가 없지만, 더 크고 무거운 물건을 부착하면 제대로 작동하지 않을 수 있습니다. 또, 장애물을 모터의 이동 경로에 부착하면 안 됩니다. 모터의 축은 언제나 자유롭게 움직여야 하기 때문입니다.

몇몇 모터는 수시로 축을 조정할 필요가 있습니다. 이 작업을 위해 아주 작은 드라이버를 사용해야 합니다. 자세한 사항은 모터의 지시서를 참조하세요.

10.6 예제

- 이더넷 실드를 비난기계에 연결하여 시리얼 포트뿐만 아니라 인터넷으로도 사람들을 비난해 보세요. 예를 들어, 웹 브라우저의 주소창에 http://192.168.1.42/blame/Maik라고 입력해 저를 비난할 수 있습니다.
- TMP36 온도 센서와 서보모터를 이용해 온도계를 만들어 보세요. 현재 온도를 화살표로 가리키도록 아래 그림과 같은 형태로 만들 수 있습니다.

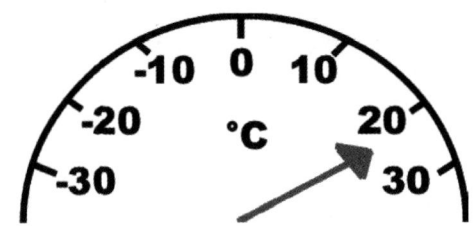

- 적외선 수신기를 이용해 비난기계를 제어해 보세요. 예를 들어, TV 리모컨의 채널 키를 이용해 비난하고자 하는 사람을 가리키도록 할 수 있습니다.

3부 부록

A1 전자 기초

간단한 아두이노 프로젝트를 수행하는 데는 그리 많은 배경 지식이 필요하지 않습니다. 하지만 전자와 납땜에 대해 약간의 지식을 갖춘다면 더 복잡한 프로젝트를 수행할 수 있습니다. 부록에서는 전기의 기초와 가장 중요한 전기 법칙 중 하나인 옴의 법칙에 대해 배울 것입니다. 저항에 대해서도 더 알아봅시다. 마지막으로, 납땜이 생각만큼 어렵지 않다는 것을 직접 확인해 볼 것입니다.

A1.1 전류, 전압, 저항

첫 번째 아두이노 프로젝트를 수행하는 데는 전기에 대해 전혀 알지 못해도 어려움이 없었습니다. 하지만 언젠가는 전류, 전압, 저항이 무엇인지 알 필요가 있습니다. 예를 들어, 여러분은 이미 LED의 앞 단에 항상 저항을 부착해야 한다는 사실을 알고 있지만, 구체적으로 왜 그래야 하는지 알지 못합니다. 그리고 LED에 어떤 저항을 부착해야 하는지 계산하는 방법도 모릅니다. 이제 이 문제를 해결해 봅시다.

전기회로는 여러 면에서 물의 순환 회로와 유사합니다. 그림 86에서 왼쪽은 물 순환 회로, 오른쪽은 전기 회로입니다. 두 회로가 너무 닮은 점이 놀랍지 않나요? 그리고 수력 발전기가 전원 공급 장치와 동일한 역할을 한 것을 발견하셨나요? 이들의 가장 중요한 특성에 대해 자세히 살펴봅시다.

물이 물 순환 회로를 흐르는 반면, 전기 회로에는 전자가 흐릅니다. 전압은 전기에서 수압에 해당하는 요소로, 단위는 볼트(V)입니다. 전압은 전류를 발생시키는 원인으로, 전압이 높을수록 전류는 **빨라집니다**.

그림 86 물 순환 회로와 전기회로는 유사합니다

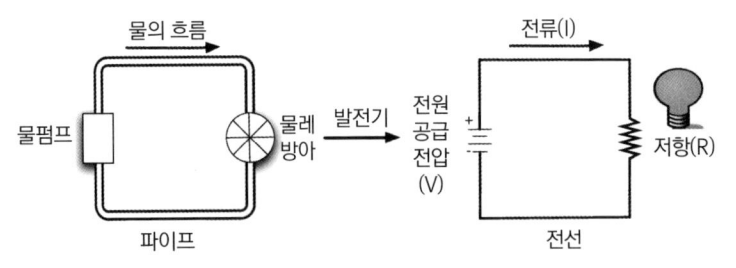

전기에서 전류는 전선을 통해 흐르는 전자의 양을 의미합니다. 전류는 물 순환 회로에서 물의 실제 흐름과 동일합니다. 분당 리터로 물의 흐름을 측정하는 반면, 전류는 암페어라는 단위로 측정합니다. 1암페어는 대략 초당 6.24×10^{18}개의 전자가 흐르는 것을 의미합니다.

회로에 포함되어 있는 모든 구성 요소는 그것이 물 순환 회로이건 전기 회로이건 상관없이 흐름을 방해하는 힘을 지니고 있습니다. 물 순환 회로에서는 물이 흐르는 파이프 또는 물레방아가 이런 역할을 하며, 전기 회로에서는 전선이나 전구가 이런 역할을 합니다. 저항은 전류 및 전압과 밀접한 관계가 있는 중요한 물리 현상의 하나입니다. 단위는 옴이며 Ω으로 표기합니다.

독일 물리학자 게오르그 옴은 전류가 전압과 저항에 따라 변한다는 것을 발견하고, 오늘날 옴의 법칙이라 부르는 공식을 발표하였습니다.

- I (전류^{current}) = V (전압^{voltage}) / R (저항^{resistance})

다음은 이 공식의 등가 공식입니다.

- R(저항) = V (전압) / I (전류)
- V(전압) = R(저항) × I (전류)

그러므로 전류, 전압, 저항 중 두 개의 값만 알고 있으면 나머지 한 값을 구할 수 있습니다. 옴의 법칙은 전기를 배울 때 반드시 알아야 할 유일한 공식입니다. 예를 들어, LED로 작업할 때 이 공식은 필요한 저항의 크기를 계산하는 데 도움을 줍니다.

만약 LED의 데이터시트를 가지고 있다면, 두 개의 값만 확인하면 됩니다. 순방향 전압과 전류량입니다. 순방향 전압은 보통 1.8V(볼트)에서 3.6V 사이이고 최대 전류는 보통 20mA(밀리암페어)입니다. 최대 2.5V와 20mA의 전류를 필요로 하는 LED에 (아두이노가 일반적으로 사용하는) 5V의 전압을 가한다고 가정해 봅시다. LED에 어느 정도 크기의 저항을 사용하면 될까요?

전기회로에 인가된 5V의 전압 중 2.5V의 전압이 저항에 들어가면, LED에는 단지 2.5V의 전압만 흐르게 됩니다. 이 값을 전압 강하라 합니다. 또, LED에 최대 20mA의 전류가 흘러야 하므로 최대 20mA(0.02A)가 저항에도 흘러야 합니다.

이제 2.5V와 0.02A가 LED에 흘러야 한다는 것을 확인하였으므로, 옴의 법칙을 이용해 필요한 저항 값을 계산할 수 있습니다.

R = V / I

이 공식에 대입하면 다음과 같이 됩니다.

저항 = 2.5V / 0.02A = 125Ω

이 결과는 LED에 125Ω짜리 저항을 사용해야 한다는 것을 의미합니다.

만약 125Ω 저항이 없다면 이보다 큰 150Ω 또는 220Ω 저항을 사용해도 됩니다. LED를 보호하는 데에는 큰 문제가 없지만 밝기가 조금 감소할 수 있습니다. 왜냐하면 그만큼 전류를 감소시키기 때문입니다

I = 2.5V / 150Ω = 17mA
I = 2.5V / 220Ω = 11mA

저항

저항이 필요하지 않은 프로젝트는 찾아보기 어렵습니다. 생각보다 자주 저항이 필요하므로 빨리 친숙해져야 합니다. 보통 탄소 또는 금속 저항을 사용하게 될 것입니다. 금속 저항은 정밀하고 노이즈를 많이 발생시키지 않습니다. 탄소 저항은 저렴합니다. 단순한 회로에서는 어떤 형태의 저항을 사용해도 크게 상관 없습니다.

저항에서 가장 중요한 요소는 옴으로 측정되는 저항 값입니다. 일부 생

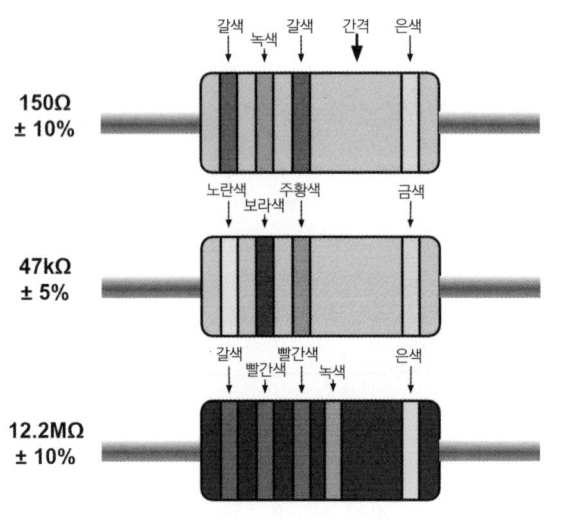

그림 87 색상 띠는 저항 값을 알려줍니다.

산자만이 저항 위에 값을 표기합니다. 왜냐하면 저항은 매우 작은 부품이고, 문자로 읽을 수 있는 크기로 값을 기재하기가 어렵기 때문입니다. 그래서 일련의 색상 띠가 나타내는 규칙을 기준으로 값을 계산할 수 있도록 하였습니다.

보통 저항에 4개 내지 5개의 띠가 둘러져 있는 것을 볼 수 있습니다.(이는 최소한 삽입 실장형 부품에만 표기되며 SMD, 즉 표면 실장형 부품에는 표기되어 있지 않습니다.) 여러 띠 중 하나는 다른 띠와 달리 간격이 더 넓게 둘러져 있습니다.(그림 87 참조) 이 분리된 띠는 저항의 오른쪽에 있으며, 저항의 정밀도를 의미합니다. 금색 띠는 ±5퍼센트의 오차율을 의미하며, 은색 띠는 ±10퍼센트의 오차율을 의미합니다. 이 띠가 없는 저항은 ±20퍼센트의 오차율을 지닙니다. 그리고 남은 띠를 가지고 저항 값을 구할 수 있습니다.

이 띠는 왼쪽에서 오른쪽으로 읽고, 모든 색상은 숫자로 치환됩니다.(그림 88 참조) 가장 오른쪽 띠-세 번째 내지 네 번째 띠-는 자릿수를 의미합니다. 그림 87에 세 가지 예가 있습니다.

- 첫 번째 저항에는 4개의 띠가 둘러져 있습니다. 갈색(1), 녹색(5), 갈색(101), 은색(±10%) 순서이며, 이를 계산하면 150Ω입니다.
- 두 번째 저항 역시 4개의 띠가 있습니다. 노랑(4), 보라(7), 주황(103), 금색(±10%) 순서이며 계산하면 47000Ω 또는 47kΩ입니다.
- 마지막 저항에는 5개의 띠가 있습니다. 빨간색(1), 빨간색(2), 적색(2), 녹색(105), 은색(±10%) 순서입니다. 계산하면 12,200,000Ω 또는 12.2MΩ입니다.

초심자에게 이 색상 코드는 다소 복잡해 보이지만, 금방 익숙해질 것입니다. 또한 인터넷을 통해 저항 값을 계산하는 프로그램을 구할 수도 있습니다.

그림 88 저항 값은 색상을 이용해 읽습니다.

색상	코드	Zeros
검은색	0	-
갈색	1	0
빨간색	2	00
주황색	3	000
노란색	4	0000
녹색	5	00000
파란색	6	000000
보라색	7	0000000
회색	8	00000000
흰색	9	000000000

책에 수록된 프로젝트를 수행하기 위해 필요한 전기 이론을 익혀 보았습니다. 전기에 대해 더 배우고 싶다면, 『짜릿짜릿 전자회로 DIY』(찰스 플랫 지음, 인사이트 펴냄)를 읽거나 또는 http://lcamtuf.coredump.cx/electronics/을 찾아보기 바랍니다.

A1.2 납땜 요령

여러분은 이 책의 거의 모든 프로젝트를 브레드보드나 아두이노 보드에 부품을 꽂아서 실행할 수 있습니다. 하지만 전기 분야에서 한 단계 도약하기 위해서는 머지않아 납땜을 배워야 합니다. 이것이 납땜을 배워야 하는 주된 이유이며, 심지어 단순한 키트조차 납땜이 필요하므로 납땜을 배워야 합니다.

많은 사람이 납땜은 어렵거나 값비싼 장비가 필요하다고 생각합니다. 그래서 시도조차 하지 않습니다. 사실은 납땜은 쉽고 비용이 들지 않는 기술입니다. 약간의 연습이 필요하지만 몇 번만 연습해 보면 납땜은 정밀한 로켓을 만드는 기술이 아니라는 것을 알 수 있습니다.

이 책에서 납땜을 사용하는 프로젝트는 단 하나, ADXL355 센서 기판에

그림 89 납땜에 필요한 도구들

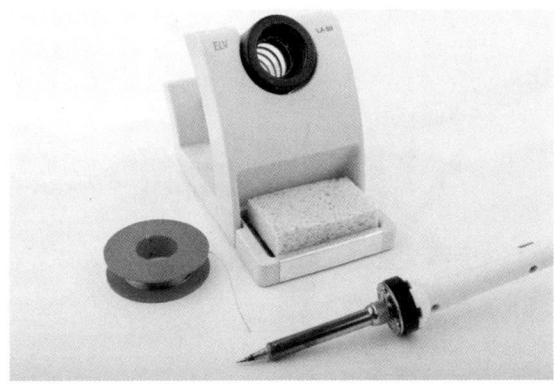

핀 헤더를 연결할 때입니다. 6장 '모션 감지 게임 컨트롤러 만들기'에서 필요합니다. 여기서는 납땜 방법에 대해 배울 예정인데 다음과 같은 준비물이 필요합니다.(그림 89 참조)

- 25~30와트 납땜기(가급적 1/16인치 팁)와 납땜기 거치대
- 전자 작업용 일반 60/40 납(로진-납 비율). 직경 0.031인치
- 스펀지

납땜을 시작하기 전에, 일단 작업 공간을 확보해야 합니다. 먼저 모든 도구를 손이 닿기 쉬운 위치에 놓고 납이 떨어져 손상될 만한 것들은 작업 공간에서 치웁니다. 보안경을 끼는 것이 좋습니다. 예를 들어, 전선을 자르는 작업과 같이 외견상 단순하고 위험해 보이지 않는 작업을 할 때도 조심해야 합니다.

모든 부품을 올바른 위치에 놓으세요. 핀 헤더를 기판에 부착하고, 납땜을 하는 동안 움직이지 않도록 고정합니다.

부품들을 제 위치에 고정하기 위해 다양한 창의적인 방법을 사용하지

그림 90 핀 헤더를 회로 보드에 부착해야 합니다.

만, 다음 사항에 유의해야 합니다. 절대 가연성 물질로 부품을 고정해서는 안 됩니다. 열을 발생시키는 부품을 사용해서는 안 되며, 이 부품들이 다른 부품과 맞닿아 있다면 더욱 주의해야 합니다. 절연 테이프를 사용할 경우가 있는데, 이 역시 주의해야 합니다.

핀 헤더의 높이에 맞는 나무 조각이나 다른 적당한 높이의 물건이 필요합니다. 기판을 그 위에 올려두고 핀 헤더를 꽂으면 쉽게 핀 헤더를 고정할 수 있습니다. 만약 납땜할 일이 자주 생긴다면 이 공구를 구입하면 수월하게 할 수 있습니다.

그림 90에서 모든 부품을 PCB작업대에서 어떻게 준비했는지 확인할 수 있습니다. PCB작업대(만능손$^{Helping\ Hands}$이라고도 부릅니다)는 부품의 위치를 고정시켜 주는 유용한 도구 입니다. 일반적으로 확대경이 달려 있고 가격도 저렴합니다. 납땜을 자주 할 계획이라면 하나 준비하기 바랍니다.(그림 91 참조)

모든 준비가 완료되면, 이제 실납을 가열할 순서입니다. 납땜을 하는 가장 큰 이유는 부품을 금속 면에 고정시키기 위해서입니다. 이 경우, 기판의 금속 부위와 핀 헤더의 금속 부위를 고정시켜야 합니다. 이를 위해, 먼저

그림 91 '만능손'이라는 이름에 어울리는 도구입니다.

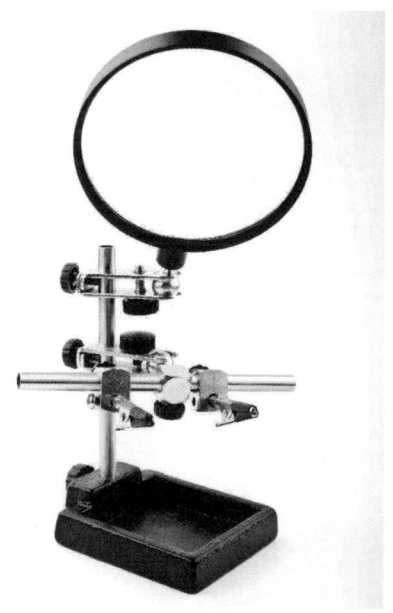

기판과 핀 헤더의 금속 부위를 가열한 후, 녹은 납을 이용해 두 부위를 연결합니다.

이 과정은 온전히 온도에 의존해 이루어집니다. 온도를 맞추지 못하는 것이 납땜이 잘못되는 가장 큰 이유 중 하나입니다. 만약 온도가 너무 낮으면, 납땜 지점이 손상되기 쉽습니다. 더군다나 연결해야 하는 부위에 너무 오랜 시간 동안 열을 가하면 부품이 손상될 가능성이 높습니다. 온도가 너무 높으면 부품이 바로 손상되기도 합니다. 전문가라면 적정 온도에 대해 몇 날 며칠에 걸쳐 논의할 수 있겠지만, 단도직입적으로 말하면 대략 섭씨 315도에서 350도가 적정선입니다.

적당하게 젖은 스펀지로 인두기의 팁을 자주 닦아 주어야 합니다. 그리고 나서 소량의 납을 팁 끝에 씌웁니다. 이렇게 하면 팁을 보호할 뿐만 아니라, 부품에 열을 잘 전달할 수 있습니다.

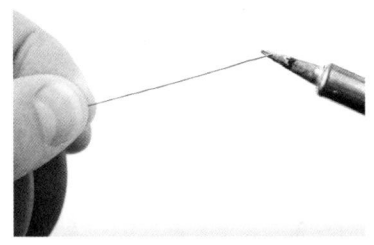

납땜은 열을 잘 다뤄야 합니다. 이제 연결할 부위를 가열할 차례입니다. 인두기의 팁을 핀 헤더와 기판이 맞닿은 부분에 동시에 갖다 댑니다.

1초 정도 유지하고 있다가 약간의 납을 팁과 핀 사이에 밀어 넣습니다.

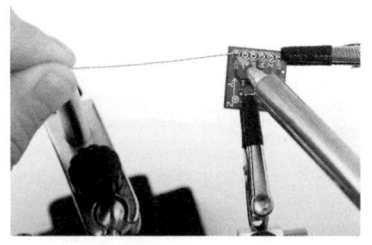

곧 납이 흘러 들어갑니다. 걱정할 필요 없습니다. 납은 자동으로 열을 받기 때문입니다. 모양이 곧고 반짝이는 연결 부위가 만들어질 때까지 납을 조금 더 밀어 넣습니다. 이 모든 과정은 2초 내지 3초면 끝납니다. 이 과정이 끝나면, 재빨리 인두기 팁을 납땜 부위에서 떼어낸 후, 접합 부위를 몇 초 동안 식힙니다.

이 과정을 반복해 남은 핀 헤더를 모두 연결하세요. 그러면 다음 그림과 같이 보일 겁니다. 움직임 감지 게임 컨트롤러를 만들어 볼 차례입니다.

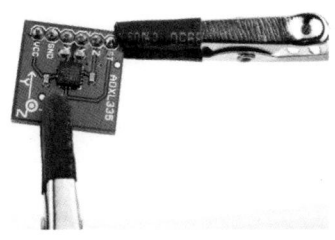

축하합니다! 첫 번째 납땜 작업을 마무리했습니다.

　이 교육은 앞으로 여러분이 겪을 수많은 납땜 작업의 시작일 뿐입니다. 적어도 여러분이 이 교육을 계기로 납땜을 어려워하지 않았으면 합니다. 이제 당장 몇 가지 초심자용 키트를 만들어 볼 수 있습니다. 대부분의 전자 부품 가게에서 이런 키트를 판매하며 납땜 지침서를 함께 제공합니다. 납땜 기술을 향상시켜 줄 다양한 형태의 교육을 인터넷을 통해 찾아볼 수 있습니다.

A2 고급 아두이노 프로그래밍

아두이노 프로그래밍 언어는 C++와 다르지 않지만, 몇 가지 제한이 있습니다. 그리고 특별한 도구 묶음을 사용합니다. 여기에서는 이 제한에 대해 알아보겠습니다. 또한 비트 연산자 작동법에 대해 알아봅시다. 종종 센서나 다른 장치를 작동시키기 위해 필요하기 때문입니다.

A2.1 아두이노 프로그래밍 언어

아두이노에 처음으로 작성할 스케치는 특별한 '아두이노 언어'로 작성한 것처럼 보이지만 실제로는 그렇지 않습니다. 아두이노를 프로그램하기 위해서는 전통적인 C/C++를 사용하며 소스 코드를 아두이노 마이크로컨트롤러에 적합한 기계어로 교차 컴파일해야 합니다.

이 마이크로컨트롤러는 아트멜(Atmel) 사에서 생산한 AVR 시리즈입니다. 가능한 한 쉽게 AVR 마이크로컨트롤러를 위한 소프트웨어를 개발하기 위해, 아트멜은 GNU 컴파일러 기반으로 전체 툴 환경을 개발하였습니다. 모든 도구는 원본처럼 작동하지만, AVR 마이크로컨트롤러를 위한 코드를 생성하기 위해 최적화됩니다.

gcc, ld 같은 거의 모든 GNU 개발 도구는 avr-gcc, avr-ld와 같은 변종 AVR가 있습니다. 이것들은 아두이노 IDE의 hardware/tools/bin 디렉터리에서 찾을 수 있습니다.

아두이노 IDE는 주로 커맨드 라인 도구를 바로 사용하지 않도록 도와주는 시각적인 도구로 둘러싸여 있습니다. IDE를 사용해 프로그램을 컴파일하고 업로드할 때마다 이 모든 작업을 AVR 도구에 전가합니다. 만약 숙련된 개발자라면, 출력창을 켜서 이 모든 명령어 호출을 직접 확인할 수 있습니다. 32페이지 2.3 '설정 변경하기'에서 설명한 적이 있는 Preference.txt 파일을 열어서 build.verbose와 upload.verbose의 값을 true로 변경합니다. 그러고 나서 LED 깜빡임 예제를 컴파일해 보세요. 메시지 창에 그림 16과 같이 출력될 것입니다.

처음에는 이 메시지 호출이 낯설어 보입니다. 왜냐하면 생성된 많은 임시 파일의 이름이 낯설기 때문입니다. LED 깜빡이기 같은 단순한 스케치를 컴파일하는 데 필요한 모든 컴파일과 연결 과정을 확인할 수 있습니다. 이것이 아두이노 팀이 수행한 가장 중요한 업적입니다. 그들은 불필요한 부분들을 아두이노 IDE에서 숨겼습니다. 그뿐만 아니라 소프트웨어 개발 경험이 전무한 사람들도 아두이노를 프로그램할 수 있게 만들었습니다. 프로그래머에게는 상세 모드로 작업하는 것이 유용합니다. 왜냐하면 모든 AVR 툴이 작동하는 것을 실제로 눈으로 확인하고 배울 수 있기 때문입니다.

avrdude의 작동을 확인하기 위해 아두이노에 프로그램을 올려 보세요. avrdude는 아두이노로 코드를 옮기는 역할을 수행하고, 기타 다른 장치들을 사용할 수 있게 해줍니다. 흥미롭게도, AVR 도구는 Meggy Jr 같은 비아두이노 계열의 프로젝트에서도 아두이노 IDE를 사용할 수 있게 만들어 줍니다.

하지만 당신이 C++ 개발자이고, main( ) 함수를 찾을 수 없다고 불평한다면 이해합니다. 아두이노와 전통적인 C++ 코드 사이에는 분명한 차이가 있습니다. 아두이노로 프로그램할 때는 main( ) 함수를 선언하지 않아도 됩니다. 왜냐하면 이 함수는 이미 아두이노 개발자들에 의해 라이브러리 안에 정의되어 선언되었기 때문입니다. 유추할 수 있듯이, main( ) 함수는 setup( ) 함수를 먼저 호출한 후 loop( ) 함수를 반복적으로 호출합니다. 아두이노 1.0부터는 loop 함수의 마지막에 serialEvent( )를 호출할 수도 있습니다.

C++로 AVR 마이크로컨트롤러를 개발할 때 다음과 같은 또 다른 제약이 있습니다.

- 표준 템플릿 라이브러리(STL Stand Template Library)을 사용할 수 없습니다. 작은 AVR 마이크로컨트롤러에 사용하기에는 용량이 너무 크기 때문입니다.
- 예외 사항 처리가 지원되지 않습니다. 이 때문에 avr-gcc 컴파일러가 호출될 때 종종 - fno-exceptions가 스위치되는 것을 볼 수 있습니다.
- new( )와 delete( ) 메서드를 이용한 동적 메모리 관리가 현재로서는 지원되지 않습니다. 여기에 덧붙여, 소프트웨어의 성능에 주목해야 합니다. 예를 들어, C++는 자동으로 아두이노에서는 드물게 필요로 하는 많은 함수를 백그라운드로 생성합니다.(생성자를 복사하고, 연산자를 대입하는 등의 작업을 수행해야 합니다.) 이러한 제약들에도 불구하고, 아두이노는 C++ 프로그래밍 언어의 강력한 교집합을 이루고 있습니다. 그러므로 별것 아닌 코딩에 주저할 필요가 없습니다.

A2.2 비트 연산자

임베디드 컴퓨팅은 종종 비트 단위 연산을 요구합니다. 예를 들어, 때때로 센서 데이터를 얻기 위해 비트를 읽어야 합니다. 아니면, 특정 장치들을 어떤 상태로 돌린다거나 움직이기 위해서 비트 단위로 데이터를 설정해야 합니다.

비트 단위 처리를 위해 몇 가지 연산자만 이해하면 됩니다. 가장 쉬운 것은 부정(not) 연산자로 비트를 반대로 바꿉니다. 예를 들어 0을 1로 바꾸거나, 1을 0으로 바꿉니다. 대부분 프로그램 언어는 부정 연산자를 ! 연산자로 표기합니다.

```
int x = 42; // In binary this is 101010
int y = !x; // y == 010101
```

여기에 더해 AND, OR, XOR라는 3개의 이진 연산자가 있습니다. 대부분 프로그램 언어는 이 연산자를 각각 &, |, ^ 로 표기합니다. 이 연산자들은 다음과 같이 정의할 수 있습니다.

a	b	a AND b a & b	a OR b a | b	a XOR b a ^ b
0	0	0	0	0
1	0	0	1	1
0	1	0	1	1
1	1	1	1	0

이 연산자들을 이용해 비트를 숫자처럼 사용할 수 있습니다. 예를 들어, 특정 비트를 뺄 수 있습니다. 만약 낮은 숫자가 비트로 주어질 경우 다음과 같이 계산할 수 있습니다.

```
int x = 42; // In binary this is 101010
int y = x & 0x03; // y == 2 == B10
```

또 OR 연산자를 이용해 현재 숫자에 비트를 설정하거나 지울 수 있습니다. 다음 코드는 x에 저장한 다섯 번째 비트를 0, 1에 관계 없이 설정합니다.

```
int x = 42; // In binary this is 101010
int y = x | 0x10; // y == 58 == B111010
```

비트 시프트 연산자 《와 》은 비트의 위치를 이동시킵니다. 《은 비트를 왼쪽으로, 》은 오른쪽으로 이동시킵니다.

```
int x = 42; // In binary this is 101010
int y = x << 1; // y == 84 == B1010100
int z = x >> 2; // z == 10 == B1010
```

시프트 연산자는 직관적으로 보이지만, 음수가능형(signed) 값에는 주의해서 사용해야 합니다. 비슷해 보이지만, 이진 연산자는 불(boolean) 연산자와 다릅니다. &&나 || 같은 불 연산자는 비트에는 적용되지 않습니다. 불 연산자는 불 대수학의 규칙을 따릅니다.

A3 고급 시리얼 프로그래밍

이 책의 거의 모든 프로젝트에서 아두이노 시리얼 포트를 사용했습니다. 스케치의 현재 상태를 모니터링하기 위한 단순한 디버그 메시지 출력에 사용하기도 하고, 종종 실제 필요한 정보를 출력하거나 명령을 보낼 때 사용하기도 했습니다. 사실, 시리얼 통신이 어떻게 이루어지는지에 대한 설명 없이 Serial 클래스를 사용했습니다. 이제 시리얼 통신에 대해 자세히 알아봅시다.

아두이노와 통신하기 위해 프로세싱 프로그래밍 언어를 사용하고 자바스크립트도 사용했습니다. 하지만 많은 개발자들은 다른 언어를 선호합니다. 여기에서는 C/C++, Java, Ruby, Python, Perl과 같은 다양한 언어로 아두이노와 대화해 보겠습니다.

A3.1 시리얼 통신에 대해 좀 더 알아보기

2장 '아두이노 둘러보기'를 보면 시리얼 통신을 위해 단 세 가닥(공통 접지, 송신TX, 수신RX)의 전선이 필요합니다.(51페이지 다이어그램 참조)

데이터는 전기적인 파동으로 전송되므로 수신자, 송신자 모두 동일한 전압 수준의 레퍼런스를 필요로 합니다. 이것이 바로 공통 접지가 필요한 이유입니다. 송신선은 수신자에게 데이터를 보내기 위해 사용되며, 수신자의 수신 회선에 연결해야 합니다. 이것은 송신과 수신을 동시에 처리함으로써 두 대상 사이에서 양방향 통신을 가능하게 만듭니다.(사람들이 양방향 통신을 할 수 있다면 대단하지 않을까요?)

그림 92 비트 레벨에서 시리얼 통신

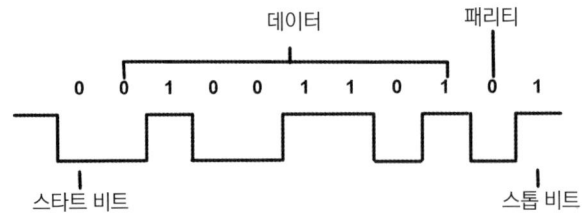

우리는 이제 어떻게 두 장치를 연결하는지 알게 됐지만 아직 실제 데이터를 전송해 보지는 않았습니다. 그러므로, 두 통신 대상 사이에 협의된 프로토콜이 필요합니다. 그림 92는 전형적인 시리얼 통신의 모습을 보여주고 있습니다. 서로 다른 상태의 비트는 다른 전압 레벨을 나타냅니다. 보통 0비트는 0볼트, 5볼트는 1비트를 나타냅니다.(일부 프로토콜은 -12볼트와 12볼트를 사용하기도 합니다.)

- 스타트 비트$^{start\ bit}$는 데이터 단어의 시작 부분을 가리키고 수신자와 송신자를 동기화하는 데 사용합니다. 시작 비트는 항상 0입니다.
- 스톱 비트$^{stop\ bit}$는 데이터의 마지막 비트가 수신되었음을 알려줍니다. 그리고 2개의 연속적인 데이터 단어를 분리합니다. 특정 프로토콜 규정에 따라 1개 이상의 스톱 비트를 사용할 수 있습니다. 하지만 그런 경우는 드뭅니다.
- 정보는 이진 데이터 비트로 전송됩니다. 예를 들어, 대문자 M을 보내기 위해서는 먼저 문자를 숫자로 변환해야 합니다. 여러 가지 문자 집합 인코딩이 있지만, 아두이노에는 ASCII(아스키)가 가장 적합합니다. ASCII에서 대문자 M은 정수 77이며, 이진수로는 01001101입니다. 이 이진수가 수신하게 될 비트 시퀀스입니다.
- 패리티 비트는 데이터 안의 1의 개수가 짝수인지 홀수인지 알려주는 비트입니다. 이는 단순한 에러 검출 알고리즘으로 드물게 사용되며, 네트

워크 연결이 오늘날보다 안정적이지 못한 시기에 만들어졌습니다. 패리티 제어는 "없음^{none}"(패리티 비트 보내지 않음)으로 처리될 수도 있으며, 홀수(1의 개수가 홀수면 패리티비트는 1, 아니면 0), 짝수(1의 개수가 짝수면 패리티비트는 1, 아니면 0)으로 처리할 수 있습니다. 여기서는 짝수 패리티를 선택하여 사용합니다. 01001101에서 1로 설정된 비트가 4개 존재하고 짝수이기 때문에, 패리티 비트는 0입니다.(1의 개수가 홀수인 경우에 패리티 비트는 1입니다.)

- 전송 속도$^{baud\ rate}$는 초당 전송 단계로 측정합니다. 아두이노는 범용적인 전송 속도인 9600, 14400, 19200, 115200을 지원합니다. 전송 속도는 실제로 초당 전송되는 데이터가 얼마나 되는지 나타내는 단위는 아닙니다. 실제 전송 데이터 양을 측정하기 위해서는 비트 단위로 계산해야 합니다. 만약 연결 설정이 1스타트 비트, 1스톱 비트, 패리티 없음$^{no\ parity}$, 1바이트당 8비트 기준이라면, 1바이트당 10비트를 전송해야 합니다. 전송 속도를 9600으로 설정했다면, 최소 모든 비트가 정확하게 한 단계에서 모두 전송된다면 이론적으로 초당 960바이트를 전송할 수 있습니다.

A3.2 다양한 프로그래밍 언어를 이용한 시리얼 통신

이 책에서 우리는 이미 다양한 언어를 이용해 아두이노와 컴퓨터를 시리얼 포트로 연결해 보았습니다. 6장 '움직임 감지 게임 컨트롤러 만들기'에서 프로세싱을 사용했으며, 9장 '자신만의 범용 리모컨 만들기'에서는 자바스크립트를 사용했습니다.

아두이노로 작업할 때, 종종 시리얼 포트를 프로그램해 주어야 합니다. 여기에서는 여러 언어에서 시리얼 포트를 연결하는 방법을 배울 것입니다. 데모를 위해 동일한 아두이노 스케치를 사용합니다.

> Download Arduino_1_0/SerialProgramming/AnalogReader/AnalogReader.ino

```
const unsigned int BAUD_RATE = 9600;
const unsigned int NUM_PINS = 6;

String pin_name = "";
boolean input_available = false;

void setup() {
    Serial.begin(BAUD_RATE);
}

void loop() {
  if (input_available) {
    if (pin_name.length() > 1 &&
        (pin_name[0] == 'a' || pin_name[0] == 'A'))
    {
        const unsigned int pin = pin_name.substring(1).toInt();
        if (pin < NUM_PINS) {
          Serial.print(pin_name);
          Serial.print(": ");
          Serial.println(analogRead(pin));
        } else {
          Serial.print("Unknown pin: ");
          Serial.println(pin);
        }
    } else {
        Serial.print("Unknown pin name: ");
        Serial.println(pin_name);
    }
    pin_name = "";
    input_available = false;
  }
}

void serialEvent() {
  while (Serial.available()) {
    const char c = Serial.read();
    if (c == '\n')
```

```
            input_available = true;
        else
            pin_name += c;
    }
}
```

이 프로그램은 아날로그 핀의 이름(a0, a1, … a5)이 수신되기를 기다렸다가 현재 각 아날로그 핀에 인가된 값을 반환합니다. 그래서 모든 클라이언트는 아두이노에 데이터(아날로그 핀 이름)를 전송해야 합니다. 그리고 결과를 수신합니다.(그림 93에서 아두이노 IDE의 시리얼 모니터와 작동하는 방법을 보여줍니다.)

그림 93 테스트 스케치는 아날로그 핀의 현재 값을 반환합니다.

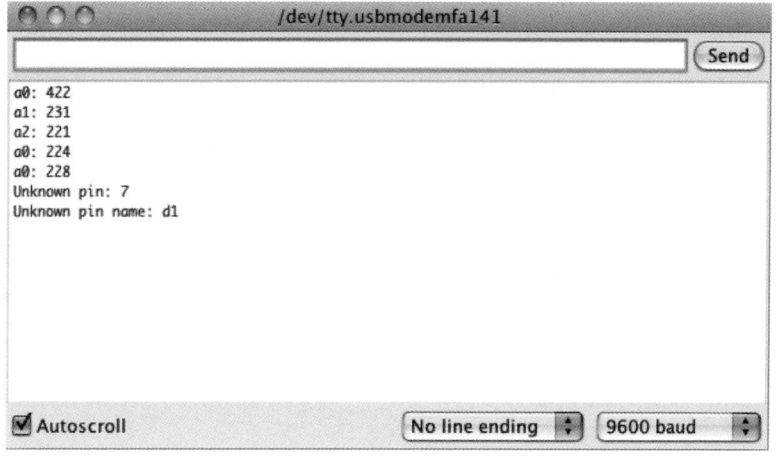

모든 클라이언트는 거의 비슷합니다. 연결하기 위한 명령 라인 아규먼트로서 시리얼 포트의 이름을 필요로 합니다. 끊임없이 문자열 'a0'을 아두이노로 보내면 아날로그 0번 핀의 현재 값을 돌려받을 수 있습니다. 그런 뒤 콘솔을 통해 결과를 출력합니다. 이들은 모두 9,600의 일정한 전송

속도를 사용하며, 시리얼 포트와 연결된 후 2초 동안 대기합니다. 왜냐하면 모든 아두이노는 시리얼 포트와 연결될 때마다 재부팅되기 때문입니다. 시리얼 통신에 대해 더 자세히 알고 싶다면, A3.1을 참조하세요.

몇몇 클라이언트는 라이브러리를 추가로 인스톨해야 합니다. 이런 경우, 컴퓨터의 관리자 자격으로 인스톨해야 합니다. 다음 절에서 자세히 언급하지는 않겠습니다. 또한, 다음 절의 예제 중 하나가 구동되는 동안에는 시리얼 모니터를 열어서는 안 됩니다.

C/C++

C++로 아두이노를 프로그래밍하더라도, 반드시 아두이노와 통신하는 클라이언트를 C++나 C로 작성하지 않아도 됩니다. 만약 TOD E.Kurt의 멋진 arduino_serial.c예제를 기초로 사용한다면 어렵지 않게 C로 작성이 가능합니다.

원래 프로그램은 유용한 옵션을 제공하는 완벽한 명령 라인 도구를 제공합니다. 하지만 여기에는 적합하지 않습니다. 그래서 주요한 4개의 함수를 C 헤더 파일로 추출하였습니다.

```
Download SerialProgramming/c/arduino-serial.h
```

```c
#ifndef __ARDUINO_SERIAL__
#define __ARDUINO_SERIAL__

#include <fcntl.h>
#include <sys/ioctl.h>
#include <termios.h>
#include <stdint.h>
#include <string.h>

int serialport_init(const char* serialport, int baud);
int serialport_writebyte(int fd, uint8_t b);
int serialport_write(int fd, const char* str);
int serialport_read_until(int fd, char* buf, char until);

#endif
```

이 코드의 의미는 다음과 같습니다.

- serialport_init( )은 시리얼 통신 연결을 시작합니다. 이 함수는 연결하고자 하는 시리얼 포트의 이름을 필요로 하며, 전송 속도도 필요합니다. 만약 문제가 없으면 파일 기술자를 반환하며, 문제가 발생하면 -1을 반환합니다.
- serialport_writebyte( ) 함수는 1개의 바이트를 컴퓨터의 시리얼 포트에 연결된 아두이노로 전송합니다. serialport_init( ) 함수에서 반환된 파일 기술자를 전달하여 이 바이트를 작성합니다. 에러 발생 시 -1을 반환하며 그렇지 않을 경우 0을 반환합니다.
- serialport_write( ) 함수는 전체 문자열을 시리얼 포트에 작성합니다. 이 함수는 파일 기술자를 필요로 하며 문자열을 작성해야 합니다. 에러 발생 시 -1을 반환하고 그렇지 않을 경우 0을 반환합니다.
- serialport_read_until( ) 함수는 시리얼 포트로부터 데이터를 읽습니다. 이 함수는 파일 기술자를 필요로 하며 데이터를 읽어 저장할 버퍼도 필요합니다. 이 함수는 구분 기호 문자를 필요로 합니다. serial_port_read_until( ) 함수는 이 구분 문자를 찾을 때까지 데이터를 읽어 0을 반환합니다. 완성도를 위해, 이 네 가지 기능을 구현해 봅시다.

Download SerialProgramming/c/arduino-serial.c

```c
#include "arduino-serial.h"
int serialport_writebyte(int fd, uint8_t b) {
  int n = write(fd, &b, 1);
  return (n != 1) ? -1 : 0;
}

int serialport_write(int fd, const char* str) {
  int len = strlen(str);
  int n = write(fd, str, len);
  return (n != len) ? -1 : 0;
}
```

```c
int serialport_read_until(int fd, char* buf, char until) {
  char b[1];
  int i = 0;
  do {
    int n = read(fd, b, 1);
    if (n == -1)
      return -1;
      if (n == 0) {
        usleep(10 * 1000);
        continue;
      }
      buf[i++] = b[0];
  } while (b[0] != until);
  buf[i] = 0;
  return 0;
}

int serialport_init(const char* serialport, int baud) {
  int fd = open(serialport, O_RDWR | O_NOCTTY | O_NDELAY);
  if (fd == -1) {
    perror("init_serialport: Unable to open port");
    return -1;
  }

  struct termios toptions;
  if (tcgetattr(fd, &toptions) < 0) {
    perror("init_serialport: Couldn't get term attributes");
    return -1;
  }

  speed_t brate = baud;
  switch(baud) {
    case 4800:   brate = B4800;   break;
    case 9600:   brate = B9600;   break;
    case 19200:  brate = B19200;  break;
    case 38400:  brate = B38400;  break;
    case 57600:  brate = B57600;  break;
    case 115200: brate = B115200; break;
  }
  cfsetispeed(&toptions, brate);

  toptions.c_cflag &= ~PARENB;
  toptions.c_cflag &= ~CSTOPB;
  toptions.c_cflag &= ~CSIZE;
  toptions.c_cflag |= CS8;
  toptions.c_cflag &= ~CRTSCTS;
  toptions.c_cflag |= CREAD | CLOCAL;
  toptions.c_iflag &= ~(IXON | IXOFF | IXANY);
```

```
      toptions.c_lflag &= ~(ICANON | ECHO | ECHOE | ISIG);
      toptions.c_oflag &= ~OPOST;

      toptions.c_cc[VMIN]  = 0;
      toptions.c_cc[VTIME] = 20;

      if (tcsetattr(fd, TCSANOW, &toptions) < 0) {
        perror("init_serialport: Couldn't set term attributes");
        return -1;
      }

      return fd;
    }
```

만약 유닉스 파일 체계에 친숙하다면, 어렵지 않게 모든 코드를 이해할 수 있습니다. 그렇지 않다면, 아직 컴퓨터의 시리얼 포트에 연결할 수 있는 코드가 있습니다. 여기 아날로그 리더 스케치와 통신하기 위한 코드를 사용하는 방법이 있습니다.(아래 코드는 아두이노가 아니라 사용자 PC에서 실행됩니다.)

Download Arduino_1_0/SerialProgramming/c/analog_reader.c

```
Line 1  #include <stdio.h>
     -  #include <unistd.h>
     -  #include "arduino-serial.h"
     -  #define MAX_LINE 256
     5
     -  int main(int argc, char* argv[ ]) {
     -    if (argc == 1) {
     -      printf("You have to pass the name of a serial port.\n");
     -      return -1;
    10    }
     -    int baudrate = B9600;
     -    int arduino = serialport_init(argv[1], baudrate);
     -    if (arduino == -1) {
     -      printf("Could not open serial port %s.\n", argv[1]);
    15      return -1;
     -    }
     -    sleep(2);
     -    char line[MAX_LINE];
     -    while (1) {
    20      int rc = serialport_write(arduino, "a0\n");
     -      if (rc == -1) {
     -        printf("Could not write to serial port.\n");
```

```
         } else {
            serialport_read_until(arduino, line, '\n');
25          printf("%s", line);
         }
      }
      return 0;
   }
```

먼저 필요한 모든 라이브러리를 가져옵니다. 그리고 아두이노를 통해 읽을 데이터의 최대 길이를 설정하기 위한 상수를 정의합니다. 그다음 main( ) 함수를 정의합니다.

시리얼 포트의 이름을 확인한 후 명령 라인에 이 시리얼 포트의 이름을 입력합니다. 14번째 줄에서 시리얼 포트를 초기화했습니다. 그런 다음 아두이노가 준비할 수 있게 2초의 대기시간을 줍니다. 그다음, 23번째 줄에서 문자열 "a0"을 아두이노에 끊임없이 보내는 반복문을 실행합니다. 이 반복문에서는 serialport_write( ) 함수의 결과를 확인하여, 성공하면 27번째 줄에서 아두이노에서 보낸 결과를 읽을 수 있습니다. 이제 이 프로그램을 컴파일해 봅시다.

```
maik>gcc arduino-serial.c analog_reader.c -o analog_reader
```

아두이노가 연결된 시리얼 포트가 무엇인지 전달합니다.(여기서는 /dev/tty.usbmodemfa141에 연결합니다.) 그리고 다음과 같이 프로그램을 실행합니다.

```
maik> ./analog_reader /dev/tty.usbmodemfa141
a0: 495
a0: 376
a0: 368
^C
```

모든 작업이 예상대로 이루어졌습니다. C를 이용해 시리얼 포트에 연결하는 것은 어렵지 않습니다. C++ 프로그램에 이 코드를 삽입하기 위해, 이 코드를 SerialPort라는 이름의 클래스로 감싸야 합니다.

자바 Java

자바 플랫폼은 많은 것을 표준화합니다. 자바 통신 API는 시리얼 통신에 접속하는 방법을 정의해 두었습니다. 하지만 이 API는 단순하게 구현되어야 할 사양일 뿐입니다. 좋은 구현 사례는 RXTX 프로젝트3입니다.

가장 최근 발표된 버전을 다운로드 받아, 자신의 플랫폼에 맞는 지시 사항에 따라 인스톨합니다. RXTXcomm.jar 파일을 클래스 경로에 추가합니다. 그리고 나서 다음 코드를 선호하는 IDE나 텍스트 편집기에서 작성합니다.

Download SerialProgramming/java/AnalogReaderTest.java

```java
import java.io.InputStream;
import java.io.OutputStream;
import gnu.io.CommPortIdentifier;
import gnu.io.SerialPort;

class AnalogReader {
  private InputStream  _input;
  private OutputStream _output;

  public AnalogReader(
    final String portName,
    final int    baudRate) throws Exception
  {
    final int timeout = 1000;
    final String appName = "analog reader client";
    CommPortIdentifier portId =
      CommPortIdentifier.getPortIdentifier(portName);
    SerialPort port = (SerialPort)portId.open(
      appName,
      timeout
    );
    _input = port.getInputStream();
    _output = port.getOutputStream();
    port.setSerialPortParams(
      baudRate,
      SerialPort.DATABITS_8,
```

```
      SerialPort.STOPBITS_1,
      SerialPort.PARITY_NONE
    );
  }

  public void run() throws Exception {
    byte[] buffer = new byte[255];
    Thread.sleep(2000);
    while (true) {
      _output.write("a0\n".getBytes());
      Thread.sleep(100);
      if (_input.available() > 0) {
        _input.read(buffer);
        System.out.print(new String(buffer));
      }
    }
  }
}

public class AnalogReaderTest {
  public static void main(String[] args) throws Exception {
    if (args.length != 1) {
      System.out.println(
        "You have to pass the name of a serial port."
      );
      System.exit(1);
    }
    AnalogReader analogReader = new AnalogReader(args[0], 9600);
    analogReader.run();
  }
}
```

이 파일은 AnalogReader와 AnalogReaderText라는 2개의 클래스를 정의하고 있습니다. AnalogReader는 실제로는 아두이노에 대한 접속을 캡슐화하고 있습니다. 데이터를 수신하기 위해 InputStream 객체를 _input에 저장하고, 아두이노에 데이터를 보내기 위해 OutputStream 객체를 _output에 저장합니다.

생성자는 시리얼 포트 연결을 초기화하고 입력과 출력 흐름을 멤버 변수에 할당합니다. 시리얼 포트 연결을 획득하기 위해, CommPortIdentifier 객체를 먼저 사용해야 합니다. 이 객체를 이용해 SerialPort 객체를 생성할 수 있기 때문입니다. 이 객체는 기저에 있는 흐름에 접속하는 역할을 하며, 전송 속도와 같은 포트 매개변수를 설정할 수 있도록 도와줍니다.

아두이노 스케치를 위한 프로토콜을 run( ) 메서드에 구현합니다. 이 메서드에서 먼저 2초간 대기한 후, 반복문을 시작합니다. 반복문에서는 OutputStream객체의 write( ) 함수를 이용해 문자열 "a0"을 시리얼 포트로 전송합니다. 문자열을 보내기 전에 먼저 문자열을 getBytes( ) 메서드를 이용해 byte array(바이트 배열)로 바꿉니다. 결과를 반환받기 위해 100밀리초간 대기합니다. 그리고 나서, 결과를 읽을 수 있는지 확인하고 InputStream 객체의 read( ) 함수를 실행해 결과를 읽습니다.

AnalogReaderTest는 main( ) 함수를 구현한 작은 드라이버 클래스에 불과합니다. AnlalogReader객체를 생성하고 run( ) 함수를 호출합니다. 이제 이 프로그램을 컴파일한 후 실행해 봅시다.

```
maik> javac AnalogReaderTest.java
maik> java AnalogReaderTest /dev/tty.usbmodemfa141
Experimental: JNI_OnLoad called.
Stable Library
=========================================
Native lib Version = RXTX-2.1-7
Java lib Version = RXTX-2.1-7
a0: 496
a0: 433
a0: 328
a0: 328
^C
```

프로그램에서 사용하고 있는 라이브러리의 디버그 출력을 마친 후, AnlogReaderTest는 정확하게 의도한 동작을 수행합니다. 아날로그 핀 0번의 값을 끊임없이 출력합니다. 적합한 라이브러리를 사용한다면 자바에서 시리얼 포트에 연결하는 것은 정말 간단합니다.

루비 Ruby

루비와 같은 동적 언어도 시리얼 포트에 바로 접속할 수 있습니다. 그리고 시리얼 포트에 연결한다면 아두이노에도 연결할 수 있습니다. 하지만 그 전에 시리얼 포트 젬을 설치합니다.

```
maik> gem install serialport
```

이것을 이용해, 단 30줄의 코드만 가지고 아두이노에 연결할 수 있습니다.

Download Arduino_1_0/SerialProgramming/ruby/analog_reader.rb

```ruby
require 'rubygems'
require 'serialport'

if ARGV.size != 1
  puts "You have to pass the name of a serial port."
  exit 1
end

port_name = ARGV[0]
baud_rate = 9600
data_bits = 8
stop_bits = 1
parity = SerialPort::NONE

arduino = SerialPort.new(
  port_name,
  baud_rate,
  data_bits,
  stop_bits,
  parity
)

sleep 2
while true
    arduino.write "a0"
    line = arduino.gets.chomp
    puts line
end
```

먼저 15번째 줄에서 SerialPort 객체를 새로 생성하고, 일반적인 매개변수를 모두 전달합니다. 2초 동안 대기하기 위한 코드를 작성한 후, 반복문을 돌려 SerialPort 객체의 write( ) 함수를 호출합니다. 아두이노로부터 결과를 반환받기 위해 get( ) 함수를 호출하고 이 결과를 콘솔에 출력합니다. 다음은 이 프로그램의 결과입니다.

```
maik> ruby analog_reader.rb /dev/tty.usbserial-A60061a3
a0: 496
a0: 456
a0: 382
^Canalog_reader.rb:21:in `gets': Interrupt
    from analog_reader.rb:21
```

루비로 아두이노에 연결하는 것은 탁월한 선택입니다. 왜냐하면 온전히 여러분의 애플리케이션에 집중할 수 있게 만들어 주기 때문입니다. 루비에는 다른 프로그램에서 감내해야 하는 난해함이 숨겨져 있습니다.

파이썬 Python

파이썬은 또 다른 동적 프로그래밍 언어로 빠르게 아두이노 클라이언트를 만들 수 있습니다. 시리얼 포트 프로그래밍을 하기 위해, 먼저 pyserial 라이브러리를 다운로드받아 인스톨합니다. 윈도를 위한 별도의 인스톨러가 있지만, 다음과 같이 인스톨하는 것으로 충분합니다.

```
maik> python setup.py install
```

pyserial을 설치하면, 아날로그 리더 스케치를 위한 클라이언트를 만드는 데 사용할 수 있습니다.

Download Arduino_1_0/SerialProgramming/python/analog_reader.py

```
Line 1  import sys
     -  import time
     -  import serial
     -
     5  if len(sys.argv) != 2:
     -      print "You have to pass the name of a serial port."
     -      sys.exit(1)
     -
     -  serial_port = sys.argv[1]
    10  arduino = serial.Serial(
     -      serial_port,
```

```
-          9600,
-          serial.EIGHTBITS,
-          serial.PARITY_NONE,
15         serial.STOPBITS_ONE)
-  time.sleep(2)
-  while 1:
-      arduino.write('a0')
-      line = arduino.readline( ).rstrip( )
20     print line
```

시리얼 포트의 이름이 명령 라인에 잘 기재되었는지 확인합니다. 그런 뒤 10번째 줄에서 새로운 Serial 객체를 생성하고, 시리얼 통신에 필요한 매개변수를 모두 전달합니다.

2초가량 대기한 후, 무한 반복문을 실행합니다. 이 반복문에서 문자열 "a0"을 write( ) 함수를 이용해 시리얼 포트에 전달합니다. 아두이노로부터 반환된 값을 읽기 위해 readline( ) 함수를 사용하고, 콘솔로 결과를 출력합니다. 그러면 다음과 같이 전형적인 세션이 출력됩니다.

```
maik> python analog_reader.py /dev/tty.usbserial-A60061a3
a0: 497
a0: 458
a0: 383
^C
```

코드가 정말 간결하지 않나요? 단 20줄의 파이썬 코드로 아두이노 스케치를 제어할 수 있습니다. 파이썬은 또 다른 훌륭한 아두이노 클라이언트 작성을 위한 도구입니다.

펄Perl

펄은 여전히 가장 널리 사용되는 훌륭한 동적 프로그래밍 언어 중 하나입니다. 그리고 시리얼 통신을 위한 지원이 훌륭합니다. 몇몇 이용자들이 시리얼 포트를 프로그래밍하기 위한 라이브러리를 제공하고 있지만, 일반적으로 모듈을 먼저 인스톨해야만 합니다.

윈도 사용자라면 Win32::SerialPort5 모듈이 있습니다. 아니면

Device::SerialPort도 좋은 대안입니다. 다음과 같이 설치합니다.

```
maik>perl -MCPAN -e 'install Device::SerialPort'
```

그리고 나서 다음과 같이 작성합니다.

Download Arduino_1_0/SerialProgramming/perl/analog_reader.pl

```
Line  1   use strict;
      -   use warnings;
      -   use Device::SerialPort;
      -
      5   if ($#ARGV != 0) {
      -     die "You have to pass the name of a serial port.";
      -   }
      -
      -   my $serial_port = $ARGV[0];
      10  my $arduino = Device::SerialPort->new($serial_port);
      -   $arduino->baudrate(9600);
      -   $arduino->databits(8);
      -   $arduino->parity("none");
      -   $arduino->stopbits(1);
      15  $arduino->read_const_time(1);
      -   $arduino->read_char_time(1);
      -
      -   sleep(2);
      -   while (1) {
      20    $arduino->write("a0\n");
      -     my ($count, $line) = $arduino->read(255);
      -     print $line;
      -   }
```

명령어 라인에 전달하는 시리얼 포트가 맞는지 확인합니다. 그다음 10번째 줄에서 새로운 Device::SerialPort의 인스턴스를 생성합니다. 모든 시리얼 포트 매개변수를 설정한 후, read( ) 메서드를 호출하기 위해 대기시간을 설정합니다. 만약 이 설정을 수행하지 않으면, 아두이노가 이 호출에 응답할 준비를 채 끝내기도 전에 read( ) 함수는 값을 바로 반환하게 됩니다. read_char_time( ) 함수는 2개의 문자가 사이에 대기시간을 설정합니다.

그런 뒤 2초 동안 동작을 멈추었다가 무한 반복문을 시작합니다. 시리얼 포트로 문자열 "a0"을 보내고 아두이노의 응답을 read( ) 함수를 이용해 읽습니다. read( ) 함수는 수신 데이터의 최대 바이트 길이를 필요로 합니다. 그리고 수신된 바이트 길이만큼 수신한 데이터를 반환합니다. 마지막으로 결과 값을 콘솔로 출력합니다. 그러면 다음과 같은 결과를 보여줍니다.

```
maik>perl analog_reader.pl /dev/tty.usbserial-A60061a3
a0: 496
a0: 366
a0: 320
^C
```

이제 끝났습니다. 20줄 남짓한 펄 코드로 아두이노의 아날로그 포트를 읽는 클라이언트를 만들어 보았습니다. 펄 역시 아두이노 클라이언트를 프로그래밍하는 데 적합한 언어입니다.

찾아보기

기호 및 숫자
! 연산자 271
% 연산자 73
<< 연산자 272
>> 연산자 272
& 연산자 59, 272
^ 연산자 272
| 연산자 272
3V3 핀 9
5V 핀 9
13번 핀 내장 저항 24, 54
16진법 40
8진법 40

ㄱ
가속도
  간접 154
가속도계
  연결 132-139
  아이디어 131-153
  마우스 예제 155
간접 가속도 154
거리센서
  프로젝트 96-129
  형태 96
건전지 8
게오르그 옴(Ohm, Georg) 259
게이트웨이 주소 192
게임 콘솔 프로젝트 157
계수 연산자 73
교차 컴파일 35, 269
구문 색상 구분 89, 92
구문 색상 구분 89, 90
구문 오류 메시지 26
구슬 미로 게임 154
기본 부품(Starter Packs) xiii

기울기센서
  이진 주사위 예제 76
  콩주머니 153

ㄴ
난수 58, 59, 252
난수 생성기 58, 60, 252
난수 생성을 위한 초기화 숫자
  숫자 생성기 59
납땜
  기초 262-266
  장비 262
  준비물 xv
  온도 265
  문제해결 165
네트워크 프로젝트 177-214
  이더넷 187-194
  연습 214
  PC를 이용한 인터넷 연결 177-187
  문제해결 213
  무선 212
노이즈 다듬기 136
뉴 미디어아트 246
닌텐도 Wii fit 컨트롤러 162
닌텐도 Wii 눈챠크
닌텐도 WiiMotion 컨트롤러 175

ㄷ
데이터 전송 43
데이터 전송 동기화 44
데이터 형식 17
도난 경보기 프로젝트 177-214
  이메일 198-205
  예제 129
  모션 감지 센서 연결 205-209
도메인명 191

동적 메모리 관리 271
두에밀라노베 xi
드라이버 설치 11-12
디바운스 67,70,143
디에시밀라 xi
디지털 I/O 핀
  아날로그 출력 10
  개요 5
  시리얼통신 44
  전압
디지털과 아날로그 신호 8

ㄹ
라우터 연결 192
라이브러리
  디바운스 67
  디렉토리 31, 85
  이더넷 189
  예제 폴더 89
  Iremote 221, 223, 231
  출력 예제 93
  시드값(random seed) 60
  시리얼 프로그래밍 276, 285-286
  서보 246
  소프트웨어 시리얼(SoftwareSerial) 44
  SPI 190
  STL (Standard Template Library), 271
  구문 색상 구분 89
  문제해결 91
  트위터 183
  Wire 160, 167
라이브러리 디렉토리 32
라이선스 90
로보두이노 253

루미넷 프로젝트 197
루비(Ruby) 286-287
리눅스
  설치 13
  시리얼 포트 초기화 20
  시리얼 터미널 42
리눅스 적외선 리모콘 프로젝트 219
리모콘 코드 219
리모콘 프로젝트 215-239
  브라우저 제어 227-238
  리모콘 만들기 217-227
  예제 239
  적외선 원리 217
  적외선 프록시 229-238
  인터페이스 217-229
  obtaining codes, 219
  문제 해결 238
리셋 버튼 6,11
릴리패드 5, 37, 197

ㅁ

마스킹 비트(masking bits) 269
마우스 예제 155
마우스 포인터 숨기기 147
마이크로컨트롤러
  소개 9
  코드 35, 267
  구분 20
  개요 5
만능손 264
맥 주소 191, 211
메가2560 11
메모리
  데이터 형식 18
  동적 메모리 관리 271
  센서 데이터 해석 115
  부동 소수점 104, 106
모스 부호 생성기 77-94
모터
  전원 공급 245, 254
  실드 252
  문제해결 254
  종류 구분 243
모터 제어 프로젝트 241-254
  비난기계 프로젝트 248-254
  서보 모터 연결 244-248

연습 254
문제해결 254
무기 45
무선 네트워킹 212
문법 오류 26
문제해결
  보드 에러 25
  브레드보드 연결 75
  이더넷 연결 211
  LED 연결 25
  라이브러리 92
  모터 254
  네트워킹 프로젝트 211
  눈챠크 프로젝트 175
  리모콘 프로젝트 238
  센서연결 155
  시리얼 통신 45, 128
  시리얼 포트 에러 25
  실드 155
  납땜 155
  구문 색상 구분 92

ㅂ

바운스 라이브러리 72
바운스 오브젝트 73
바운스 클래스 73, 143
버전 x
버퍼, 시리얼 수신 44
벽돌 게임 146-154
  눈챠크 예제 175
보두이노 6
보타니콜(Botanicall) 189
부동 소수점 17, 104-107, 144
부동 소수점 104-107, 144
부품리스트 xiii-xv
브러시두이노 153
브레드보드
  LED 연결하기 52
  가속도센서 연결하기 132
  접지 57
  문제해결 75
  형태 51
블루투스 212
비난 기계 프로젝트 248-253
비트 시프트 연산자 272
비트 연산자 271

비트, 마스킹, 이동 272
뻐꾸기 시계 189

ㅅ

상수 값 설정 102
상태 LED 프로젝트 15, 46
샘플링과 샘플링 레이트 8
생성자 121
서보 라이브러리 247
서보 모터 244-248
설정 20
설정 32
센서
  가속도 132-139
  연결 9, 99, 108, 139
  거리 96-129
  센서 데이터 해석 115
  부동 소수점 104-107, 144
  적외선 129
  웹 배포 서비스 181
  온도 107-129, 179-187, 254
  기울기 76, 153
  문제해결 127
  데이터 트위터로 보내기 179-194
  초음파 센서 96-129
  시각화 116-127
센서 값 시각화 116-127
센서 데이터 배포 서비스 181
센서 데이터를 실제 값으로 변환 115
센서 데이터를 웹으로 출력하기 181
셀룰러 통신 212
소리의 속도 107, 129
소수 정수 환산 113
소수점 다루기 106
순방향 전압 259
슈퍼마리오 클론 154
스케치
  예제 폴더 30
  파일 관리 30
  저장 예제 89
스케치 디렉토리 85
스케치 이름 붙이기 30
스크린 커맨드 42
스타트 비트(start bit) 272
스테핑 모터 243
스톱 비트(stop bit) 272

스티브 호퍼(Steve Hoefer) 58
시계
　이진 시계 76
　뻐꾸기 시계 189
시두이노 6
시드 값(random seed) 60
시리얼 모니터 버튼 15
시리얼 수신 버퍼 44
시리얼 터미널 41
시리얼 통신
　디지털 핀 사용 44
　비활성화 44
　원리 34, 273
　프로세싱 122
　프로그래밍 언어 273-288
　문제해결 45, 128
시리얼 포트
　설정 20
　에러 25
　초기화 36, 282
　다중 44
　펄(Perl) 프로그래밍 286
　프로세싱 통신 125
　자바스크립트 Seriality 플러그인 227
시리얼 프로그래밍 273-288
시작 버튼 추가 60-75
쉬프트 연산자 272
식물 수분 알람 189
실드
　GSM 212
　모터 제어 253
　프로토타이핑 140
　문제해결 155
　WiFi 212

ㅇ

아날로그 핀
　센서 연결하기 108
　상수 58
　디지털 I/O 핀 9
　삽화 6
　입력 8
　전압 109
아날로그, 디지털 신호 변환하기 8
아날로그와 디지털 신호 비교 9
아두이노

개요 xii, 3, 4
설정 20
종류 구분 20
사진 5
버전 x
아두이노 IDE
　에러 메시지 26
　파일 관리 30
　기능 14
　설치 10
　설정 32
　프로세싱 IDE 117
　툴바 14
아두이노 IDE 인스톨 11
아두이노 계보 4
아두이노 나노 11
아두이노 릴리패드 4,37,197
아두이노 메가2560 11
아두이노 보드
　주요 부분 6-11
　설정 20
　구문 오류 25
　구분하기 20
　종류 4, 20
아두이노 우노 xi
아두이노 이더넷 189
아두이노 최면 원반 252
아두이노 프로토타이핑 실드 141
안드로스(Anthros) 246
알리시아 깁(Alicia Gibb) 246
업로드 14, 20
업로드 시 LED 깜빡임 22
에러 메시지 26
예술 프로젝트 246
예외 사항 처리 269
예제
　이진 시계 75
　LED 점멸 27
　컴퓨터 마우스 155
　상태 LED 제어 46
　주사위 75
　모스 신호 92
　모터 제어 254
　네트워크 214
　닌텐도 눈챠크 175
　리모콘 239

저항, 밝기 76
기울기 센서 76
초음파 센서 129
예제 폴더 30, 90
예측 버튼 추가 69-75
온도센서
　거리 센서 프로젝트 107-129
　모터 연동 254
　트위터 알람 179-187
　전압 108
온도센서 프로젝트 254
옴의 법칙 259
움직임 감지 게임 컨트롤러 131-154
　푸시버튼 추가 139-144
　벽돌깨기 게임 144-154
　가속도센서 연결하기 132-139
윈도우
　설치 11
　시리얼 포트 설정 20
　시리얼 터미널 41
의사 난수 생성기 58, 60
이더넷 연결 187-194
　비난기계 프로젝트 254
　예제 214
　리모콘 프로젝트 229
　문제해결 213
이메일
　직접 보내기 201-205
　명령어 198-200
　티셔츠 197
이진 시계 예제 76
이진 주사위 프로젝트 49-75
　더 많은 예제 76
　버전 1 55-60
　버전 2(시작 버튼 추가) 60-69
　버전 3(예측 버튼 추가) 69-75
이진법 연산자 272
이진법 체계 40
이진수 문법 59
인스톨 방법 90
인터넷 연결
　비난기계 프로젝트 254
　이더넷 실드 187-194
　PC 중계 179-180
　리모콘 프로젝트 229

ㅈ

자바 통신 API 283
자바(Java) 283-285
자바스크립트 227
저장 15, 30
저항
　저항 값 계산 258
　예제 75
　저항 내장 (Pin 13), 24, 54
　사용처 53, 61
　풀다운 62
　풀업 62
　푸시버튼 62
　저항 값 259
　종류 구분 259
　저항 값 표기를 위한 색상띠 260
적외선 LED 223, 238
적외선 감지 센서
　도난 방지기 프로젝트 205-214
　연결 205
　원리 205
적외선 센서
　도난 방지기 프로젝트 205-213
　거리 측정 129
　프록시 229-238
적외선 수신기 219, 254
적외선 신호 해독 221
전기회로 257
전기회로 기초지식 257-266
전류 257
전송속도(baud rate) 45, 129, 273
전압
　아날로그 핀 109
　정의 257
　디지털 핀 상태 16
　강하 259
　순방향 259
　옴의 법칙 259
　전원 공급기 7
　시리얼 통신 273
전역 변수 122
전원 선택 점퍼 9
전원 연결부 7
전원공급기
　아날로그 핀 전압 115
　모터 제어 244, 254

핀 7, 9
USB 포트 8
접속 토큰, OAuth 181
접지(Gnd) 핀 9, 53
접지(ground) 핀 9, 53
제초기 프로젝트 238
조명 스위치, 푸시버튼 62
주사위 읽기 프로젝트 58
주사위 프로젝트 49-76
　더 많은 예제 75
　버전 1 55-60
　버전 2(시작 버튼 추가) 60-69
　버전 3(예측 버튼 추가) 69-75
지그비(ZigBee) 212
지원
　온라인 xii
　부품 xiii-xv
직물 5, 37, 197

ㅊ

초기화
　이더넷 쉴드 190
　난수 생성기 58-59
　시리얼 포트 36, 282
초음파 센서
　연결 99
　거리 센서 프로젝트 96-129
　아이디어 129
　원리 99
최면원반 252
출력 포맷 변경하기 39
칫솔 프로젝트 153
컴파일 14, 20
컴파일러 도구 35, 269
케이블 모뎀 192
콩주머니 장난감 153
큐브 돌리기 프로젝트 168-175

ㅌ

탭 메뉴 31
텔넷 명령 189
툴바기능 14
트위터
　라이브러리 181
　어플리케이션 등록 181
　문제 해결 213

센서 데이터 트위팅하기 179-194
트위터 시계 189
트위터 인증 181
팁닭기 265

ㅍ

파이썬(Python) 287
파일 관리 30
파일 추가하기 30
패리티 비트 274
패리티 제어 275
퍼티(Putty) 41
펄(Perl) 288
페이퍼두이노 6
폰트 설정 147
표면 실장 소자 (SMD) LED 23
표준 템플릿 라이브러리(STL) 271
표준시 서비스 189
표준시 예제 189
푸시버튼
　이진 주사위 프로젝트 60-75
　게임 컨트롤러에 추가하기 139-144
　연결 60, 67
　디바운싱 66, 143
풀다운(pull-down) 저항 62
풀업(pull-up) 저항 62
프로그래밍 언어 xi
　C++ 35, 78, 102, 269, 278-282
　자바(Java) 283-285
　펄(Perl) 288
　파이썬(Python) 287-288
　루비(Ruby) 286-287
　시리얼 통신 273-290
프로세싱 118
　벽돌깨기 게임 144-154
　규칙 118
　개발 116
　큐브 그리기 168
　IDE 117
　큐브 회전 프로젝트 168-175
　센서 시각화 프로젝트 116-128
　시리얼 통신 122
　트위터 지원 183
프로젝트 157-175
　연결 157-159
　연습 175, 239

Nunchuck 클래스 162-159
육면체 회전 159-175
문제해결 175

이진 주사위 49-76
LED 점멸 14-27
상태 LED 제어 15, 46
거리 센서 96-129
모션감지 게임 컨트롤러 131-154
모스 부호 생성기 77-94
모터 제어 241-254
네트워킹 177-214
닌텐도 눈챠크 157-175
리모콘 215-239
큐브 회전 168-175
프로젝트 관리 30
프로토타이핑 실드 141
프리두이노 6
플레이스테이션 EYE 161
플리커(Flickr) xii
피에조 스피커 93
피지컬 컴퓨팅 3

ㅎ

함수 형식 16
헤더 파일 79
형식지정자(format specifier) 39
호환 보드 6
화면 지움 126
확인 버튼 14, 20

A

AC 어댑터 7
analogRead() 함수 109
AnalogReader 클래스 284
AnalogReaderTest 클래스 285
AND 연산자 272
AppleRemote 클래스, 223
archives, 91
Arduino.h, 81
arduino_serial.c, 278
arduinoPort 변수 122
arrays 형식 18
Atmega168 10
Atmega2560 11
Atmega328 10

Atmel 10, 269
available() 함수 37
avrdude 도구 270

B

background() 148
BEDAZZLER, 45
begin() 함수 36
BIN, 39
blame() 함수 251
boolean 형식 17
build.verbose setting, 32, 270
BurglarAlarm 클래스 210
byte maximum, 21
byte 형식 17

C

C++, 35, 78, 102, 269, 278-282
carriage return 89
char 형식 17
color 126, 172
CommPortIdentifier 객체 285
const 키워드 16, 102

D

dah() 함수 83
DC모터 243
DEC 39
degree 값 122
delay() 함수 18
delayMicroseconds() 함수 99
delete() 271
digitalWrite() 함수 16, 19
dit() 함수 83
double 18
draw() 함수 127, 147, 173

E

Email 클래스 201
end() 함수 45
Eyewriter 161

F

fill() 함수 173

G

get_axis() 함수 139
getDistance() 함수 119
getSensorData() 함수 125
getTemperature() 함수 119
GNU C++ 컴파일러 도구 35, 269
GSM 실드 212

H

handle_command() 함수 234
handle_guess_button() 함수 73
handle_start_button() 함수 73
HEX, 39
hooray() 함수 74
HTTP 접속 229-238

I

I2C(Inter-Integrated Circuit), 160
index 변수 88
InfraredProxy 클래스 231
init_screen() 함수 126
_input 282
input_available 273
InputStream 객체 282
Inter-Integrated Circuit (I2C), 160
IP 주소 190, 211
IRemote 라이브러리 220, 224, 238
isalpha() 함수 84

J

jitter, 136, 137, 168

K

keywords.txt 파일 89, 90
Kurt, Tod E 276

L

LED
　BEDAZZLER, 45
　LED 점멸 14-27
　저항 크기 계산하기 258
　연결 23, 24, 52
　상태 LED 제어 15, 46
　큐프 프로젝트 58
　패션 프로젝트 37, 197
　업로드 시 깜빡임 22

적외선 223, 238
SMD LED 23
LED 점멸 프로젝트 14-27
LED 제어 프로젝트 시리얼 모니터 15, 46
LED 큐브 프로젝트 58
long 형식 18
loop() 270, 276
loop() 함수 19, 37

M

Mac OS X
　설치 12
　리모콘 223
　시리얼 포트 설정 20
　시리얼 터미널 42
main() 함수 270
MAX_MESSAGE_LEN 상수 88
measure_distance() 함수 105
Meggy Jr. 270
message_text 변수 88
microseconds_to_cm() 함수 99, 102, 106
motion_detected() 함수 209

N

new() 함수 270
noCursor() 146
not 연산자 271
numbering systems, 40
Nunchuck 클래스 162-168

O

Oauth 181-183, 213
OCT 39
OR 연산자 272
_output 284
　장치 예제 93
　노이즈 다듬기 136
　부동소수점 106
　폰트 146
　형식 지정자 37
　모스 부호 생성기 83
　파싱 125
　verbose 33, 270
output_code() 83

output_distance() 함수 106
output_result() 함수 59
output_symbol() 83
OutputStream 객체 284

P

Pachube 181
parseArduinoOutput() 함수 125
PC 중계 179-180
pinMode() 함수 19
PNA4602 수신기 219
popMatrix() 함수 173
print() 함수 39
println() 함수 39
pulseIn() 함수 101
pushMatrix() 함수 173
PWR_SEL 스위치 7
pyserial 라이브러리 287

R

radius 변수 122
random() 함수 58, 60
randomSeed() 함수 60
read() 함수 37
resistance, 258-259
return 키워드 121
RGB 값 172
RX LED 22
RXTX 프로젝트 283

S

send_message() 함수 80, 84
SensorData 클래스 119, 122
Sensorpedia 181
serialEvent()
　아두이노 1.0 함수 93, 270, 276
　프로세싱 언어 함수 125, 152, 174, 186
Seriality 플러그인 227
SerialPort 객체 285-286
serialport 함수 278
setup() 함수 17, 19
　프로세싱 124
SMD LED 23
SMTP (Simple Mail Transfer Protocol) 198

SmtpService 클래스 203
SoftwareSerial 라이브러리 44
SPI 라이브러리 190
split() 함수 125
STL (Standard Template Library) 271
String 클래스 201
string 형식 18
strsep() 함수 234

T

telegraph 변수 88
Telegraph 클래스 78, 85
trim 함수 125
tweetAlarm() 함수 186
twitter4j() 함수 181
Two-Wire Interface (TWI) 160
TX LED 22

U

UART (Universal Asynchronous Receiver/Transmitter) 44
Universal Asynchronous Receiver/Transmitter (UART) 44
unsigned int 값 17
unsigned long 값 17
upload.verbose 설정 33, 270
USB 단자 6
USB 모래시계 252
USB 모래시계 252

V

verbose output 설정 33, 270
vertex() 함수 173
Vin 핀 9
void 변수 형 18

W

WiFi 실드 212
Wii 장비를 이용한 과학적 응용 162
Wire 라이브러리 160, 167

X

XOR 연산자 272